影视艺术专业精品课系列教材

优秀电视节目解析

第三版

YOUXIU DIANSHI JIEMU JIEXI

DI-SAN BAN

魏南江 / 编著

中国传媒大学出版社
· 北京 ·

第三版修订说明

此刻，我觉得很荣幸。

本书自 2007 年首版以来已经第二次修订（2013 年第一次修订）。如果说“版次意味着图书的生命力”，那么，这本书还正值少年。但愿它能历经岁月洗礼，继续茁壮成长。

《优秀电视节目解析》（第三版）的版式与原版有了根本性变动，同时在原有的 36 个电视节目基础上，增添了浙江卫视《演员的诞生》，中央电视台《开讲啦》和《中国诗词大会》，删除了《电视诗歌散文》等。新添的内容都是近年在电视和网络上互动频繁，深受观众喜爱的节目。修订中，我仍然保留了部分已经停播的节目，因为它们在中国电视史上具有标杆性的意义。我们不想也不能遗忘！

借此，我想再次说明本人选择“优秀电视节目”的两个标准，即“人文的”和“审美的”。所谓“人文的”，就是关注这个节目是否发现了人的存在样式，揭示了人的存在境况，抑或批判了人的异化存在，进而充满温馨的人文关怀；所谓“审美的”，就是关注这个节目是否具有不断跟进的形式技术，进而满足电视观众日益增长的审美需求。这样的标准，过去、现在、未来都不会变。

借此，特别感谢中国传媒大学出版社这个平台！感谢责任编辑赵欣老师的细心指点！感谢国内外的读者知己！

魏南江

2020 年 7 月 8 日

第二版修订说明

2007年3月,《优秀电视节目解析》于中国传媒大学出版社出版。出版至今,我有三个"没想到":没想到在学术低迷、纸媒萎缩的当下,《优秀电视节目解析》(第一版)年年加印,截至2013年8月,先后印刷了6次。既受到了读者的喜爱,也经受住了市场的检验。没想到的是,《优秀电视节目解析》(第一版)出版以来,不仅成为一些省市教育行政部门指定的艺术自考用书,还成了我国内地以及港台部分高校硕博考试指定的参考用书和本科教学的教材。还有一个没想到的是,《优秀电视节目解析》(第一版)出版以来,一些电视台以及影视制作单位将其作为业务进修的必选资料。这样的结果,基本实现了我当初"力求打破理论与实践壁垒,寻求学界和业界良性互动"的著述理想。

2012年8月,应中国传媒大学出版社赵欣老师的邀约,我开始着手《优秀电视节目解析》(第二版)的整理与写作。如果说,做该书第一版时完全是一个学者出于对本研究领域的热爱,那么这第二版的产出,就多了一份沉甸甸的责任。为此,《优秀电视节目解析》(第二版)与第一版相比,绝不是简单的修修补补,而是"大换血"、"大调整",全书内容更新率达60%以上。

具体说明如下:

一是,2007年版(第一版)选取32个电视节目作为研究对象,它们分别是:《挑战主持人》、《亚妮专访》、《人物》、《电影传奇》、《再说长江》、《艺术人生》、《社会记录》、《新闻调查》、《焦点访谈》、《百家讲坛》、

《电视诗歌散文》、《小崔说事》、《天气·资讯》、《实话实说》、《东方夜谭》、《超级女声》、《晚间新闻》、《雾都夜话》、《回家》、《梨园春》、《阳光快车道》、《传奇故事》、《今晚睡不着》、《南京零距离》、《阿六头说新闻》、《名人面对面》、《锵锵三人行》、《有报天天读》、《文涛拍案》、《鲁豫有约》、*X-man*、《情书》。

二是,2013年版(第二版)则选取36个电视节目作为研究对象,它们分别是:《档案》、《亚妮专访》、《星光大道》、《爱情保卫战》、《挑战主持人》、《小崔说事》、《中国好声音》、《舌尖上的中国》、《非你莫属》、《电影传奇》、《今晚睡不着》、《百家讲坛》、《财经郎眼》、《饭没了秀》、《实话实说》、《梨园春》、《艺术人生》、《超级女声》、《电视诗歌散文》、《文涛拍案》、《传奇故事》、《回家》、《社会记录》、《南京零距离》、《变形计》、《锵锵三人行》、《天气·资讯》、《东方夜谭》、《天天向上》、《再说长江》、《年代秀》、《杨澜访谈录》、《雾都夜话》、《有报天天读》、《远方的家·边疆行》、《探索·发现》。其中:

删除第一版的电视节目10个:《阿六头说新闻》、《人物》、《阳光快车道》、《新闻调查》、《鲁豫有约》、《焦点访谈》、*X-man*、《晚间新闻》、《名人面对面》、《情书》。

修改第一版的电视节目22个:《挑战主持人》、《亚妮专访》、《电影传奇》、《再说长江》、《艺术人生》、《社会记录》、《百家讲坛》、《电视诗歌散文》、《小崔说事》、《天气·资讯》、《实话实说》、《东方夜谭》、《超级女声》、《雾都夜话》、《回家》、《梨园春》、《传奇故事》、《今晚睡不着》、《南京零距离》、《锵锵三人行》、《有报天天读》、《文涛拍案》。

新增电视节目14个:《档案》、《星光大道》、《中国好声音》、《爱情保卫战》、《舌尖上的中国》、《探索·发现》、《非你莫属》、《财经郎眼》、《饭没了秀》、《年代秀》、《天天向上》、《变形计》、《杨澜访谈录》、《远方的家》。

三是,在调整修改第一版22个电视节目中,又分为三种情况:第一种是已经停播，但我觉得它们在中国电视史上是会留下痕迹的，所以进行了文字的修饰、结构的调整甚而重写；第二种是至今仍在播出的，因而增添了新的素材，力争与时俱进；第三种是已经改版的，于是在阐述上尽力立足新旧版的对比。

一直以来，常有读者问我："你选择'优秀电视节目'的标准是什么?"在此笔者回答：我选择"优秀电视节目"的标准始终坚持两个尺度，即"人文的"和"审美的"。所谓"人文的"，就是关注这个节目是否发现了人的存在样式，揭示了人的存在境况，抑或批判了人的异化存在，进而充满着温馨的人文关怀；所谓"审美的"，就是关注这个节目是否具有不断跟进的形式、内容和技术，进而满足电视观众日益增长的审美需求。本书中的36个优秀电视节目就是这样挑选出来的。我想，这样的标准，过去、现在和未来都不会变。

此书出版过程中，南京电视台的唐承群付出了艰辛的劳动，中国传媒大学出版社赵欣老师给予了许多建设性的意见。衷心感谢他们！

魏南江

2013年8月30日

前　言

这本书是我近几年研究生教学的一个成果。

2003 年秋天，我给影视系研究生开设了一门选修课，课程名称就叫“优秀电视节目解析”。这样的课程在同等院系中尚属首例，不可能有什么经验可以借鉴，纯属自己为难自己。但生来喜欢摸着石头过河的感觉，没办法。

之所以选择开这门课，主要基于以下的思考。

首先，很想通过对一些电视节目的个案分析，引导学生关注现实、关注当下，并且能用自己学过的理论知识去理解电视，进而解读电视。因为电视学是一门新兴学科，她曾一度徘徊在新闻学、传播学和电影学之间，虽然眼下已逐渐摆脱依附走向独立，但毕竟步履蹒跚，不够成熟。所以在学界，不少人认为“电视无艺术”，“电视无理论”，对电视文化极为冷漠。加上近年来娱乐风潮盛行，媚俗、低俗的节目时有出现，为此还有人主张“远离电视”。这样的观点自然有些偏激。其实不管你承认也好，否定也罢，如今的电视犹如空气和阳光，成为我们日常生活中不可或缺的一种物质存在，一种生活情状，抑或一种思维方式，它影响和塑造着我们对周遭世界的看法，同时也在无形中悄悄地改变着这个世界。作为影视学的研究生如若置现实于不顾，只是关在象牙塔中做学问，那不仅有愧于这个时代，也是做不好学问的。影视学本来就是应用型学科，应该积极与实践结合，应该提倡为现实服务。

那么，我们又该如何走进电视？从我国电视学理论建设的现状来看，基本上形成了两大阵营。一类从现实出发，着眼于电视节目的策划、制作和编排的实践型研究；另一类从理论出发，着眼于电视艺术、美学以及文化的学院型研究。理论和实践的壁垒还未打破，业界和学界的良性互动尚未真正形成。在我看来，电视节目是电视实践的“第一语言”、理论建设的“基本文本”，离开对电视节目的思考，一切电视研究都将成为“无源之水，无本之木”。对电视节目的个案解析，恰恰是连接理论和实践最好的纽带。后来的课堂实践很快验证了我的这一想法。我们尝试着用不同的方法去解读文本，不求完善，但求务实。如本书中《马东：〈挑战主持人〉的核心魅力》一文从主持人的主持艺术切入，由点及面地解读文本；《十三分钟讲述的故事》则大胆地将叙事学理论引进电视批评的视野；《心灵的互动之歌》又是对社会学、文化学批评的一个有益尝试……不同的节目，不同的方法，但对节目本体的重视却是不变的追求。“从节目出发，又回归节目”，使理论有了用武之地，对电视实践又起到了指导作用。

其次，随着研究生扩招，也受社会大环境的影响，研究生的科研能力确实有下降趋势，这固然有学生自身的原因，但也有平时缺乏学术训练的缘故。其实，每门课程都应该成为学生学养涵化、学术交流的“过程”。本着这样的认识，“优秀电视节目解析”课成了一个“过程”的实验：学期伊始，先讲授一些电视研究的基本方法，并以本人的论文作为范例，供学生借鉴；接着，让学生单独或二人组合，在当前优秀电视节目中自定选题，写成文章、做成课件并进行互相交流。课上，师生大胆直言、各抒己见，碰撞出思想的火花；课后，对每一选题进一步思考、深化、修改，作为作业上交；我在批改后及时反馈意见，让优秀者给本科生作讲座。经过这么一个“过程”，学生学到了科研的方法，锻炼了各方面的能力，还体验到了劳动的价值。此书中的32个电视节目解析就是这么得来的，毫无愧色地说，每篇文章都凝聚了我的构思与心血。为此，有人建议我把当时的评改记录附注于后，因考虑版面的美观而作罢。我想，其思想内核已经融入此书的字里行间了。

最后，影视系的研究生历来生源充足，他们来自祖国的大江南北，白山黑水、中原古风、小桥流水、椰树丛林……不同的地域文化、不同的学科背景浸染出他们不同的性情风貌，这也是重要的学习资源，我们的课程应该善于整合这些资源，并力求给学生们搭建一个相互学习的平台。于是，我鼓励他们带着自己家乡电视台的优秀节目来和同学们研讨。因此，在这本书中，我们不仅能看到央视和江苏台的优秀电视节目解析，还能看到吉林台的《回家》、浙江台的《亚妮访谈》、江西台的《传奇故事》、重庆台的《雾都夜话》……就这样，在畅游各地优秀电视节目，享受着人际交流的快乐的同时，研究生们深深地爱上了"优秀电视节目解析"课。为此，这门课也就一届一届地开下来了。

记得2003级的课安排在上午，多少次到了中午快1点钟，学生们谈兴犹浓，不愿离去，"魏老师，我们不吃饭！""继续谈！"都过去3年了，至今每每想来，言犹在耳，感念不已。

记得2004级的课安排在晚上，多少次北大楼108教室的灯光都是最后一个熄灭的，而且是在教室管理员的一再催促下才熄灭的。在这个充斥着金钱、功利的浮躁年代里，竟还有我们这群人，如此纯粹地为当前的电视文化而激动、而焦虑、而热血沸腾……

那些个夜晚，我仿佛又一次回到了激情燃烧的20个世纪80年代的大学校园；那些个夜晚，我穿过随园三月的迎春、五月的槐杨……下课归来，常常被我自己深深地感动。是的，是那种久违了的感动。

今天，我和学生们曾经的思考，相互碰撞、激发而成的文章就要结集成书了，这是我们辛勤劳动的回报。尽管书中的许多文章还十分稚嫩，有些文章写于一年或两年前，但在我看来，每一篇文章都是崭新的，都是有独特创意的，因为讲的都是"人"话。

本书更多涉及对优秀电视栏目的解析，却定名为《优秀电视节目解析》，这是因为我们不仅仅关注电视栏目，还关注电视专题节目和电视纪录片等类型的研究。收在本书中的对《电影传奇》《再说长江》的解析，就是这种思考的结果。

在出版此书的过程中，我的研究生唐承群、宗俊伟、孔祥静与我一起，日夜兼程。有时，为了一个句子、一个题目或部分章节的完善，熬至天明。和年轻人一起热情做事、认真为学，真乃人生一大快事！

在出版此书的过程中，学院院长朱晓进教授给予了许多帮助；出版社的赵欣老师给予了切实的指导。在此一并表示感谢！

中国传媒大学出版社，给了我一次与读者尽情交流的机会。

一份深深的感激，在我深深的心底。

魏南江

2006年9月20日

记于南京师范大学随园

邮箱：weinanjiang@gmail.com

目录
CONTENTS

A Bite of China
百家讲坛

回家
变形计

杨瀾訪談録
记录时代的精神印迹
CCTV4

中国思想的好声音

——中央电视台《开讲啦》解析

栏目名称：《开讲啦》

播出频道：中央电视台综合频道(CCTV-1)

制片单位：中央广播电视总台与上海唯众传媒股份有限公司

策 划 人：杨晖

主 持 人：撒贝宁

开播日期：2012 年 8 月 27 日

播出时间：每周六 22:38

节目时长：45 分钟

栏目定位：中国青年电视公开课

宣 传 语：聆听思想的声音

获奖情况：2017 年获第 23 届上海电视节最佳周播电视节目奖

央视《开讲啦》自 2012 年 8 月开播以来，曾拿下最高 0.47%的收视率，创造并保持夜间节目的最高收视纪录，被广大观众誉为“中国思想的好声音”。同时，该节目在互联网上的表现同样优异，在百度和新浪微博等门户网站搜索量排行榜上名列前茅，在优酷网公开课的版块里，点击量是全球知名演讲节目 TED 的三倍。在电视节目竞争已呈白热化的今天，该节目能取得这样的好成绩，主要彰显了以下三方面的特性。

引导性

《开讲啦》的核心受众定位很明确：青年。青年是最具生命力和变革力的群体，是一个国家和民族兴旺发达的不竭动力。正如毛泽东主席所言，青年是早晨八九点钟的太阳。可有的时候，晨曦也会被云雾遮蔽。尤其处于当下的中国青年，面对社会转型期各种观念的碰撞和残酷现实的打击，常常不知所措，迷茫而孤独。《开讲啦》正是基于这种受众群需求而策划制作的，每期节目请一位(有的特别专题节目请 2—4 位)嘉宾就青年人最为关注的现实话题，展开演讲和讨论，为青年们拨云见日、排忧解难，具有鲜明的引导性。

我们把截至 2014 年 4 月 12 日《开讲啦》播出的 90 期节目做了一个大致的分类，发现该栏目基本遵循：“人生需要‘梦想’→梦想的实现需要不断‘奋斗’→而奋斗需要‘自我认同’→奋斗路上艰难曲折，需要良好的‘人生态度’去一一应对，方能梦想成真”的思路去设计整个栏目的框架(见表 1)，从而最终实现“有思想、有温度”的节目宗旨。

表 1 《开讲啦》选题统计表

关键词	数量(单位：期)	比例	嘉宾及话题
梦想	11	12.22%	冯仑，理想丰满；郎朗，指尖上的青春；刘岩，梦想不凋零；严歌苓，如果生活没了文学；王力宏，梦想造就软实力；林志颖，做一个梦想实现家；巴兹·鲁曼，有梦想谁都了不起；冯喆 & 盛中国，少年的世界——远行的梦想；李亚鹏，心有所愿，行而成立；李玉刚，做一朵迎风盛开的花；肖恩·巴蒂尔，被嘲笑的梦想。

续表

关键词	数量（单位：期）	比例	嘉宾及话题
奋斗	27	30%	成龙，没人能替你奋斗；李昌钰，不可能的可能；俞敏洪，相信奋斗的力量；徐静蕾，青春未完待续；黄豆豆，为自己争取机遇；范徐丽泰，你真的尽力了吗；文章，越努力越幸运；董明珠，对自己狠一点；丁俊晖，没有不努力的天才；黄海波，如果能，就别凑合；汪涵，不要轻视行动的力量；毕淑敏，别给人生留遗憾；徐小平，出发，什么时候都不晚；徐帆，较劲才有福气；蒋雯丽，你可以不认命；林志炫 & 王潮歌，少年的世界——未来，我是谁？章金莱，每个人都是孙行者；王健林，再坚持一会儿；廖凡，坚持不是件惨烈的事儿；葛剑雄，读书永无毕业；刘劲，用一辈子做好一件事；赵小兰，永远不要将门关上；陈可辛，你被改变了吗？蔡依林 & 吴晓波，少年的世界——成长的烦恼；萧敬腾，给青春一个出口；夏雨，幸亏年轻；赵启正，我向世界说明中国。
自我认同	11	12.22%	黄西，不完美怎么了；陶晶莹，我不完美，但我很美；王潮歌，那么我是谁；沙祖康，做独一无二的自己；龚琳娜，寻找真实的路；田连元，随遇而安，也是一种人生；阿信，当我和世界不一样；萨顶顶 & 常石磊，风格自有一种力量；陈羽凡，若你不行没人能行；周杰伦，你可以不平凡；邓亚萍，转型从零开始。
人生态度	41	45.56%	陈坤，人生路莫慌张；李少红，人生加减法；杨利伟，与责任对话；王石，坚持与放下；冯小刚，温故而知幸福；李兰妮，好好活着；陈一冰，人生总有不完美；秦怡，我是 90 后；李立群，青春经不起等待；田惠萍，不再让你孤单；胡海泉，人生无关选择；郑晓龙，我们不赶时间；杨振宁 & 莫言 & 范曾，科学与文学的对话；郑强，你为什么读大学；李连杰，人生就是一场寻找；吴晓波，我懂你的焦虑；任泉 & 董明珠 & 王潮歌 & 张亚勤，我和未来有个对话；赖声川，走别人不走的路；林清玄，不怕人生的转弯；陈果，你好，好奇心；李健，时间会为你证明；方文山，越平凡越有选择权；海清，人生路我们都是新手；滕华涛，停下来，做点无用的事；刘德华，给世界一个微笑；郑欣淼，人生是一次次的偶然；周润发，心平常自非凡；科比·布莱恩特，如果你永不畏惧；徐冰，创造力从哪来；郭涛，放下身段就对了；陈州，我找到了幸福；王刚，每一次转角都是命运；黄怒波，苦难是一种财富；罗志祥，走好你的下坡路；张杰，磨难是最好的礼物；王澍，叛逆的征途；王伟忠，创意要感谢经历；高希希，故事里的事；廖智，不抵抗，就能盛放；吴建民，世界的变化与中国。

在以上的选题统计中，我们看到，《开讲啦》的主创人员不仅思路清晰，而且了解当代青年人的心理期待，有的放矢地循循善诱。这些话题犹如一盏盏明灯照亮了青年前进的方向，也像一双双温暖的手抚慰了青年躁动不安的心。这里有王力宏对梦想的解读、郎朗对青春的诠释、廖凡的坚持、李昌钰的沉静、邓亚

萍的顽强，还有成龙对奋斗的分享、林清玄的处变不惊……同时，节目组还在特别的时间段推出特别的专题节目，以备青年人所需，为青年人所用。例如，2013年6月30日起陆续重磅推出“毕业季”专题：“我和未来有个对话”。据官方统计，2013年大学毕业生的数量多达699万，是新中国成立以来毕业生最多的一年；2014年大学毕业生的数量达到727万，更是创业就业压力的历史新高。“毕业季”特别专题，适时针对青年学生的毕业困惑，由多名成功企业家、演艺界人士与青年学子对话，共同探讨当下就业热点话题，分享毕业与就业、选择与成长、平常与成功、短期利益与长期目标等人生经验与思考，为即将走出校园，走向社会的青年学子献上一份份特殊的毕业大礼。《开讲啦》这种整体规划和即兴活动相结合的播出方式不仅受到了青年人的欢迎，还受到了青年一代的父辈和教育者的喜爱。

《开讲啦》除了在话题选择上注意思想引导性，在嘉宾的选择上更是具有自己的标准。据策划人杨晖所述，嘉宾的选择有两个最基本的标准：首先，他一定是年轻人认可的，是他们认为值得追随的榜样；其次，他还得是一个人生充满故事并且擅长表达内心的人。因此，我们在这个节目里看到了青年一代喜欢的流行歌手、优秀演员、政界要人、体育明星、企业精英、文化名人等。这些嘉宾不仅是各行各业的翘楚，还是一个个有血有肉的普通人。即便是大名鼎鼎的冯小刚，面对黑压压的人群也会紧张和害羞得不停抖腿；诺贝尔奖获得者杨振宁、莫言也会有语塞的时候。他们是榜样，是偶像，也是经历过黑暗困苦和彷徨惆怅，不懈奋斗在路上的平凡人。在这个舞台上，《开讲啦》通过对话和讨论的方式还原了成功人士作为普通人所走过的心路历程，主流价值观隐含在一个个鲜活生动的故事中，进而为青年一代注入了满满的正能量。截至2015年12月21日的170期节目，《开讲啦》共邀请嘉宾170人，其中科技领域的占3.53%，教育领域的占9.40%，文学领域的占5.30%，政治领域的占3.53%，商业领域的占8.82%，文艺领域的占57.65% ，体育领域的占8.24%，其他类的占3.53%(见表2)。

表2 《开讲啦》嘉宾分类汇总

行业类别	科技界	教育界	文学界	政界	商界	演艺界	体育界	其他类
数量(单位：人)	6	16	9	6	15	98人	14	6
所占百分比	3.53%	9.40%	5.30%	3.53%	8.82%	57.65%	8.24%	3.53%

从此表统计数据可以看出，该节目在嘉宾的选择上似乎更偏重演艺圈，而各行各业的精英似乎少了些。演艺界人士竟占到了总数的半数还多，虽然在消费时代，青年观众热衷追星，但媒体是否更需要引导？这个问题值得栏目创作者进一步思考和改进。

另外，《开讲啦》的主持人撒贝宁在节目主持过程中，始终坚持在满足受众需求的同时进行精神层面的引导，从而提升节目的文化品位。例如，在 2014 年 4 月 6 日《你可以不认命》一期节目中，嘉宾蒋雯丽多次阐述“知识改变命运”的理念。一位青年代表却不认可，站起来挑战：“我小学辍学的同学，现在资产上亿，旗下有三家五星级宾馆；初中辍学的同学，现在资产上千万；高中辍学的同学，资产上百万；大学辍学的同学，现在有房有车，工作稳定；而大学毕业的我，却没有任何积蓄，每个周末还要加班；更可怜的是我的那些读研的同学，现在还在找工作。”正当这样尖锐的问题让蒋雯丽一时无法回答时，撒贝宁即兴讲到：“首先，我们要明确一个概念，是知识改变了命运，不是学历或分数改变了命运。你的那位小学辍学的同学，虽然没有上过什么学，但也许他在生活中学到的知识，在他的那个领域里用起来更加得心应手。”撒贝宁恰到好处的引导不但打破了现场的尴尬，而且推理得当，具有说服力。

又如，在 2014 年 3 月 8 日章金莱(六小龄童)的《每个人都是“孙行者”》中，青年代表接着一位初中生不喜欢电视剧和小说《西游记》的话题说：“看《大话西游》的有些情节时，我们会感动，会痛哭流涕。既然《西游记》是虚构的神话，为什么不可以改编？”撒贝宁及时纠正：“《大话西游》我也看，我也喜欢，我也感动。但脑海里出现的是，《大话西游》用的是‘西游’的名字，讲的却是另外一个故事。真正感人的是那个故事，而不是对‘西游’精神的真正解说。”

现阶段中国并不缺少主持人，缺少的正是这种既有独立思考能力，又能自觉承担舆论导向的“意见领袖式”的主持人。因为，在全媒体时代，“表面上新的传播媒介使传播的信息大大增加，青年人在信息传播环境中眼界开阔，形成了开放的性格；但任何事物都有双刃剑，在大量信息塞满生活的时候，他们已经来不及思考抑或也已不会思考，看见的似乎就是真的，想要的似乎媒介上都有，接受就变成了被动的、简单的活动，同时也容易形成缺少自主性的需要‘他人引导型’的性格。”[1]正因如此，传媒的引导力量显得更为重要，也就更需要节目主持人承担起媒体的责任。

① 魏南江．节目主持艺术学[M]．2 版．北京：中国广播电视出版社，2015：94.

互动性

“随着以互联网为代表的新媒体对传统媒体的猛烈冲击，受众对新鲜资讯的认知、获取模式正在不断地发生变化，‘即时、体验、互动、个性’的资讯获取感受已经成为受众选择媒体的重要标准。怎样才能做到让更多年轻的受众愿意在电脑屏幕与电视频道之间自由切换?”唯一的回答是“开创以由内而外、全身心互动参与为特色的全新电视时代，即 TV2.0 时代”[①]。为此，《开讲啦》引进了 TV2.0 的电视新思维，相较传统的 TV1.0 电视模式，TV2.0 最明显的特征就是电视与受众之间真正实现了从内容到形式的全面互动。

1. 节目内容的互动

《开讲啦》的呈现内容，即“谁来讲，讲什么”，在很大程度上是由观众参与决定的。首先，节目制作前，制作团队不仅亲临近百所高校，通过调查问卷以及座谈的方式聆听青年人的需求，还通过搭载网络平台的方式，发起“青年代表校园行”活动，以便了解、征集青年学生对节目的想法与意见，比如，“想见到哪些嘉宾?”“希望听到哪些话题?”“对节目编排有什么建议?”。之后，制作团队会根据这些建议去遴选演讲嘉宾，商谈演讲内容，继而编排节目。因此，我们最后看到的节目内容，实际上是观众、节目组与嘉宾三方的意见融合。这样一来，节目兼顾了观众的兴趣点、节目的价值导向以及嘉宾的专长。其次，青年代表、现场观众的提问以及与嘉宾、主持人的交流也是节目内容的重要组成部分。对这部分的内容，观众依然享有一定程度的主动权。每期节目 10 位来自全国各大高校的青年代表和 300 名大学生，是在自主报名、节目组筛选的基础上产生的；同样，节目组不会硬性规定青年代表所提问题的内容，现场观众的提问便条也是随机抽取。此外，节目播出过程中，嘉宾可以通过新浪微博或电话与场外观众对话，场外观众也会在网络平台上即时分享节目的精彩内容，或提出对本期节目的看法。这些做法使受众诉求与电视传播之间形成了一种息息相关的依存关系，符合互联网用户制造内容、分享内容的模式。这些做法促使观众可以参

① 杨晖，唐剑聪. 创新之道：TV2.0 电视新思维理念：论电视品牌栏目的生存与发展[J]. 电视研究，2010(3)：13-15.

与到节目内容的选择、嘉宾的选取、主题的表达等活动中，成就了“请受众参与，由观众做主”的电视新理念，也成就了《开讲啦》的精彩。

2. 节目形式的互动

不可否认，在以往的电视节目中，早就有了诸如通过短信与电话等方式让观众参与互动的先例。但归根结底这种互动仍受时空限制，属于浅表层次的互动。而在当今的互联网时代，观众不但要参与到传播过程中，而且渴望利用传播媒介争取“话语权”。《开讲啦》从某种程度而言，就满足了受众的这一需求，如在节目结构的设计上，增加了青年代表、现场观众与嘉宾及主持人互动的机会。仅从时间分配上看，明星嘉宾的主题演讲仅占节目长度的三分之一，而青年代表、现场观众、场外观众即兴提问却占据了节目时长的三分之二。充分的互动时长加之多元的互动方式，有效增加了互动的深度。又如，对于场外观众的互动，节目更多的是搭载时下最流行的社交形式——新浪微博。节目播出时，通过新浪微博邀请多位嘉宾参与线上的微访谈，把在演播室的互动交流延展到网络上，演变成一场嘉宾与互联网社区的互动，有效增加了互动的广泛性。再如，在主持人的选择上，节目组也考虑了如何最大限度地加强互动。《开讲啦》主持人选用央视当红小生撒贝宁。撒贝宁与青年一代有相近的思想观念，在青年心中就像一个优秀的大哥哥。他的主持风格轻松幽默，亦庄亦谐。我们在节目中看到，撒贝宁完全和节目融为一体，和嘉宾互唱情歌、掰手腕、做俯卧撑，与现场学生跳骑马舞……嘉宾和现场观众在撒贝宁的带动下，互动频繁，表现自然。

电视性

公开课或是演讲，对于尚在学校或刚走出校门不久的青年观众来说，是学习生活中再熟悉不过的事了。以《百家讲坛》为代表的电视演讲类节目形式比较单一，大多严肃且中规中矩。比如，电视画面总是以中景景别的演讲者为主，很少切换；台下的观众很少进到画面中，基本是被镜头忽略的群体；整场节目除了视频资料没有太多音响效果。诚然，《百家讲坛》为电视演讲类节目作出了创造性贡献，但随着电视技术的发展与人们审美能力的提高，演讲类节目也要革新，力求做到好看、好听，更加具有“电视性”。《开讲啦》在舞台设计以及镜头语言两个层面上都进行了创造性的实践，由此开创了演讲类节目新的表现形式。

1. 好看

在舞台设计的整体风格上，《开讲啦》模拟大学图书馆与阶梯教室的背景环境，演播厅中央设计成360度环形舞台，三百位观众围坐在两侧阶梯式座位上。从美学意义上看，圆的形式是美的，它柔和饱满，使人精神愉悦，产生快感。古希腊毕达哥拉斯派认为，“一切立体图形中最美的是球形，一切平面图形中最美的是圆形”。从舞台效果来看，舞台上不设传统的演讲台，亦不设提词器，演讲嘉宾不带讲稿，仅通过动态的表情和仪态展现个人魅力。这种形式下的《开讲啦》更像一场脱口秀，而不是一场干巴巴的说教和演讲，具有一定的“表演性”。从人际和大众传播来看，360度环形舞台更像“围炉夜话”，拉近了主持人、嘉宾和现场观众的距离，从而产生一种相互的亲近感。

节目中LED屏幕的使用有力地增强了节目的视觉效果。尽管在综艺节目和大型晚会中，LED屏幕的运用是很普遍的，但在演讲类节目中却很少使用。而《开讲啦》不仅大胆使用，而且非常重视其在节目中的有效性。除了影像与视频资料的放映，在嘉宾演讲时，经过视觉部门专门设计的三维背景会随着演讲的内容不断发生变化，特别是色彩和丰富的资料运用，为观众营造了在影院观影的氛围。如第23期严歌苓的《如果生活没了文学》中，严歌苓从父母双方的职业、家庭教育方式以及早期人生经历切入，讲述自己是如何走上文学之路的。节目的片头视频展示了严歌苓个人照片和作品封面以及小说被改编成电影的一些镜头；当嘉宾讲到父亲教育对儿时的严歌苓产生重要影响时，LED屏幕上一盏暖黄色灯下的书本、钢笔、钢琴缓缓移动，透出浓浓的“书香”；当嘉宾讲述国外求学经历时，LED屏深蓝色底调上面点缀着些许粉紫，时而是校园里英文字母的动态学术海报，时而是青年严歌苓宿舍夜读的身影，充满少女梦幻般的意境；而当嘉宾探讨中国文学的独特性时，LED屏幕上色彩艳丽，七彩翻腾，印证中国文化的无限魅力。又如，《开讲啦》第11期冯小刚的《温故知幸福》中，当冯小刚谈到为什么想拍摄刘震云的小说《温故1942》时，中间主显示屏上是荒漠中成长的绿色树苗，环绕的四块辅助屏则是大面积的灰绿，隐喻着冯小刚拍摄该电影的想法看似不可能却在慢慢变为现实；继而他讲述该电影几度搁浅时，LED屏上是飘飞的大雪，满屏的白色，伤感而唯美。《开讲啦》用丰富的资料讲故事，用色彩渲染气氛，衬托出人物的性格，让节目变得好看又耐看。

2. 好听

《开讲啦》在声音的运用上也别具意味。首先，该栏目不像其他电视栏目那样仅仅把音乐当作背景或煽情时才用的可有可无的东西，而是有意识地让音乐承担起重要的表现功能。例如，每期节目都会根据嘉宾不同的职业和性格选择不同的现场配乐，变换非常丰富：六小龄童的出场是《西游记》的主题曲，林志颖的出场则用了嘉宾本人的曲目《十七岁那年的雨季》。根据嘉宾讲述内容的不同，栏目还会选择不同类型的音乐加以衬托，其旋律、配器、调式乃至曲式都是跟随嘉宾的演讲节奏而调整变化的：当林志颖在演讲间歇表演舞剑技艺时，配乐是京剧的开场锣鼓；当无腿的陈州凭借双手登上泰山顶峰时，配乐是其演唱的励志歌……这些恰到好处的音乐在节目中有力地推动人物故事的发展，表达主题，直达人心。该栏目在电子音效方面也格外用心，最突出的是电子“伴随语”的使用。所谓电子“伴随语”，在这儿主要指的是属于功能性发声的几种形式，诸如笑语、惊讶语、叹气以及习惯性的“啊、嗯、哩、咻、唉、哦”等。他们和语言符号的传播一样，或表达某种意思，或传递某种弦外之音，或传递某种情绪，让电视演讲变得灵动而风趣。如冯小刚出场演讲时，伴随观众的口哨声、掌声，还有电子“伴随语”的“咻”声，欢快而热闹；在被问及“葛优、张国立等人一同掉水里，冯导先救谁？”“为何频频使用徐帆？”等问题时，现场不断出现“哇”“噢”的惊叹声及“咯咯”的趣味笑声，俏皮而温馨。

综上所论，我们不难看出，央视《开讲啦》在时下国内电视节目泛娱乐化的潮流中逆势而为，不仅在节目形式上大胆创新，而且始终将人文价值置于节目的首要地位，既谐趣其表，又守正其中，实为难得。

（作者：魏南江、梁婉露）

一个“秀场”，一次“致敬”

——浙江卫视《演员的诞生》解析

栏目名称：《演员的诞生》；第二季更名为《我就是演员》

播出频道：浙江卫视

导　　演：吴彤

总 编 剧：范家驹

主 持 人：伊一

开播时间：2017 年 10 月 28 日

播出状态：第一、二季已完结

节目时长：120 分钟

栏目定位：竞技类娱乐节目

栏目宗旨：为好演技加冕，为好演员正名

获奖情况：2018 年国家广播电视总局“广播电视创新创优节目”
“2018 电影之夜”媒体推荐单元的“行业推动典范”奖

《演员的诞生》2017 年 10 月 28 日“诞生”后，就成为一个“现象级”的综艺节目，引发全民观看热潮。2018 年，第二季更名为《我就是演员》。从《演员的诞生》到《我就是演员》，节目围绕“为好演员加冕，为好演技正名”的创作诉求，将舞台交给那些坚持艺术追求的演员群体，掀起行业内外对表演艺术探讨和思考的热潮。更可贵的是，2018 年 11 月 11 日，浙江卫视就《我就是演员》与美国 IOI 公司签署模式销售协议，授权其及美国 HMP 公司在美国、英国、加拿大等英语地区制作《我就是演员》的国际版——*I am the actor*。这次合作意味着国内节目制作产业正在从过去的“消费者”转变为“供应商”，这一转变无疑是一次文化自信的彰显，更为中国原创节目注入了一针强心剂。

《演员的诞生》打造了一个全民关注的“秀场”。这个“秀场”展示了演员们的演技和创作状态，同时通过对经典作品的回顾与演绎、对演员职业精神的解析与放大，表达了向经典影视作品、向演员的职业精神致敬。

一个“秀场”

《演员的诞生》是全国首档演技竞演类节目。

该节目模式清晰，赛制严格，又不失灵活性。为了考验演员的演技，在节目现场，导师和导演经常会临时出题，让演员稍做准备就进行一段现场表演，相当考验演员的演技和现场反应能力。

在流量明星当道的时代，有些影视剧出现了“演员不到场、拍摄靠抠图”的乱象，再加上演员天价片酬、偷税漏税等现象，让观众对“演员”这一职业产生了一些不良印象。而《演员的诞生》则把“演技”作为标准，为有实力的演员搭建一个切磋演技的平台。围绕“为好演技加冕，为好演员正名”的节目宗旨，《演员的诞生》掀起了全民对演员行业以及演员演技探讨和思考的热潮。同时，节目组还邀请了国内外优秀的导演、编剧、演员等专业人士参与其中，评点表演中的得失，有的还亲自上场做表演示范。可以说，《演员的诞生》通过节目对全民进行了一次表演艺术的科普。凭借《演员的诞生》，周一围、金世佳、涂松岩这些演技好却片约少的演员，终于有机会展示自己的才华与梦想；像沈春阳、李念、郭麒麟这样被自身形象或过去饰演的角色所束缚的演员，也有了一个摆脱“被标签化”的机会，让观众看到其可塑性与丰富性；像蓝盈莹、张雪迎、胡先煦、彭昱畅等年轻演员也借由节目被大众所看到，从而有了更多影视剧的参演机会。正如节目第二季开播时徐峥所说，“好演员的春天来了”。

在空间设置方面，我们看到除了录制第一现场，节目组还设置了影视录制现场以及排练现场这三个空间，既让观众看到激烈的现场比拼，又看到演员在舞台下、摄像机后所付出的努力以及他们的喜怒哀乐，更看到了他们在演技方面的成长。

在人员设置方面，《演员的诞生》创造性地为张国立度身定制了“演员推荐人”这一岗位。张国立作为一个资深演员，又有多年做主持人的经验，在节目中巧妙地把舞台上下勾连起来，起着不可替代的作用；中央戏剧学院表演系教师刘天池作为表演指导，陈凯歌、许鞍华、陆川等多位大牌导演的先后加入，都使节目的专业性和可看性得以提升；节目中有裁定权的评委除了现场导师、节目邀请来的“飞行导师”，还包括行业内人士组成的专业评审团和现场观众组成的大众评审团，这既保证了节目的公正性，也让节目整体呈现出一种对“演技”深入探讨的氛围，使节目成为一个充分展示演技的“秀场”。

在《演员的诞生》第一季中，观众普遍对蓝盈莹、凌潇肃演绎的电影《最爱》片段印象深刻。蓝盈莹饰演的商琴琴和凌潇肃饰演的赵得意这一对身患绝症的恋人，决定以“结婚”来迎接生命的最后时刻。当“结婚”和“死亡”相遇，蓝盈莹、凌潇肃把两种大悲大喜的情绪转换拿捏得恰到好处，用精湛的演技，把这对苦命鸳鸯在人生最后时刻对生命的渴望、对爱人的不舍、对生活的热爱展现得淋漓尽致，深深打动了现场评委和屏幕前的观众。他们的表演还获得了原片导演顾长卫的公开点赞，称自己“最爱”这段表演。在这个“秀场”中，很多优秀影视作品被参赛演员重新演绎，观众看到了他们高超的演技以及灵活的应变能力。比如于毅和冯雷演绎的《追龙》片段，现场有一段戏是于毅把酒瓶砸在自己头上。于毅砸完之后，道具的商标黏在了头上。冯雷借助对话时激愤的情绪，左手作势要打于毅，趁机将他头上的商标打落。这一段表演非常自然，秀出了演员高超的演技和灵活的应变能力。

除了“秀演技”，在节目当中，参演人员还“秀”了演员作为普通人的情感世界。面对事业的瓶颈，演员也会有不安，有痛苦和挣扎。面对角色的挑战，他们也会犹豫徘徊，甚至自我怀疑。在舞台和镜头后，他们也有自己的困惑。节目中王蓉、王媛可等多位三十岁以上的女演员对着镜头哭诉自己的痛苦："我三十加了，还得维持少女人设……请大家多给三十加、四十加的演员机会。"演员阚清子在回答"为什么来《演员的诞生》"这个问题时，未曾开言已经泪流满面，"其实很多人认识我都不是通过我的戏，我来就是让大家看到我是演员阚清子"。还有很多曾经身处绯闻之中或者正被绯闻缠身的演员也在舞台上说出了自己的痛苦，让观众看到演员生活中也有阴霾。

面对爱情，演员在这里展现了恋人之情、夫妻之情。通过《演员的诞生》，观众看到蓝盈莹与男友曹俊在节目中大大方方地秀爱情，在二人的视频连线中，蓝盈莹勇敢地把心声公之于众，"你是我心中最棒的男演员，我爱你"。小沈阳亲自登台表演，为妻子沈春阳助阵；经超的妻子小李琳谈及经超曾打算放弃演戏，"（他）说我去公司打工，一个月 4000，养你和孩子"，一席话把身为演员的苦涩和夫妻之间的爱情都坦然地展现在了观众面前。

面对亲情，演员也有欢笑和泪水。比如演员王亮在节目中，以自己的亲身经历为原型编排了一个小品，真实地展现了身在再婚家庭的异姓兄弟之间的复杂情感。演出结束后，他和观众分享了父亲再婚后父子之间从不理解到理解的情感变化过程。章子怡女儿醒醒由于想念妈妈来到了拍摄现场，章子怡与孩子亲密互动，展示了章子怡在屏幕之外的"母亲"形象。

在节目中，友情的力量更是处处可见。比如舒淇通过节目为好友章子怡和她的战队加油，飞行导师谢娜和沈腾在节目现场大秀二人的友谊……这些演员与朋友们的互动，增加了观众对演员的了解。同时，《演员的诞生》把由节目而生的"师生情""同窗情"做了一次群像式的展示。

在节目中，演员们向观众袒露自己的情感世界，真诚地分享自己的心路历程。正如表演导师刘天池在节目中所说："（节目）揭开了我们每一个人的面纱，谁是谁的儿子，谁是谁的男友，谁是谁的丈夫，演员没有那么神秘，只是拥有一项职业技能的人。"《演员的诞生》让观众看到演员并非总是光鲜亮丽，演员只是众多职业中的一种。观众通过这档节目了解到演员这个职业的艰辛与不易，从不同的角度认识这一群体。

一次“致敬”

除了呈现出一个五彩斑斓的“秀场”之外,《演员的诞生》更是完成了一次对经典影视作品的致敬和对演员职业精神的致敬。

以《演员的诞生》第一季为研究对象,我们看到节目选用的剧目基本出自经典影视剧,涉及的作品既有像《大红灯笼高高挂》这样曾获得威尼斯国际电影节银狮奖的教科书式的作品,也有像第一部情境喜剧《我爱我家》、第一部青春偶像剧《将爱情进行到底》这样的开内地电视剧类型先河之作(见表1)。

表1 《演员的诞生》第一季表演剧目统计表

期数	对战演员	剧目名称	是否原创	原剧类型	戏剧风格
1	郑爽、任嘉伦	《我的父亲母亲》	否	电影	正剧
	刘芸、黄璐	《亲爱的》	否	电影	悲剧
	翟天临、余少群	《绣春刀》	否	电影	悲剧
	郑爽、宋丹丹	《失忆的母亲》	是		悲剧
	刘芸、章子怡	《白蛇传》	否(改编自《青蛇》)	电影	悲剧
	翟天临、刘烨	《西游·降魔篇》	否	电影	喜剧
2	周云鹏、车晓	《我的后半生》	否(改编自《我的前半生》)	电视剧	喜剧
	杨玏、王亮	《半路兄弟》	是		正剧
	舒畅、辛芷蕾	《金枝欲孽》	否	电视剧	悲剧
	周云鹏、章子怡	《最熟悉的陌生人》	是		悲剧
	杨玏、宋丹丹	《我爱我家》	否	电视剧	喜剧
	舒畅、刘烨	《不要和陌生人说话》	否	电视剧	悲剧
3	于月仙、陈小纭	《唐山大地震》	否	电影	正剧
	欧阳娜娜、郑昊	《我的父亲》	否(改编自《我的父亲母亲》)	电影	悲剧
	尹正、周一围	《刀锋1937》	否	电视剧	正剧
	于月仙、宋丹丹	《偷西瓜的人》	否(改编自《乡村爱情》)	电视剧	正剧
	刘烨、欧阳娜娜	《父女琴深》	是		正剧
	章子怡、周一围	《胭脂扣》	否	电影	悲剧

续表

期数	对战演员	剧目名称	是否原创	原剧类型	戏剧风格
4	金晨、陶昕然	《十面埋伏》	否	电影	悲剧
	姜宏波、张棪琰	《大楚后宫》	否(改编自《芈月传》)	电视剧	悲剧
	俞灏明、王彦霖	《拿什么拯救你,我的爱人》	否	电视剧	悲剧
	金晨、宋丹丹	《德龄与慈禧》	否(改编自《十三格格》)	电视剧	喜剧
	姜宏波、章子怡	《后宫废妃》	是		悲剧
	刘烨、俞灏明	《伪装者》	否	电视剧	正剧
5	马可、曾舜晞、谭松韵、毛晓彤	《像雾像雨又像风》	否	电视剧	悲剧
	凌潇肃、蓝盈莹	《最爱》	否	电影	悲剧
	刘烨、胡军、谭松韵、曾舜晞	《手机》	否	电影	悲剧
	柳岩、胡冰卿	《回家的诱惑》	否	电视剧	悲剧
	章子怡、蓝盈莹	《青衣》	否	电视剧	悲剧
6	黄圣依、柴碧云、于明加	《我和春天有个约会》	否	电视剧	悲剧
	陈龙、李泽锋、彭昱畅	《解救吾先生》	否	电影	悲剧
	陶虹、彭昱畅	《末代皇后》	否	电影	悲剧
	刘烨、于明加	《白夜追凶》	否	电视剧	悲剧
7	袁立、张彤	《超生游击队》	否	小品	喜剧
	刘敏涛、李乃文	《苍穹之昴》	否	电视剧	悲剧
	冯文娟、侯明昊、张雪迎、姚远	《将爱情进行到底》	否	电视剧	悲剧
	刘烨、柳岩	《武林外传》	否	电视剧	喜剧
	章子怡、张彤	《回家过年》	否(改编自《过年回家》)	电影	正剧
	章子怡、张雪迎	《机械姬》因造型问题没有进行影视化拍摄;张雪迎直接进入分组赛		电影	
	宋丹丹、刘敏涛	《大宅门》	否	电视剧	悲剧

续表

期数	对战演员	剧目名称	是否原创	原剧类型	戏剧风格
8	于毅、冯雷	《追龙》	否	电影	悲剧
	宋丹丹、冯雷	《临时联络员》	是		喜剧
	凌潇肃、周一围、柳岩、彭昱畅	《投名状》	否	电影	悲剧
	刘敏涛、辛芷蕾、黄璐	《大红灯笼高高挂》	否	电影	悲剧
9	欧阳娜娜、曾舜晞	爱情三部曲1:《致青春》	否	电影	悲剧
	于月仙、周云鹏	爱情三部曲2:《金婚》	否	电视剧	喜剧
	于明加、杨玏	爱情三部曲3:《小丈夫》	否	电视剧	正剧
	蓝盈莹、张彤、张雪迎、姚远	《我的前半生》	否	电视剧	悲剧
10	舒畅、刘芸、俞灏明、谭松韵	《那年花开月正圆》	否	电视剧	悲剧
	刘烨、蓝盈莹、欧阳娜娜	《搭错车》	否	电影	正剧
	黄璐、杨玏、舒畅	《平行线》	是		悲剧
11	周一围、辛芷蕾、刘敏涛	《风声》	否	电影	悲剧
	于月仙、翟天临、俞灏明	《团圆》	否	电视剧	悲剧
	张雪迎、彭昱畅	《滚蛋吧！肿瘤君》	否	电影	悲剧
	凌潇肃、刘芸	《激情燃烧的岁月》	否	电视剧	喜剧
围炉夜话1	蓝盈莹、刘敏涛	《和亲》	否(改编自《康熙王朝》)	电视剧	悲剧
	刘芸、翟天临	《红高粱》	否	电影	正剧
	凌潇肃、于月仙	《世界上最疼我的那个人去了》	否	电影	悲剧
围炉夜话2	辛芷蕾、舒畅	《画皮》	否	电影	悲剧
	杨玏、张雪迎	《推拿》	否	电视剧	悲剧
	周一围、欧阳娜娜	《失孤》	否	电影	悲剧
12	凌潇肃、翟天临	《白鹿原》	否	电视剧	正剧
	周一围、舒畅	《孝庄秘史》	否	电视剧	悲剧
	蓝盈莹、杨玏	《橘子红了》	否	电视剧	悲剧
	周一围、蓝盈莹、翟天临	《赵氏孤儿》	否	电影	悲剧

其中，来源于电影和电视剧的表演片段占比分别为 41.54%和 46.15%（见表 2），仅这两部分来源就占了 87.69%。在演员表演开始之前，现场会播放经典影视作品的片段，把观众带入规定的情境，唤起观众对经典的怀念与共鸣。这些经典影视剧片段的播放和参赛演员的重新演绎，让经典影视作品重新焕发光彩。节目组以这样的方式向经典致敬，引发了全民对经典影视剧"回看"的热潮。如刘敏涛、辛芷蕾和黄璐共同呈现的经典影片《大红灯笼高高挂》的片段，再一次把大宅院里女人之间的明争暗斗呈现在舞台上，令观众回味无穷；于月仙、陈小纭等联袂演出的《唐山大地震》片段，把经历了自然与情感"双重地震"的母女多年后再次相逢的情形演绎得与原作不相上下……该节目让演员从挑战经典作品的片段出发，碰撞出属于节目自身的经典。

表 2 《演员的诞生》类型分类汇总 （单位：个）

	来源电影	来源电视剧	来源小品	原创	悲剧风格	喜剧风格	正剧风格
数量	27	30	1	7	43	9	12
所占百分比	41.54%	46.15%	1.54%	10.77%	67.19%	14.06%	18.75%

除了向经典影视作品的致敬，《演员的诞生》更是浓墨重彩地向"演员"的职业精神进行了一次饱含深情的致敬。如果说这一点在第一季中还不够清晰的话，那么，在第二季《我就是演员》中就体现得十分明显甚至有些刻意了。正如第二季开篇，由导师说出了节目的宣传语，"每一个角色都是一次重生，忘我才能成就角色""表演不朽，不惧不畏，不负初心，尽情热爱""坚持信念，永怀敬畏"，而导师章子怡、徐峥在做自我介绍时，都反复强调"我是演员"。节目组在第二季专门增设了宣誓环节，由演员和导师集体宣读誓词："不忘初心，薪火相传，我是演员。"这种仪式感也体现了对演员职业精神的致敬。这种致敬的态度，被节目组反复强调，体现在节目的每一个环节和每一个细节之中。

1. 演员戏里戏外的"表演"中，时时可见向演员职业精神的致敬

为了能让演员的表演呈现出理想的效果，节目组每期都会搭建多个实景，以"1:1"的比例尽量还原影视作品的场景，在声光电服道化等硬件方面更是进行了提档升级。比如在宋丹丹和杨玏搭档表演的《我爱我家》中，节目组就按照原剧精心布置了一个"家"，当宋丹丹走进阔别已久的"家"中见到 20 多年未相

聚的“家人”时，感动得落泪，也让观众陷入回忆之中。

第二季中，节目组在现场引入70多块升降冰屏，通过其移动开合，隔绝出不同的空间效果，使舞台更富于变化。另外，还新增了高空吊点和水池设计，演员们可以在雨中飙戏，也可以吊威亚，创造了一个更大、更富有层次的表现空间。这些场景和细节保证了节目质量，给演员创造了一个快速理解角色、进入角色的外部条件，从而让演员为观众带来更精彩的演出。

除了硬件够“硬”，演员的软实力也不可小觑。在《演员的诞生》中，观众看到了一个个“戏疯子”，无论台词多少，甚至没有台词，也能为了场上十几分钟的演出不眠不休奋战几十个小时，一个字一个字地抠细节、找状态。在演员眼中，戏比天大。宋丹丹带病坚持排练，刚输过液就投入到演出之中；在《军师联盟》的表演中，为把曹植的饥饿感演出来，宋洋三天没有吃东西；在《金枝欲孽》的片段表演中有一段扇巴掌的戏，舒畅要求辛芷蕾真打，舒畅被打趴在地，不是靠借位，而是真正承受了那重重的一巴掌；在《七月与安生》的演出中，徐璐为了更好地契合角色的状态，喝了很多酒，演出结束后坚持不住，只好由其他人搀扶着下场去呕吐；第一季冠军总决赛时，三位选手为了最后的演出，排练了整整一夜……

导演陆川在节目中说：“对表演的信仰，对表演的热爱，就像牺牲了很多人送回去的孤儿一样……演员可能要让你用一生去修炼，怎么去做一个演员。”演员们带着一颗赤子之心，投入生命去体验、去表演。

2. 评委与演员对“演技”的探讨中，处处可见对“匠心”的致敬

《演员的诞生》始终把“演技”作为探讨的主要内容和最重要的标准。比如陈凯歌曾在节目中盛赞《霸王别姬》的助演王洛勇的演技，这是导演从艺术层面对“演技”的解读，给观众上了一堂生动的表演课，提升了观众对影视作品的审美鉴赏能力。

关于“演技”的探讨在节目中从未停止过。这种探讨甚至多次让《演员的诞生》上了热搜，成为大众关注的焦点。比如曾经引发网友热议的“演员拍戏时应该真打还是假打”这一话题，在节目现场就引发过一场争论。起因是由黄圣依、于明加、柴碧云共同演绎经典剧目《我和春天有个约会》，其中由于剧情需要，有一场“打耳光”的戏。于明加在排练中建议使用借位的舞台技巧“假打”，在正式演出时，由于柴碧云没有这方面的技巧，致使动作穿帮。演出结束后，章子怡坚持表演应该“真打”，她认为好演员应该相互成全，彼此之间有“信任感”。她也谈及在《艺伎回忆录》的拍摄过程中，被巩俐扇巴掌的一场戏拍了至少七八条，“大嘴巴直接呼在脸上”，回家后脸上都还留着手印，但这样的经验让她对表演和演员这一职业都有了更深的领悟。

对于“演技”的争论让节目时常呈现出一种剑拔弩张的状态。在第一季第一期节目中，郑爽和任嘉伦演出时出现了笑场。在点评时，刘烨表示对二人的表演还是“比较满意的”，而章子怡立刻怒怼刘烨：“郑爽都笑成那样了！你满意什么？他们一点信念感都没有，你满意什么？”现场一度陷入尴尬。而在第二季节目中，导师也曾为“表演是不是技术”这一问题在现场发生了激烈的争执。

对于“演技”的探讨延伸到表演的每一个细节中。在影视化片段《西游·降魔篇》的拍摄中，专业评审陈乐一针见血地指出刘烨左手婚戒让她出戏了。这样的“挑刺”，实际是一种善意的提醒：演员无论何时都要考虑自己处于镜头之下、观众眼中，演员应该始终沉浸在角色中。正如《人民日报》中所说，“演员的天职是表演。只有严肃地对待表演、严肃地评价演技，才能真正给演员这个职业以尊严和尊重”。①

几点建议

《演员的诞生》以“演技比拼”为核心，把舞台表演和影视剧拍摄结合起来，把演员舞台上下的状态完整地展现出来，是近年来难得的好节目。但是，笔者认为在以下几个方面仍需进一步改进。

1. 公平性

虽然《演员的诞生》一直追求以“演技”为标准进行公平的角逐，但是在公平性上还有待进一步提升。

第一，演员在节目中演出的片段大多是影视经典，但演员呈现的比赛内容究竟是舞台剧还是影视剧？这是两种不同的艺术形态，演员们也很困惑，他们提出自己的表演“按舞台剧演，大了；按影视剧演，小了”。这是节目组必须要考

① 马涌. 让演技赋予演员尊严[N]. 人民日报，2017-11-24(24).

虑清楚的定位问题。

第二，节目在比赛规则方面也存在一定的问题。比如章子怡和张雪迎在准备《机械姬》的影视化拍摄前，章子怡认为她的造型不达标，因此不愿进行影视化拍摄，节目组只好安排张雪迎直接进入分组赛。因为一个导师的“任性”，就可以随意更改规则，这对参赛者和整个比赛而言是否有失公允？

第三，比赛的分组也存在问题。比赛中多数比拼都是在两位演员之间，一人失败，一人晋级。但是，节目中也出现过由陈龙、李泽锋、彭昱畅演绎的《解救吾先生》和由黄圣依、柴碧云、于明加演绎的《我和春天有个约会》，都是三人比拼，一人晋级；还出现过由马可、曾舜晞、谭松韵、毛晓彤联袂演出的《像雾像雨又像风》和由冯文娟、侯明昊、张雪迎、姚远共同呈现的《将爱情进行到底》，都是四人比拼，一人晋级。50％的晋级率和33％、25％的晋级率之间差别不可谓不大，试问，这种赛制对这几组演员是否公平？

第四，在演员共同演绎同一影视作品时，除了演技，“角色”是否讨巧也是赢得观众、赢得评委的一个重要因素。比如涂松岩和王阳共同演绎的《大宅门》片段中，涂松岩所扮演的“白三爷”角色有反转、有变化，张力十足；而王阳所扮演的角色在这一段戏中戏份就略显“平”了一些。最终涂松岩获胜，王阳落败，这个结果是否有失公允呢？

当然，对演员演技的评价，本身就带有主观色彩，不可能绝对公平，但节目组能否从评委的年龄、层次以及节目的赛制等多个角度进行更全面的考虑，让比赛结果更为公平呢？

2. 原创性

《演员的诞生》中呈现的多为经典影视作品的改编，这就有可能出现改编偏离原作的现象，容易造成观众对原作的误解。所以才会出现导演高志森认为节目中《我和春天有个约会》片段，破坏了原剧本的形象。同时，他认为浙江卫视未与原著作者杜国威进行版权方面的商讨，属于侵权行为。

作为一档以原创性著称的节目，在剧本的原创性方面做得还有所欠缺，在第一季中，原创剧本只占10.77％，这不得不说是一个巨大的遗憾。

舞台呼唤原创作品的出现。节目中的原创作品都给观众留下了深刻的印象。比如由舒畅、黄璐和杨玏演出的《平行线》讲述的是铁路检修工春生在妻子和情人露露之间左右徘徊的故事，三位演员将生活的无奈、情感的复杂淋漓尽致地展现在舞台上，让人印象深刻。

因此，笔者建议，除了对经典的演绎，节目组应该多拿出一些原创剧本，让舞台呈现出更多新鲜感和原创性。

3. 喜剧性

因为《演员的诞生》呈现出的作品都是一些片段，我们不能根据原作的风格来定义这一片段的风格，但我们可以说这一片段本身到底属于哪一种风格。我们看到，《演员的诞生》中演出片段有 67.19% 都是悲剧风格，喜剧风格仅占 14.06%。究其原因，悲剧更容易展现演员的演技，也更容易打动现场观众。正如导师曾在节目现场所说："喜剧之所以难演，(是因为)你除了完成和对手的交流、和自我的交流，还要完成和观众的交流"。

我们看到擅长喜剧风格的演员无一进入决赛阶段，这不得不说是一个很大的遗憾。尽管在第二季中，节目组也有意邀请了更多喜剧演员加盟，甚至请来了世界著名的喜剧演员憨豆先生来到现场，以弥补舞台上喜剧缺失造成的遗憾。但是，这些努力显然是不够的。一个缺少喜剧的舞台是不完整的，希望节目组今后可以在演员的选择、经典影视剧的挑选、剧本的写作等方面进行更深入的思考。

综上所述，《演员的诞生》以"为好演技加冕，为好演员正名"为己任，给有演技的优秀演员提供了一个展示自我的平台，打造了一个精彩的"秀场"，完成了一次深情的"致敬"，让中国原创节目走上世界舞台，不愧为近年来难得一见的好节目。

（作者：程军玲）

以播为台，以诗会友

——中央电视台《中国诗词大会》叙事解析

栏目名称：《中国诗词大会》

播出频道：中央电视台综合频道、中文国际频道、科教频道

导　　演：颜芳

开播时间：2016 年 2 月 12 日

播出状态：第一、二、三、四、五季已完结

节目时长：90 分钟

栏目定位：原创文化类节目

栏目宗旨：赏中华诗词，寻文化基因，品生活之美

获奖情况：2016 年第 22 届上海电视节白玉兰奖“最佳综艺栏目”

自2016年至2020年,《中国诗词大会》已播出五季,每季十期。《中国诗词大会》以"赏中华诗词、寻文化基因、品生活之美"为节目宗旨。作为一档大型文化类节目,制作精良的《中国诗词大会》具有电视演播室节目典型的叙事特征。每期节目从结构、内容和情感等方面进行了叙事,完成了节目的主旨诉求。该节目以"比赛"为基本的叙事框架,采取"挑战一攻擂"的形式,营造比赛情境。《中国诗词大会》展现选手对古诗词的识记和理解,嘉宾对古诗词的释义和赏析。人们在观看选手比赛的同时,欣赏古诗词的魅力,感受诗人和选手的情感,节目由此达到对情感的诉求。

结构叙事:赛诗争擂的形式诉求

比赛,是古今中外最为常见的活动组织形式,对各种内容具有较强的兼容性。比赛这一形式为电视所青睐,成为当下电视节目惯用的叙事框架,加之我国古代文人素有赛诗的传统,比赛形式就成为《中国诗词大会》的首选。《中国诗词大会》采用"挑战一攻擂一守擂"的形式,在整体比赛叙事的同时,完成了"会"这一仪式性的诉求。会,在字面上是聚集、汇聚的意思,节目的选手来自各行各业、各年龄段,还包括外国人,他们来到诗词大会,以诗词为纽带,广结天下诗词豪杰。会,同时也有比赛的意味。每场比赛分为"个人挑战赛""擂主争霸赛"等环节。个人挑战赛中胜出者将和百人团第一名争夺"攻擂者",胜者与上一期的擂主进行"擂主争霸赛",胜者为本期擂主。最后一期的擂主即为这一季的总冠军。在每期节目中,包括百人团、预备团在内的所有选手都处于比赛中,你争我夺,营造出浓郁的比赛氛围。

为了彰显气势,节目又把赛诗和战争联系在一起。我国古代曾用"会猎"指代战争。节目场景的设置、LED屏幕、灯光、音效等营造了冷兵器时代战争的氛围,参加节目好似加入一场大战之中。第三季开始,节目组采用中山大学林帝浣老师为节目手绘的巨幅背景画作为LED大屏幕的内容。背景画色泽统一,简明大气，兼顾相应诗词的内容和意境；为了配合屏幕，每一幅背景画跳出一般国画尺寸比例，采用1∶6的高宽比，投影出来几乎包围了半个演播厅，气势磅礴。选手的正对面、嘉宾区和主持区的背后是庞大的“百人团”，上下有多层，每人的桌案前面都有一个LED屏幕，整个演播室的设计浑然一体。比如第四季，整个演播室的四个区域：中央舞台、背景LED、百人团座位结合起来犹如一个巨大的莲花。

当节目进行到攻擂资格争夺赛和擂主争霸赛的时候，不再采用答题区答题的形式。参与对决的两位选手站在舞台的两侧，面前各升起一个台案供抢答使用。擂主争霸赛环节减少了题量，抢答题的设置加快了比赛的节奏；答错一题对方得分的规则也使得比赛紧张程度和火药味大大增加。第二季开始的“飞花令”，其名取自诗句“春城无处不飞花”。这一环节中，1对1的两位选手短兵相接，以字为题，以诗为器，如此“文斗”的方式恰似武林中顶尖高手之间的对决，不动刀枪，却已然在意念之中分出胜负。

《中国诗词大会》中，效果强烈的场景化设计也强化了节目的形式感和仪式性，配合赛制结构完成了节目对于仪式的形式诉求。作为电视节目，观众最需要的不是比赛的结果，过程的展现才是最重要的。节目运用科技特效，较好地完成了抽象的结果到可视的过程的转换，增加了节目的可看性，达到了节目的形式诉求。巨大的LED屏幕不仅显示节目标志、配合诗词展现出相应的内容，还动态显示选手的得分情况。类似“火烧战船”“箭中盾牌”的动态设计不禁让人想起冷兵器时代的宏大的战争场景，更符合电视语言：将抽象的胜负、对错结果“可视化”，既成为整体叙事的一个节点，也让观众轻松看懂，做到了“零门槛”。每当主持人说到“让我们看看百人团的答题情况”时，四周光线动画出现，从四周移动到大屏幕中央，好似万箭齐发，射向百人团。几秒钟后，答题错误的选手面前的LED屏幕将会动态显示火光燃起，“战船”被“击沉”，“城门”被“打开”，答错数目在大屏显示，让观众一目了然。

在节目的结构叙事中，比赛的戏剧性是必不可少的。由于几个比赛板块本身较为单调，“击败体”的赛制使得选手的偶然性胜出和失败时有发生。为了增加了赛事的戏剧性和客观性，第四季中“绝地反击”自救环节由三种方式组成，此前答错题的选手可以利用“横扫千军”“出口成诗”“你说我猜”中某一种方式“起死回生”，增加了节目的戏剧性和变数。“百人团”“预备团”的设置可以使最初挑战失利的选手能够在之后的节目中凭借自己的实力成功返场、继续参赛。

创新的赛制和评判标准赋予选手们更多的表现机会，观众既能感受到“狭路相逢勇者胜”的刺激，也能看到半路杀出“黑马”的惊喜，极大提升节目的吸引力和期待度。多名选手在百人团、预备团成功返场。北京大学理工科女博士生陈更连续四季参加节目，共 14 次亮相，成为节目的“红人”，并终于在第四季夺得冠军。

内容叙事：识记诗词的收视点诉求

电视节目在设定了完整的节目形式、具备了相对独立的叙事结构之后，还须根据节目主旨的要求，将选题具体化为适当的内容，填充进形式结构。比赛是一种竞争，战争更是残酷的比拼，其结果的不确定性所带来的悬念正是电视节目所渴求的。《中国诗词大会》主要考察选手们对古典诗词的识记和释义，用诗词进行比赛，同时展示民族文化的风采和选手的文采。选择入门级的诗词作为比赛内容不失为节目策划的一个明智之举。诗词是中国文化基因的典型代表，每个中华儿女都受到过诗词的熏陶，内心深处总有或婉约或豪迈的诗词情怀。

波兹曼“没有前提条件”的戒律提醒人们，为了吸引观众并维持注意力直至节目结束，必须选择观众较为感兴趣的内容成为比赛素材。节目选择了中国最大众化、普及程度最高的唐诗宋词、毛泽东诗词作为主要题目来源。《中国诗词大会》正是抓住观众对诗词既熟悉又陌生的状态，用“熟悉的陌生题”成功抓住了观众的眼球。试想，如果节目以汉赋、楚辞为比赛内容，那么不难预料，由于大多数观众面对高不可攀的内容时必敬而远之，收视效果肯定大打折扣。同时，内容过于简单也不行，没有难度就会失去悬念，索然无味。综合而言，观众更愿意看到自己“跳一跳，够得到”的题目。《中国诗词大会》节目组邀请诗词专家花费较长时间进行题库的设计，在题目的甄选上遵循“普及性”和“专业性”两个标准：所选内容让观众感到既熟悉，又具有一定的难度。在具体诗句的选择上，节目中出现的诗词多为中小学语文课本收录的作品，很多是人们耳熟能详，或是似曾相识，但又不是“三岁孩童皆能吟诵”的。人们过于熟悉或者陌生的诗词都不入选，有效地控制了题目的区分度和答题的正确率。

在题目形式上，节目组也有意控制了答题难度。节目设计了识别诗句题、对句题、填字题、图片或文字线索题等题型，不同的题型能够对同一诗句设计不同的考点，从而控制难度。对于简单、常见的诗句，出题时稍加干扰就能提高题目的难度。如第一季第七场中，选手李子琳在第一题中见到了“白河日长山落尽依人”9 个字，正确的答案是“白日依山尽”，题中的干扰项会把选手引向“长河落日圆”，“长”“落”等干扰项的设计提高了题目的难度。节目还采用了“给下句、填上句”的方式，如第四季第五场 11 岁男生宋红日答题时遇到下句“正是河豚欲上时”，要求填上句，这种需要选手们具有“倒背”能力的方式增加了题目的难度。第四季“横扫千军”作为自救的一个方式，只有连续战胜 12 位选手才能自救成功、继续答题，这种方式成为检验选手实力的环节。

对于有较大难度的题目，节目组也进行了变通，往往采取客观题如选择题的形式降低难度。很多内容并不需要牢固的记忆，选手可以从历史、文化等角度进行比较、判断和选择。第一季第八场节目中，选手薛玉涵需要从有误诗句“唯有牡丹真美色，花开时节动京城”中找出错别字。而该题并没有让选手直接从 14 个字中选择，而是设置了选择题，让选手从“A 有一由；B 美一国；C 动一满”三个选项中进行挑选。由于牡丹有“国花”的美誉，薛玉涵轻松地选择了 B。有些题目甚至可以通过对题目自身的选项的比较、联想、猜测就能得到正确答案。第四季第一场中，俄罗斯留学生大卫被问到岑参名句“一川碎石大如斗，随风满地石乱走”描写的可能是哪种自然景象时，大卫根据题中后半句“随风”二字轻松地选择了“B 暴风”。这些题目的设计实际上降低了答题难度，增强了节目内容叙事的连贯性和可看性。

此外，必要的悬念使节目和观众产生了心理互动，有效地维持了观众的注意力。节目除了固有的“谁能成为擂主”的结构性的大悬念之外，还拥有大量场面性的小悬念。主持人读出一题，就设置了一个悬念。由于观众对诗词都有一定的知识储备，在面对题目时，往往会跃跃欲试，想和选手一起答题，一较高下。由此，在接下来的几十秒内，观众将非常期待题目的正确答案。当主持人公布出答案，这个场面性的小悬念就被解开了，而观众又会在答对后的满足和答错后的不服气中的情绪作用下产生对下一题的期待，在不知不觉中进入下一个悬念，进而对节目保持了持续的关注。《中国诗词大会》能使观众把自身投射到节目当中，和选手、百人团、预备团一起答题，每题的对错结果都能成为一个悬念。整个节目数十个这样的小悬念和节目的结构性悬念一起，成为维持观众注意力的重要因素。

在心理互动之外，观众在现实中也能与节目进行互动。虽说是录播节目，但技术上的设计使得场内外互动成为可能。节目组运用多屏传播的技术，吸引观众与场上选手同步答题。观众可扫描电视屏幕下方二维码或下载"央视影音"客户端与选手同步答题，节目组还设计了后台抽奖环节。也可通过关注"央视网""中国网络电视台""央视影音""央视科教"微博、摇微信等方式参与互动。在个人追逐赛中，观众下载节目 App 之后，点击手机页面上的"同步答题"，简单登录之后即可参与同步答题。此外，模拟比赛的情景设计使得节目具备了"O2O"模式，线上线下同步，内容的可参与性客观上维持了观众长时间的注意力。该节目力争打造一场"全民参与的诗词文化盛宴"，取得了较好的收视效果。

情绪点叙事：与诗人对话的情感诉求

情感叙事的效果也是节目成功与否的标准之一。如果一个节目能引出观众的共鸣、甚至能够引出观众的欢笑或者泪水，那这个节目就是成功的。《中国诗词大会》的整体叙事结构为比赛，具有短时间聚集观众情绪的功能，对错、得分、胜负、抢答……能够使观众的情绪在短时间内被"点燃"。由于每期节目长达一个半小时，为了让观众对节目具有代入感，而且能持续地关注和介入节目，创作者必须要在节目的形式和内容之外，添加必要的"佐料"，给观众提供缓和情绪的机会，同时也利于观众回顾节目流程、积蓄情感，为下一步介入节目做准备。这个过程则依赖于节目的情绪点叙事。这些情感"佐料"并没有改变节目，却在节目中增添了一些空隙或润滑剂，让观众能够维持、甚至提高对节目的卷入度。

《毛诗序》里写道："情动于中而行于言，言之不足故嗟叹之；嗟叹之不足故咏歌之；咏歌之不足；不知手之舞之足之蹈之也。"可见，作为语言的诗词，是直接抒情的媒介。和同类的文化益智类节目相比，以诗词作为节目内容最适宜进行情感叙事。《汉字听写大会》中的汉字，作为最小单位的文化符号，意义指向较广泛，缺乏明确的内容指向，不适合具体化为故事，如果强加上情感展现会有明显的人为痕迹。部分成语虽然具有一定的故事性，但和诗词比起来，缺乏后者强烈的抒情性质。《中国成语大会》最终选择了"猜"和"比"作为节目的组织形式，几乎放弃了内容自身的情感因子。其他节目中的对联、谜语，多数缺乏充实的内容，作者信息更是无从考据了。而诗词本身的内容就具备丰富的情感因子，“可以兴，可以观，可以群，可以怨……” 此外，大多数诗词具有明确的作者和创作信息，李白、杜甫、毛泽东在作诗时都因相应的背景而通过诗词表达当时的情感，这些内容和背景都是节目可以进行情感点叙事的素材。

由于诗词的内容特点，并不是所有人对诗词都能迅速地进行正确、全面的解读。节目还需要一位引领者，对古诗词的内容进行一定的讲解。《中国诗词大会》把这个任务交给了王立群、康震、郦波和蒙曼四位嘉宾，第四季有杨雨的加入。每期节目的两位嘉宾一个严肃、一个风趣，搭配起来亦庄亦谐。他们并不对比赛的结果进行评判，只对诗词或诗人进行初步的解读，带领选手、百人团、预备团和和非现场观众更好地理解和欣赏诗词，达到节目对于情感的诉求。他们解读诗人创作的社会文化背景，生动再现诗词背后的故事，在现场勾连选手、百人团的情感经历。这些答题以外的内容看似和比赛无关，却是节目重要的情绪点叙事。它们既有趣味性，又适当还原了诗词的独特意象，还巧妙地把题目引申为与当下生活息息相关的话题，让观众感悟了中华诗词的“大用”精髓。

同时，选手自身的故事也是节目情感叙事必须利用的元素。《中国诗词大会》在选手的选择方面下了功夫。少年团、青年团、百行团、搭档团的选手涵盖各年龄段、各行各业，还有外国人，每个人除了本身具有一定的诗词基础以外，还有自己生活经历和情感故事。经过节目组事先的“预聊”，节目组掌握了每位选手的基本情况。在现场主持人和嘉宾的“引导”下，选手们在答题时往往被诗词感染，讲述起自身的身世和情感经历，或开怀大笑，或感怀抹泪，成为电视机前观众瞩目的对象，化身为节目的“演员”。由于这些情感来自普通人，真实的亲情、友情、爱情……迅速达到同为普通人的观众们的内心深处。后者迅速、充分地“移情”，感同身受，或悲或喜，在感怀和慨叹中，对节目进行了长时间的关注。《中国诗词大会》也借这些节目的“佐料”完成了情感的叙事诉求。

每个人在生活中都有故事，情感都会因此而变得丰富。第一季选手王天博，虽然被节目称为“农林工作者”，却在预告片花中贴上“为爱而来”的标签。他和女朋友异地恋的情感故事不仅被“抖搂”出来，还在答题过程中被主持人多次“关照”，甚至在第五场节目中还被“起哄”上演了一幕“求婚”的感人情景。第二季第一场登台的少年团选手冯子一在主持人的引导下讲述自己常年和爸妈分开，自己想他们但不敢说，因为“怕他们哭”，该互动环节以他朗读孟郊《游子吟》送给妈妈结束。选手只要在一定的环境和条件下，每个人的情感都会被激活。在诗词大会的情景中，在古诗词提供的意境中，在诗人情感的引领中，选手和百人团在生活中积累的压力得以和诗人一起宣泄出来。电视机前的观众必定会感同身受，积压已久的情感也一并释放出来，节目从而达到情感叙事的目的。

电视节目要避免阐释道理。如果观众看了节目而有思考，那就是好节目了。该节目通过对诗词知识的比拼及赏析的形式，带动观众重温古诗词，分享诗词之美、之趣，感受诗人的智慧和情怀。嘉宾王立群在节目中说："《中国诗词大会》办了以后，我们会有中国好儿子、中国好女儿、中国好父亲、中国好母亲、中国好老师、中国好学生……这样的话，我们的诗词大会就会办得非常成功。"嘉宾蒙曼在第二季第一场说："'打擂'只是一个引子，更重要的是以诗会友，让大家收获春天、诗词、人生的万紫千红。"《中国诗词大会》通过上文所述的结构叙事、内容叙事和情感叙事，分别达到形式、内容和情感的诉求，践行"赏中华诗词、寻文化基因、品生活之美"的节目宗旨，由此成为一档完整、典型、质量上乘的演播室益智节目。

（作者：晁晓峰）

电视化+戏剧化

——北京卫视《档案》的成功之道

栏目名称：《档案》

播出频道：北京卫视

制 片 人：吕军

讲 述 人：石凉、谭江海等

开播时间：2009 年 2 月 4 日

播出时间：周一至周四 22:03

节目时长：45 分钟

栏目定位：讲述类

栏目宗旨：以独特的视角解释一些人们心中难以解开的谜团，或者深远而诡异，或者难见而有趣，讲述富有逻辑且深刻

获奖情况：2007 年国家广电总局创新创优栏目

2010 年国家广电总局创新创优栏目

2011 中国电视榜最佳人文节目

综观当今电视荧屏，故事类栏目发展迅猛，覆盖大江南北，其数量几乎占据了电视栏目的半壁江山：从央视的《走进科学》《法律讲堂》到东北三省的《王刚讲故事》《老牛讲故事》《牛群冒号》；从北京卫视的《档案》到重庆卫视的《百家故事台》；从东南卫视的《台湾故事会》到贵州卫视的《真相》，再到江西卫视的《传奇故事》、山西卫视的《健康故事会》、山东卫视的《说事拉理》、河北卫视的《家庭故事会》……但我们不得不说，故事类电视栏目从 2005 年江西卫视的《传奇故事》起航，经过“七年之痒”，如今不少栏目已经走入“瓶颈”。具体表现为：形式单一，大都一人讲述再配些画面，了无生趣；内容重复，往往一个新闻故事，几个台同时翻炒，了无意趣；制作粗糙，缺乏艺术，了无情趣。值得一提的是，在众多故事类栏目中，2009 年北京卫视开播的《档案》如一匹黑马，奔腾向前，在电视领域迅速刮起一阵旋风。《档案》不仅成为故事类栏目的急先锋，也昭示着故事类栏目的发展方向；不仅获得了第 25 届金鹰奖，还被国家广电总局选为向广电系统推介的 2010 年十大创新创优栏目。从理论上看，北京卫视《档案》的成功之道在于其“电视化”和“戏剧化”的有机渗透。

成功之道之一：电视化

所谓故事“电视化”，就是要充分认识电视特性，回归电视本体，用更丰富的电视语言来加强故事表现力。那么，《档案》是如何在电视上更好地讲故事的呢？

首先，讲故事是一门艺术，但这门艺术在不同的媒介上呈现，即便是相同的内容，其艺术形象的存在方式、被感知方式以及艺术语言的符号体系（媒介材料的物化手段）也是有明显区别的。例如，我们在报纸上讲故事，那是一种再现时空的具有文学想象的艺术；我们在广播里讲故事，那是一种以流动的音响构成的动态的时间艺术和听觉艺术，是一种线性传播；而在电视上讲故事，那就是一种能创造实际运动着的时空的视听艺术，是一种直观的艺术，也是一种全息传播。因为电视不仅是一个直接作用于人的耳朵和眼睛的感性媒介，而且是能模拟人的视听感知经验，展示人的主观思维，把握人潜在感知能力的媒介。

另外，一种艺术的存在方式、感知方式、符号体系和艺术内容这四个方面确实是彼此关联、有着内在联系的统一体，但符号体系（媒介材料的物化手段）始终是其核心，因为它直接决定着其余三个方面的传播效果。所以，哲学家奥尔德里奇认为："艺术的任务就是要首先领悟每种材料的要素——颜色、声音、结构的特质，然后使这些材料和谐地结合起来，以构成一个合成的调子。"[①]为此，书法艺术讲究线条的方向运动，绘画艺术讲究色彩、线条和比例的合理配置，摄影艺术则讲究光与影、线与形、色彩与质感的和谐。那么，广播里的故事讲究的是主持人（讲述者）有声语言的表现力，即声音的音高、音长、音强、音色的和谐叠置；而电视里的故事则讲究的是主持人（讲述者）的表演，自然景物的环境设置，色彩、构图、光线的气氛营造，有声语言、音乐、音响的造型设计以及摄像机的运动，从而形成视听效应，构成荧幕上一个完整并运动着的视听艺术系列。这才是电视故事类栏目的"质的规定性"，即电视故事类栏目的艺术本质。谁抓住了这个"质的规定性"，谁就是赢家。

以此为标准，我们不妨把《档案》放在一些电视故事类栏目中做一个比照：诸如《百家故事台》《王刚讲故事》《百家讲坛》之类的故事栏目仍然沿用 20 世纪 80 年代电视评书的线性传播方式，有声语言是其根本的表达手段，虽然也有一些电视画面，但观众其实用不着看画面，仅凭耳朵就能听懂故事内容。为此，此类节目被广泛地制作成录音带在出租车或自驾车上供开车人收听。实质上这浪费了电视资源，是一种"电视上的广播故事"，从审美范式来说，它还只是一种听觉艺术。而北京卫视的《档案》则是一种完全的视听兼备的"真正的电视故事"，该节目的主持人一改在演播室正襟危坐讲故事的样态，而是行走于 1000 平方米的摄影棚内的影像屏幕区（30 平方米 LED）、档案存放区、幻灯投影区、16 毫米放映区、录音播放区、三维特技沙盘区、中央表演区，通过翻阅档案、播放录像、展现图片、聆听录音、搬演现场……用看得见、摸得着的细节，带领观众重现那些曾经真实却已失落的历史真相和曾经辉煌的历史人物。每期节目 200 多个分镜头的快速切换、光影的虚实转换、构图的灵活开放，不仅强化了视听造型的逼真感和动态感，展示了演播室的立体感和纵深感，更重要的是拓展了

① 奥尔德里奇.艺术哲学[M].程孟辉，译.北京：中国社会科学出版社，1986：56.

电视上讲故事的艺术空间，真正实现了讲故事方式由话语中心向图像中心的转变，故事艺术形态由时间深度模式向空间平面模式的转变，满足了当今观众对“图像狂欢”的审美期待。与此同时，《档案》还根据电视所具有的时效性和日常性的传播特征，内容上注意系列化和类型化。如，新中国成立60周年前夕，《档案》推出抗日战争、解放战争揭秘系列；建党90周年推出了中国共产党发展历程的成长系列；世博会期间，播出了《世博会的中国印》；世界杯期间，又推出了《海瑟尔的足球挽歌》……这些节目犹如电视系列剧，完全是“电视化”思考的结晶且能动地还原了电视媒介的本质。

上述所论“电视上的广播故事”和“真正的电视故事”的客观存在，形成目前故事类栏目迥异的文化范式和审美现象。可以断言，在今后的日子里，前者将会逐步式微面临革新，而后者将会成为模仿学习的榜样。贵州卫视2010年开播的由马跃主持的《真相》、吉林卫视2012年开播的《家事》借鉴《档案》的节目形态而取得较好的社会效益和经济效益。

诚然，“电视上的广播故事”目前仍然有收视率，但当下的收视率并不能代表长久的生命力。想当年，“电视小说”“电视散文”“电视诗歌”“戏曲电视剧”“音乐电视剧”……此起彼伏，好不热闹。而如今，这些艺术样式有的逐步经过“电视化”的改造，得以生存下来，有的则烟消云散。这一“电视现象”，一方面显示了电视媒介无限的兼容性，另一方面也证实了任何艺术进入电视，都不仅仅是“1＋1”的简单相加，而必须接受电视的强势兼并。例如，“戏曲电视剧”进入电视后，首先告别了“四堵墙”，彻底打破了舞台艺术的时空体系，让摄像机自由地展示剧情、走进人物，建立起电视剧的时空体系；传统戏曲造型的核心元素是表演，而电视剧艺术的核心元素是影像，这就迫使戏曲电视剧在构图、光影、色彩等媒介材料的运用上向电视剧的画面语言靠拢；传统戏曲最有魅力的唱词说白都是用来交代剧情、叙述故事、抒发内心情绪的，观众接受起来也是通过语词符号，在想象中完成形象塑造的，但进入戏曲电视剧以后，部分唱词说白配之以生动直观的画面，而部分“跳脱性”的唱词说白则运用电视手段增加补述性质的情节和细节，增加剧情的张力。

由此，我深刻地感受到：“各种艺术元素一旦融入电影电视这个造型结构中，便不再呈现他们原来的纯粹面貌而开始了各自深刻的质变。”[①]鉴于此，我更

---

① 魏南江.影视声音造型艺术论[M].北京：中国电影出版社，2008：18.

坚定地认为，那些“电视上的广播故事”，只有进行符合电视本性的“电视化”改造，才能有崭新的发展和美好的前程。当然，并不意味着所有讲故事的电视栏目都要弄成《档案》这样一种节目形态。单一性导致脆弱性，多样性才有稳定性，这是人类社会和任何事物发展的不二法门。电视故事类栏目可以多样，但“电视化”的“正而能变，变而能化，化而不失本调，不失本调而兼得众调”，才是其生存之道。

成功之道之二：戏剧化

《档案》的成功除了在“电视化”方面做足了文章，更在“戏剧化”方面下足了功夫。严格说来，讲故事本身就充满戏剧元素，那为什么还要进一步“戏剧化”呢？这是因为，视觉文化占据当代社会文化的主导地位后，观众的审美观念、欣赏趣味也在发生翻天覆地的变化，他们从过去追求还原现实生活、崇尚“纪实美”向追求夸张呈现现实的“戏剧美”转移，从追求理性文化消费转向具有感官刺激的快感文化消费。这在当代影视作品中表现为传统的叙事电影衰微，而景观电影大行其道。《满城尽带黄金甲》里，那七彩斑斓的王宫的墙柱，那馒头般坚挺的宫女乳房……具有视觉震撼力的画面，更能刺激观众的感官；《建国大业》那一个个为观众再熟悉不过的当红明星，陡然间竟变成了叱咤风云的领袖人物，从而满足观众的感官需要、欲望需求。在电视栏目中，传统相亲节目内敛、保守、含蓄的话题讲述以及杂糅综艺节目的审美元素早已“青春不在”，取而代之的是新派相亲节目大胆直白、刻薄尖酸的富有戏剧冲突的话题陈述以及美轮美奂的场景展示。

“戏剧化”审美思潮在文艺领域浩浩荡荡、不可阻挡。故事类电视栏目需迎合这样的文艺思潮以契合现代人的审美趣味。《档案》的故事“戏剧化”，主要在以下三个方面用力和强化。

其一，戏剧性故事背景的设置。在电视上讲故事，不能没有叙事，但也不能没有景观。没有叙事，缺少了故事的连贯性和结构的完整性；没有景观，根本不能满足观众感官消费的需求。其实，两者并不矛盾，完全可以形成很好的“互文性”。北京卫视《档案》的实践足以说明这一点。《档案》借助戏剧反映生活的基本手法——虚拟性，在演播室搭建了一个虚拟的舞台，舞台上根据不同的故事，利用灯光、影视影像、蓝屏抠像等，以实物为道具，创设了故事发生的时空背景。尽管这个时空背景仍然是心理化的时空，但这个心理化的时空却连接着一个真实的物理性时空，这就自然地把所有故事的“过去时”，变成了观众可感可知的“现在时”。不要小看这个“现在时”，它在不知不觉中把观众从“彼时”带到了“此时”，从“他者”转换成“我者”，从被动地“信息接收”变成了“感官性的体验”，不是吗？当缓慢的音乐响起，主持人从远古的飘舞着雪花的森林里走出，风尘仆仆地讲述着《谁盗走了“北京人”的头盖骨》时，谁能否认，我们似乎嗅到了古森林的味道？当上甘岭的炮火在背景墙上猛烈地轰击着，主持人蹲在舞台的战地工事里举枪瞄准时，谁能不相信他就是那个《神奇狙击手张桃芳》？当沙盘上呈现出阿富汗托拉博拉山区复杂的地形地貌，动画演示着《追杀本·拉登》的小分队在这样的山区行进作战时，谁又能不感到自己也融进了那个氛围？声光灯影构成的“声光秀”，让观众沉浸其中。视觉的震撼连带着触觉的感受，消解了屏幕内外的距离，将观众紧紧聚合在一起。毋庸置疑，人们在欣赏艺术时，五感（视、听、嗅、味、触）有着相互强化和交互检索的功能，会让人产生接受上的“通感”。“大凡艺术精品往往都具有遨游‘五觉’的神韵。‘香气喧橘柚，星气满蒿莱’，声、色、味交织在一起，不可分辨，香气如同声波，不仅飘散在橘柚里，更直逼人的心底……绘画的最高境界呢，恐怕是‘能听’，而音乐的最高境界无疑是‘能看’，诗的最高境界是‘能看能听’……观赏电影中，这一本能式的‘多感官全息接收’习惯，可使人得到感官接收上的平衡。从艺术学角度来说，艺术追求的就是平衡。因为平衡使人快乐和舒服。”①

其二，戏剧性故事结构的安排。戏剧冲突是讲故事的灵魂，而电视故事的冲突直接来自故事结构的安排。《档案》的结构安排大多采用戏剧艺术中的“锁闭式结构”，无论事件故事还是人物故事都是从最有戏的地方开始，即事件故事从戏剧危机即将爆发或爆发之际拉开大幕，人物故事从最能反映其性格特征的那件事开始，然后回溯或倒叙事件的前因后果。例如，《宋氏家族往事》系列，从三姐妹人生中的某个重要节点讲起。大姐宋霭龄的开篇是她 14 岁当面质问美国总统罗斯福的传奇，可见她日后执掌宋氏家族命脉的超凡魄力；二姐宋庆龄则从她为躲避蒋宋 1927 年的那场旷世婚礼而远走日本开始，足见其独特的政见和思考力；讲述宋美龄，就从 1922 年孙中山寓所的那场晚宴开讲，她和蒋介

① 魏南江. 影视声音造型艺术论[M]. 北京：中国电影出版社，2008：3-6.

石一见钟情，凸现其浪漫理想和务实精神。在“回溯”和“倒叙”事件的过程中，《档案》大都采用“影音讲述”的方法，这些借助机械复制技术，特别是当下最便捷的数字合成技术输出的大量影像，增强了故事的真实性，强化了影像奇观，但这些意义上缺乏联系的影像碎片容易中断或背离叙事的逻辑性。于是，《档案》聪明地运用了好莱坞三分钟悬念解套法来形成若干悬念，以此缀补故事的连贯性。例如，在《八路军高级参议生死之谜》中，当主持人首先抛出八路军高级参议宣侠父 1938 年 7 月 31 日人间蒸发的事件后，紧接着三个悬念：是日本人所为？是胡宗南所为？还是蒋介石所为？悬念是观众对戏剧中的人物命运和情节变化的一种期待的心理落差。换言之，悬念是戏剧中最能抓住观众的魔法之一。应该说，悬念处处有，但不同的创作者在运用悬念的技巧方面却有高低之别。只有那些不仅了解观众的审美期待，而且善于利用观众的审美期待的创作者，才能使观众随故事发展而不断产生新的审美期待。《档案》在展示影音资料、纸质档案的过程中，在不超过三分钟的时间里，用主持人串场连缀解除紧张悬念，进而直奔真相。一般来说，中国人的审美心理习惯，对悬念的完成比较舒缓。像这样西方式的悬念完成节奏又该如何适应观众的审美承受力？我们看到，《档案》在每个悬念解除中间，或用一段音乐或用主持人的神态神情或用一段真人扮演等艺术手段作为过渡，保持并赢得了观众的兴趣，从而诱发了观众期待故事结局的耐心，促使他们在审美享受中产生一种心理共振。

其三，故事讲述人的戏剧表演。不管怎么说，故事讲述人都是电视故事的灵魂。但像《档案》这种“景观故事”的讲述人却不仅仅是“讲述者”，还必须是不同“角色”的扮演者。多重身份的跳入跳出，显示了《档案》的特殊戏剧魅力。其魅力主要体现在：演播室设置的舞台时空是“有限”的，角色扮演却能在小小的舞台上“无限”地反映更为广泛的生活场景。有限的舞台，无限的生活，以有限表无限，这就是艺术。“艺术返照自然”[①]，艺术让人身临其境。如，《敦煌文物被盗之谜》一期节目中，当主持人讲述藏经洞是道士王圆禄偶然发现时，一个镜头切换，屏幕上出现了讲述人石凉出演的场景。只见他身穿道士服，坐在古代的条案旁，用芨芨草点起了手中的烟袋烟锅，慢悠悠地享用着。忽然，他无意间像往常一样磕打烟锅时，发现了墙壁声音的异常。接着，“王圆禄”双手轻轻地向墙面推去，配合此墙倒塌的音响，三维动画模拟制作的敦煌藏经洞隆重显现，数

① 朱光潜. 朱光潜美学文集：第 2 卷[M]. 上海：上海文艺出版社，1982：110.

不尽的经卷文书、成堆的佛像文物迎面扑来。这段表演惟妙惟肖，不仅展示了主持人的表演才华，还使观众穿越了时空的隧道，和讲述者一起见证了那个举世闻名的时刻。像这样的表演，几乎每期节目都有。《太平洋战争之风声阵阵》中的“约翰·福特”，操一口流利的外语，写一手流畅的密码，在深夜暗淡的灯光下，他潇洒地烧掉密码本的一瞬间，让人唏嘘不已；《绝密飞行》中，那穿着黑色风衣、戴着黑色礼帽和墨镜的“基辛格”，一出场就奠定了故事神秘的基调，同时也吸引着观众全力注视着那场改变世界的中美会见。

《档案》的戏剧表演在实践中不断加以改革。近来，在主持人独角戏的基础上增加了多人扮演的形式，平添了更多戏剧成分。如，《溥仪：伪满洲国黑色密档》中，舞台上人来人往，街头上报童举着当日报纸吆喝：“淑妃休夫内幕！淑妃休夫内幕！”一下子就把故事推向了高潮。再如，《智勇女杰黄慕兰》里，主持人和真人扮演的黄慕兰各自坐在舞台搭设的咖啡馆里，随着主持人的讲述，黄慕兰沉稳、优雅的地下工作者形象清晰可见。

《档案》创造了戏剧性的讲故事方式，并使它独具审美意蕴。电视故事的魅力并非全部来自故事的主题内容或题材，也来自故事讲述的风格与技巧，对电视本体的关注和对时代审美思潮的贴近。

（作者：魏南江）

痴情捡拾中华文化散落的碎片

——浙江卫视《亚妮专访》解析

栏目名称：《亚妮专访》

播出频道：浙江卫视

制 片 人：亚妮

编　　导：亚妮

主 持 人：亚妮

开播时间：2000 年 3 月

（其前身《文化时空》1993 年开播）

停播时间：2005 年 10 月

播出时间：周三 22:05（两周一期）

节目时长：20 分钟

栏目定位：文化访谈类

宣 传 语：广泛关注社会文化变迁，深刻揭示文化人物命运

2005年10月26日，浙江卫视精心打造五年之久、正处巅峰状态的品牌栏目《亚妮专访》，随着它最后一期节目《琴童》的一阵琴声落下了帷幕。

作为电视观众，我们为《亚妮专访》的“下岗”而遗憾：这档以主持人名字命名的大型文化栏目，“广泛关注社会文化变迁，深刻揭示文化人物命运”，从2000年3月开播以后，深受业界好评，有较高的知名度和美誉度。

作为文化女性，抑或是和主持人有相近电视观的文化女性，我们为这个栏目的主持人兼制片人、编导亚妮黯然神伤。亚妮凭借《亚妮专访》荣获“2004年度最佳电视主持人”奖。

作为电视研究者，我们怀念有《亚妮专访》的日子，因为《亚妮专访》的创作理念、节目定位、叙事视角乃至主持人的主持风格都有鲜明的个性特征，给我们留下了许多鲜活的第一手研究资料和可供借鉴的艺术思考。

独具文化意味的节目选题

《亚妮专访》的选题是独具文化意味的，特别是在当今访谈节目大都聚焦娱乐圈的奇闻逸事、繁华都市里的绚丽人生时，它的选题却另辟蹊径，远避喧嚣，痴情捡拾着中华文化散落的碎片，即把镜头推向曾为中国文化做出过特殊贡献却已被遗忘的旧文人，流落僻壤为民族文化奋斗的凡人、残疾人……《亚妮专访》的选题主要集中在以下几个方面。

其一，淡出历史舞台的旧文化人。《亚妮专访》聚焦的文化人大都不是当下最受追捧、最具市场效应的文化名人，而常常是一些令当代人感到异常陌生的人。如《寻找记忆》中的沙耆，这个曾在20世纪40年代广泛活跃于欧洲艺术界的中国画家，是二战时期在欧洲颇有影响的顶尖艺术家。他从1946年回国以后精神错乱、历尽坎坷，惊世之作大多在动乱年代中流失，关于他的记忆更成为无人问津的谜团，这位有“中国的凡·高”之称的画家，在他生命的最后几年无意识地静静躺在上海田林医院的病床上……翻遍中国美术史，也找不到任何关于他的记录。《亚妮专访》摄制组从 2004 年夏天开始，历时半年，地跨上海、北京、宁波、杭州等城市和德国、比利时、法国等国家，寻找有关沙耆记忆的碎片，追寻这个“疯子画家”的传奇一生。又如制造中国第一架钢琴的林炳炎(《寻找林炳炎》)，改变中国音乐历史轨迹的吴伯超(《琴童》)……这些淡出历史舞台的旧文化人，都在各自所属的文化领域作出过特殊的贡献，甚至在很大程度上改变了整个民族的文化命运，他们曾经有过辉煌，然而时过境迁，因种种历史机缘和人生起伏，他们的名字已被历史的尘埃湮没。这些被遗忘的旧人物，消失在当下的视野中，带着他们曾经的辉煌不为人知地老去或离去。《亚妮专访》对他们的记录和寻访，常常成为他们唯一的可流传于世的记录，也成为载于中国文化史上的重要文献。《寻找记忆》播出后两个月，沙耆在上海田林医院逝世，该片成为沙耆流传于世的唯一珍贵图像。《寻找林炳炎》播出不到一个月，患老年痴呆症多年的林炳炎也去世了。

其二，遗落于山野僻壤的民间文化。遗落于山野僻壤的民间文化也是《亚妮专访》的重要选题之一。《最后的“鬼戏”》中，浙江嵊州前良村的木莲戏班老艺人最后一场悲壮的鬼戏；《发现中国红》中曾经流传于浙江宁绍地区的传统“红妆”民俗；还有海宁皮影戏，陕北兰花花腔，蒙古族宫廷音乐……这些根植于我国民族土壤的民间文化，历经数百年，代代相传。如今，却正在被当下强势的通俗文化冲击至灭绝的边缘。《亚妮专访》的内容很多都是对那些正在抢救濒临灭绝的民间文化的工作者的记录，他们是一群生活在穷乡僻壤的凡人，为保护这些传统的、质朴的、绚丽的民间艺术做最后的挣扎和努力。在这个记录的过程中，《亚妮专访》节目本身就成为对行将流逝的民间文化的追寻和抢救。亚妮说自己“土根性很强”，对中国文化有一种深埋于心的眷恋。出于这种眷恋和热情，亚妮才愿舍弃流行文化，深入乡间用镜头捡拾这些民间的“艺术珍珠”。

其三，身残志坚的艺术追求者。由于表达人痛苦、彷徨、孤独甚至恐惧的作品比展现美好生活的作品更具震撼力、更具美学价值，所以，“弱势”群体广受当今媒体的关注。在这种情况下，“弱势”常有被对象化、神圣化的倾向，怜悯性和俯瞰性关注被当成表现公正追求的便捷途径，同情普泛化。在研究弱势如何而来时，批判的缺失是当今访谈节目嘉宾选择的弊端。《亚妮专访》也将目光投向弱势群体，如聋哑画家(《丁明的故事》)，拥有音乐天赋的智障少年(《琴键上的天空》)，收养孤儿组建家庭式艺术团的癌症女工(《生命之歌》)……但在《亚妮专访》中出现的病体生命都不是绝望无助的，而是一群身残志坚、具有积极人生态度的艺术追求者。节目不渲染苦难，也不玩味痛苦；不渲染弱势群体的自生自灭，而是寻找弱势群体中的亮点，用真诚的关怀努力挖掘生命的意义，展现他们内在的人格力量和蓬勃向上、坚韧不屈的精神面貌。《亚妮专访》中的“弱者”，既能够唤起观众的同情，又能够引起人们向上的激情。

当然，《亚妮专访》不止将注意力投向那些被忽视、被淡忘、被湮没的文化群体和文化现象，随着市场经济的日渐深入，栏目也触及一些文化产业问题。如《关于黄豆豆》的一期节目中，在展现黄豆豆成长经历的同时，更多地介绍了黄豆豆作为上海歌舞团的艺术总监如何使中国的舞蹈走向世界，如何使舞蹈产业做大做强。特别是浙江卫视定位“财富”频道后，一些文化商人也成为《亚妮专访》的关注对象。如专访横店影视城开创者徐文荣的《横店传奇》，讲述了一个农民企业家如何因天时、地利、人和与艺术家合作而改变了命运，艺术家如何因这个农民创造的奇迹而再创艺术辉煌。进入亚妮视野的商人都是具有文化背景和人文品位的。节目试图让财富主题与人文主题相结合，拓宽以人文为基础支点的文化视野，使财富也有了一种厚重的历史文化感。

“行进式”的访谈形式

因为“专访”是指主持人对事先约定好的嘉宾进行采访，所以大多数专访节目都是在演播厅进行的。而《亚妮专访》却采用典型的外景现场式采访，电视表现手段融汇纪录、专题、报道等多种形式，极具个性化色彩。《亚妮专访》的录制没有固定场景，不同的采访对象有不同的交谈环境，大多是摄制组找到谈话者工作或生活的地方，在最具真实性与现场感的地点进行交流：可以是在农家院落门槛上对谈，可以是在田间地头的席地而聊，可以是在乡间小路上的聊天，也可以是在摩天大楼的豪华办公室访谈。像《关于黄豆豆》那期节目的场景就设在黄豆豆的练功房，黄豆豆边练功边接受亚妮的采访。节目组采用自然光、自然景，还原生活的自然状态。

由于生活中的人、事都是呈动态发展的，因而，亚妮面对同一个采访对象，场景也可以不断转换，开创了一种“行进式”的访谈形式。这种“边走边聊”“移步换景”的访谈形式，产生了“情景交融”的效果。例如寻找吴伯超当年生活轨迹的《琴童》节目中，采访地点就先后设在吴伯超当年给琴童上课的已被改造过的操场、吴伯超曾经生活的巷子、吴伯超学生的家……真实的生活、工作现场有助于观众更好地去理解人物独特的人生经历，变化移动的背景烘托出谈话者起伏的情感。《亚妮专访》是“活动着”“行进着”“变化着”的访谈，变换的画面不断传递着生活的丰富信息。《亚妮专访》的“现场感”还体现在对寻访过程的展现上，那些看起来更像是幕后行为的寻找和追踪的过程，都成为画面的组成部分，这成为该节目区别于大多访谈节目的重要特征。很多访谈都是在一种像是“不期而至”的自然状态下展开的，谈话者的状态都更生活化、原生态，不同于那些“正襟危坐”的具有演练痕迹的谈话。

《亚妮专访》是带有文化专题性质的访谈节目，文化专题类节目很容易做得偏重资料性和文献性，平铺直叙式的展现往往导致节目趣味性的缺失。《亚妮专访》采用了一种原生态的故事流的叙述方式来进行文化的探寻和展示。节目的视点常从一个“未知”状态进入，以无法预知结果的探寻开始，设下重重悬念，随着亚妮采访的步步深入，悬念一一解开，脉络层层剥离，搭建出精巧的故事框架。如《生命之歌》节目的初始就以画外音的形式埋下了伏笔，“从南京到武汉，我一直在想，这些弃儿、孤儿从哪里来？这个褚四翠又如何培养出这么多的京剧高手？对我来说，这个家庭有太多的谜。”随着亚妮步步深入的追踪和深入探访，这些问题一一解答，层层展开，观众不断接近悬念的答案。又如展现失落的西夏文化的《神秘的西夏》，这种类型的素材按一般的创作思路都是做成文化纪录片形式的，而《亚妮专访》则舍弃了传统的结论式报道，把一次文化古迹采访设计成揭密探幽的过程，节目用字幕的方式串联成一本可视的探寻者的日志，以一天为一个篇章，展现整个寻访的过程。踏进西夏遗址的摄制组，更像一群探秘者，“虽然我们还是踏上了探寻西夏的路，但说实话，面对这一片荒漠，我不知这一去需要多少时间，也不知会有什么结果……”（画外音），带着与观众一样无法预料结果的期待，节目组一天一天寻找解开西夏之谜的人物和线索，随着一个接着一个关键人物的寻访，神秘的西夏慢慢揭开面纱。一次古迹报道被编排成一个层层深入、悬念迭起的探秘故事。很多访谈节目也有“故事”，而这些故事常常是通过嘉宾口述的方式展现的，节目本身并不具有故事性，而《亚妮专访》则是将访谈过程、采访素材精心编排，将整个节目都设置在一个行进着的故事流中。《亚妮专访》不是一个文本的、抽象的、冷漠的概念，而是可以触摸的、流动的、与观众同呼吸的生命存在。

人性化的主持风格

亚妮出道以来，主持了《文化时空》《亚妮专访》等多个栏目，其主持风格颇具个性。从“全国百优主持人”到“金话筒奖”，从第三届全国广播电视主持人“金笔奖”到“最佳电视主持人”，亚妮几乎获得了主持界的所有奖项。她在访谈节目中创造了多种富有成效的主持方法。细观她在《亚妮专访》中的主持，看似随采访对象的千差万别而千变万化，但其“人性化”的内核永恒不变，具体表现如下。

首先，出现在《亚妮专访》中的亚妮，头戴旅行帽，身背双肩包，腰系夹克，足蹬耐力鞋，这已成为亚妮的标志性装束。她把自己定位成一个电视观众的导游，一个风尘仆仆地带着观众同行的文化探访者和文化远足者。没有一丝脂粉，没有一丝矫揉造作，给观众传达人间的温情暖意。

其次，亚妮的主持是平淡、平和的，但决不允许平庸；亚妮尊重观众但决不迁就观众，她是节目的绝对核心。她深知节目主持是主持人和观众双主体间的活动，她自身的价值判断实实在在地折射在整个节目中，毫不忌讳地让节目打上了个人烙印。她可以在节目中“体现自己的意图，用最大的可能性把自己的思想、自己的心境表达出来……没有人给她讲怎么做，她完全可以在现场自己决定该怎么取舍，并临时作改变。”①“亚妮的采访活动是节目画面的重要构成部分，她直接参与节目的叙事流程，常常以剧中人的角色介入其中，成为节目主体的一部分。面对不同的访谈对象，她扮演成老师、学生、女儿、姐姐、伙伴的角色。这种‘介入’的方式引起过争议，很多人认为，像亚妮这种扮演记者角色的主持人，应该保持客观冷静的媒介态度，不应参与事件的构成来反客为主，也不应将过多的主观感情介入其中。但亚妮却走了一条与‘局外人’式的访谈背道而驰的路子，她热情饱满、活力四射，始终被访谈对象感动着，她的主体性鲜明地贯穿在节目之中，而这恰恰成为《亚妮专访》突出的特色。文化类的访谈不同于新闻追踪报道，是以人性作为基本支撑的，亚妮以充沛的个人情感介入其中，与访谈对象的情感一起起伏，在节目中体现真诚的关怀和感动，形成访谈独特

① 韩晓梅，林敏．永远在路上：访“2004年全国最佳电视主持人”亚妮[J]．新闻实践，2005(5)：29-30．

的人文氛围。”①

但亚妮对嘉宾又是极为尊重的，因为节目的场景始终采用的是变化着的生活场景，不可能像演播厅那样有多部摄像机跟着你走，为此，亚妮处处把嘉宾放在画面的最佳位置。例如，《琴童》节目中，当亚妮采访当年吴伯超的学生时，因为几个人挤在一起，亚妮索性把自己放在画框外，只出声音不露面。又如，《关于黄豆豆》中，为突出黄豆豆的讲述，画面中心始终以黄豆豆的正面像呈现，亚妮只出侧面和背面像。

再次，亚妮善于营造自然轻松的访谈氛围。在与访谈对象的关系上，她明显地占据主动、积极、控制的一方，快人快语，常常急于替被拍摄者表达见解观点，甚至出现“抢话”的情况，而并未让被访者出现抵触、尴尬的反应，这主要得益于亚妮从节目一开始就营造了轻松的访谈氛围。在《亚妮专访》的每一次采访活动中，亚妮都力图站在与采访对象平等的位置上，挖掘其内心世界。无论是乡野老艺人、聋哑人、弱智儿、失忆老人，还是知识分子、艺术家，只要和亚妮交谈，都能以最自然的方式，很快进入状态并完成与主持人的心灵对话。亚妮认为：“中国人长期的中庸教育，忌讳张扬的谨小慎微的习性，扼杀了天性的幽默，造成了采访环境的僵化……所以中国的主持人除了具备基本的采访素质，掌握高超的采访技巧，还一定要具备额外的本领，那就是对采访现场氛围的重新营造，用某种手段抑或称之技巧，消除采访对象的紧张、拘谨、忧虑、忌讳、怯场，使环境变得轻松自然。主持人驾驭采访的功力不仅体现在提问上，更体现在对轻松的采访氛围的营造，这种营造将奠定整个采访过程的流畅和达意。”②亚妮在每次节目的开头，都会寻找一个恰当的能和观众心理对应的“点”，从而让双方顺畅地进入主题表达。例如，在云南民族文化传习馆，亚妮即兴选择了“家”这个“点”展开。“一开始先与他们的妻儿聊天，顺手帮他们干些手中活，把自己放入这个‘家’中，使他们产生‘家人’的信任。谈种田，谈生活，谈孩子喂奶，尤其当谈到丈夫这个话题时，妻子们七嘴八舌，有埋怨，有心疼，有理解……此时他们的心理视点已集中到‘家’这个主题，集中到了男人这个主题，摄像机的任何调度对他们已不重要……从‘家’涉及民族习俗，从民族习俗、民族文化的保存，延伸到‘传习馆’的采访主题，一路顺风，既真实又精彩，既自然又达意。”亚妮在看似随意的朋友、亲人般的交谈中始终把握着采访的主题，体现自

① 魏南江. 节目主持艺术学[M]. 北京：中国广播电视出版社，2006：328.

② 亚妮. 试论节目主持人对采访现场氛围的营造[M]. 北京：中国广播电视出版社，1997：135-136.

己的传播意图，随时调整思路，努力捕捉细节，在随意中调动出真实，挖掘出一些非常深刻的东西。亚妮把这种行为称作表面“轻松”，实则“紧张”的过程。亚妮的访谈，始终以人为本，充满人性的关怀，具有深沉的人文主义品质。

《亚妮专访》在人文节目上一路疾走，这份理想主义式的文化传播热情，令人敬佩和感动。我们愿以这篇文章纪念这个节目，特别是在娱乐节目大行其道、文化节目衰微的今天。赫胥黎在《美丽新世界》中说过：如果一个民族的文化生活被定义为娱乐的周而复始，如果严肃的公众对话变成了幼稚的婴儿语言，如果一切公共事务如同杂耍，那么，这个民族就会发现自己危在旦夕，文化灭亡的命运就在劫难逃。

（作者：魏南江）

保卫爱情的正能量

——天津卫视《爱情保卫战》解析

栏目名称：《爱情保卫战》

播出频道：天津卫视

主 持 人：赵川

常驻嘉宾：涂磊、瞿玮、周小鹏

开播时间：2010 年 10 月 30 日

播出时间：周六 21：10

节目时长：78 分钟

栏目定位：婚恋情感类

获奖情况：中国第五届《综艺》年度节目暨电视人评选年度节目之一

天津卫视《爱情保卫战》从2010年10月30日开播以来，一直坚持低调内敛的文化格调，在全国婚恋类栏目中独树一帜。说其“低调”，是因为这个栏目罕见大型的宣传阵势却取得了两年100期并由周播到一周双播、由立足本地区而逐步走向世界华人区的好成绩；说其具有“内敛的文化格调”，是因为在婚恋电视栏目愈来愈程式化、娱乐化的今天，《爱情保卫战》却始终坚守爱情的尊严和崇高，散发着爱情的正能量。具体说来，《爱情保卫战》的正能量主要体现在以下三个方面。

真实呈现爱情生活的矛盾冲突，具有戏剧张力和温馨的人文关怀

《爱情保卫战》由“爱情初评判”“丘比特问卷”“黄金60秒”“爱情保鲜计”四个版块构成。“爱情初评判”是当事人爱情坎坷的呈现，“丘比特问卷”是专家、明星嘉宾的调解和亲友的建议，“黄金60秒”则是当事人的再次选择，而“爱情保鲜计”是整期节目的总结。改版后的《爱情保卫战》由过去的65分钟延长至78分钟，每期安排三对情侣当事人真实展现他们爱情的困惑、迷茫以及坎坷，这些矛盾冲突几乎涉及当今爱情生活中的所有问题。

表1 《爱情保卫战》涉及的部分问题

娇生惯养的公主病女生被男友抛弃	女方欲离开痴迷网游致富梦的男友
男方接受不了女友做模特展露身材	四川女孩无法忍受客家男友的种种规矩
女方决意离开好高骛远投资失败的男友	富二代女孩的父母不同意其嫁给穷小子
女方不愿结婚导致大龄男友另寻他人	男方因为女方的一个谎话而选择离开她
男友长期不在身边导致女方出轨	我和你妈，你只能要一个
男友性格偏激导致女友无法忍受	男相声演员的粉丝与其暧昧导致女方受伤
农村女孩欲嫁入城市抛弃初恋男友	男方喝醉酒不尊重自己父母导致女方很失望
患白血病男子不愿拖累女友而选择分手	男方在现女友和前女友间徘徊导致都受伤害
模特女友过于暴力导致男友离开	白富美女孩发现男友靠肉体勾引富婆而分手

续表

穿衣习惯及消费观不合而产生矛盾	忘年恋中的女方遭受母亲反对而不知所措
一对双胞胎男孩同时爱上一个女孩	异地恋情侣为纠结去哪方家庭而争吵
女方要求男方买房写自己名字而导致争吵	跨国恋:日本女孩希望男友跟随自己去日本
迷恋成名的女友让男友等她几年	我不愿再做你的取款机
女友要求对方放弃在北京的工作回家	我和孩子何时能得到一纸承诺
男方赚钱不力还借钱给前妻令女友伤心	请尊重我的职业,给我一次解释的机会
男方比女方小20多岁,面对巨大家庭压力	请不要把我对你的好,当作对我的控制

诸如房子、工作、两地分居、年龄差距,二婚、第三者、家庭差异、父母干涉,酗酒、堕胎、赖婚、精神出轨……越来越多的问题成为年轻恋人奔向婚姻的绊脚石,而这些问题又直接或间接地反映了当今的社会现实,成为人们了解社会的晴雨表和风向标。更有意义的是,栏目的主创人员以独特的视角,通过这些问题的呈现,让人们发现了这些恋爱情侣的存在样式,揭示其存在境况,从而促使人们叩问爱情的本真,进而反思自己的行为方式、批判人的异化存在,充满温馨的人文关怀。如,2012年9月6日节目中,娇生惯养的公主病女孩的出现,让我们反思中国的家庭教育;2012年9月1日节目中,一位为嫁入城市而抛弃真爱的农村女孩,让我们关注当代年轻人的价值观和爱情观,同时批判中国城乡发展不平衡的客观现状;2012年7月21日黄昏恋专场的一对忘年恋的真情告白,让我们注目老年人的感情问题;2012年7月7日跨国恋专场的几对情侣的爱情困扰,让我们思考大量跨国情侣所面对的文化差异而导致的情感纠葛;还有婆媳不合导致感情破裂的事实,让我们必须面对两代人难以逾越的鸿沟;女青年随意堕胎、对感情不负责任的态度,让我们思量什么样的爱情才是有尊严的爱情……

当然,考量一个优秀电视栏目,不仅仅只靠人文精神的尺度,还有一个不可忽视的尺度,即形式技术,亦即观众审美的满足。《爱情保卫战》在真实呈现爱情困惑和艺术呈现爱情困惑之间,牢牢把握住了"电视是个叙事媒体"的特征,把生活中原汁原味的爱情故事,在栏目呈现的叙事结构方面,做了艺术化的处理,使其越来越具戏剧性和可观性。具体说来,每期三对情侣的爱情故事在"爱情初评判"中,采用两种戏剧手法呈现:一是节目开始运用一段VCR,简短介绍当事人的基本情况,进而抛出当事人需要解决的主要问题。犹如锣鼓敲响,大幕尚未拉开的"前情提要",让人充满期待。二是"大幕"拉开,当事人各自带着急需解决的矛盾登场，由此形成强烈的戏剧冲突和悬念，然后再回溯或倒叙事件的前因后果。如《男方比女方小 20 多岁，面对巨大家庭压力》中，当 30 岁的小伙子和 56 岁女人作为一对情侣出场时，主持人赵川首先把不同意他们婚事的男方父亲请上了台，男方父亲和女方爆发了一场激烈的语言战争；还有诸如因为赌博，男女双方登场即打耳光的；女方为求清白，上场就和男友打得不可开交的；更有甚者，无端顶撞主持人，屡次打断嘉宾说话的……生活原汁原味地复现在《爱情保卫战》的屏幕上，显得极富戏剧色彩和视觉冲击力。

真实的生活就是这样，有时比戏剧更精彩。电视节目的本质，也就是日常人际交往的大众化罢了，图的就是拆除媒介和观众之间的界限和戒备，从而使受众产生人际交流的角色认同和情感互动的愉悦。难怪有网友说："一期《爱情保卫战》，像看了三部大片，过瘾！"

坚持主流价值观的正确引导，具有鲜明的态度和媒体责任

当前的婚恋节目普遍存在一个致命的问题，即无论主持人串场还是嘉宾点评一般均秉承"中庸之道"，不是说些不痛不痒、似是而非的意见，就是不着边际的肉麻赞扬："我挺喜欢这位男嘉宾的呀！""我倒觉得女嘉宾声音很好听的。"要不就是对当事人的怪论忽略不计、装聋作哑，以显"谦和"。这种一味俯下身子"迁就""迎合"受众，说白了就是一种"媚俗"，实际上它抹杀了人类物质消费和精神消费的界限，抹杀了艺术应该具有的双重性。事实上，电视节目进入市场不仅有其商品属性，还有其意识形态属性，并且不可避免地渗透一定的道德意识、价值观念、审美趣味和文化品位。人类社会之所以需要精神产品，就是因为需要传播文明、提升受众素质。为此，掌握话语权的电视工作者有责任坚守人类精神家园，建设和传播先进文化，引领受众不断提高审美修养和精神素质。

正因如此，《爱情保卫战》无论是主持人串场还是嘉宾点评，都坚持主流价值观的正确引导，秉承鲜明的态度，承担媒体责任，践行实事求是、一针见血、一语中的原则。如《农村女孩欲嫁入城市抛弃初恋男友》一期节目里，小雪为进城过好日子而抛弃在大连买不起房子、拿不出 10 万聘礼的初恋男友，在与买得起房的男士准备结婚时却又极力挽留初恋且振振有词："就是想离开农村，就是想

在大城市，就是想买房子。没有房，没有车，谁跟你结婚？又不是80年代，还三转一响呀！”主持人赵川对此严肃反驳：“农村怎么了？农民丢人吗？我们每个人都问一下自己，往上想五代，90%都是农民，四代60%都是农民，三代40%都是农民。从农民中走出来需要自己的努力、自己去奔。”现场专家陆琪也直言：“房子是挺重要的，但是一个软体动物生生世世背着一个房子，那是蜗牛，你现在就是蜗牛的宿命。”专家嘉宾涂磊更是掷地有声：“面包与爱情是永恒的话题，有些人在面包与爱情中选择了爱情，也许终身贫穷但幸福美满，有些人选择了面包可能衣食无忧但终日郁郁寡欢。每个人都有选择自己生活的权利，选择房子不可耻，但可耻的是用物质来绑架爱情。前脚因为物质抛弃了爱情和所爱的人，回头又来惦记爱情，这是对爱情的亵渎。如果你选择了物质，那你就卖得彻彻底底；如果你选择了爱情，你就爱得干干净净。”鲜明的立场使男当事人小郭愤然离开女友。现场顿时响起经久而热烈的掌声，这掌声表明观众对嘉宾点评的认可，也表明观众对崇尚物质的女孩的否定。《爱情保卫战》把一些司空见惯“形而下”的生活物象呈现给观众的同时，也把精神层面“形而上”的东西，融汇在这些物象里面并带领观众一起去分享经验、增长知识，寻找生活的慰藉和力量，从而接受社会所公认的价值观和生活方式。

为追求节目的深度和高度，《爱情保卫战》有时不惜打破原有的节目流程。如在《我，无法原谅你对我的背叛》一期节目中，一位曾经背叛妻子的男士苦苦请求前妻复婚。涂磊及时相劝：“男人在婚姻的过程中，三种不同的犯错可以体现他对这个女人的感情。第一，刚有了出轨的念头，马上戛然而止，那说明这个男人是爱这个女人的；第二，已经出轨，不过还想回来，那是对这个女人的留恋；第三，在外面出了轨，却被对方甩了，这时候才想到你，这不叫爱也不叫留恋，而仅仅是找个落脚的地方。”然而这位女士为了孩子还是选择接受男士的再次求婚。此时，主持人却临时中断了“舞台订婚和赠送礼品”的环节，说：“礼物我们送给你们，可今儿就别在这儿求婚了。今天求婚可能草率了些，双方应该再继续看一看。真的感情稳定了，我们欢迎你们再来这个节目，我们一定再给你们补一个订婚仪式。”这段令人意外的话虽打断了节目流程，却十分鲜明地体现出栏目的态度。这段视频播出以后，得到广大电视观众的好评。

其实，媒体就应该这样，在对待受众需求的问题上，不能仅仅满足于大众的兴趣，而应占领制高点，使信息发挥应有的导向作用。尤其是在当下我国社会转型的深水区，市民阶层仍然处于一个形成时期，他们刚从传统农业宗法式社会关系中解放出来，又茫然走进尚未成熟的现代商业性社会关系中，这使得他们的价值体系处在一种双轨制的混乱状态。因而，他们的视角往往是微观而非宏观的，是个体而非整体的。个体的利益与所在阶层的利益是其思想的出发点，他们的观点常常是主观、盲从的。表面上大众在新的传播媒介和海量信息中似乎开阔了眼界并形成了开放的性格，但任何事物都是双刃剑，在大量信息塞满生活的时候，绝大多数人已经来不及思考抑或也不需要思考，因而更容易形成缺少自主性的“他人引导型”性格，也更依赖媒体的判断。因此，如何在“满足”受众的同时进行精神“引导”，提升受众欣赏格调，将是电视婚恋节目新一轮竞争的聚焦点和重要的整改课题。

富有弹性和多维互动的节目形态，具有社会辐射力

表面上看，《爱情保卫战》的现场与当今大多电视婚恋节目一样，都是由主持人、当事人、嘉宾、现场观众四方组合而成。但细观，两者却有本质的不同：一般婚恋节目主持人基本按着节目流程来主持，几乎是“戴着镣铐跳舞”，不可越雷池一步，而《爱情保卫战》主持人赵川却可以任意调控流程和掌握场上的互动，成为节目真正的“灵魂”；一般婚恋节目的当事人基本只和主持人、偶尔和嘉宾发生互动，而《爱情保卫战》的当事人却可以和现场任意方发生联系；一般婚恋节目的嘉宾是固定不变的，而《爱情保卫战》的嘉宾不仅设有专家嘉宾，还设有明星夫妇嘉宾，且嘉宾的组合是“流水席”，这就提供了更多的观察爱情的视角和方法，从而引来更多元化的碰撞和思考；一般婚恋节目的现场观众只是“摆设”，没有实际价值，而《爱情保卫战》现场观众（包含当事人的亲友）却可以和现场任意方发生互动，具有“实际价值”。见图1所示：

从图1我们可以看出，《爱情保卫战》构成了一个富有弹性和多维互动的网状节目形态，每个部分都是独立的但又是交叉往来的。这样的节目形态灵活而富有变化，也更具社会辐射力。我们不妨抽取任何一个部分来论证这一结构的优势。

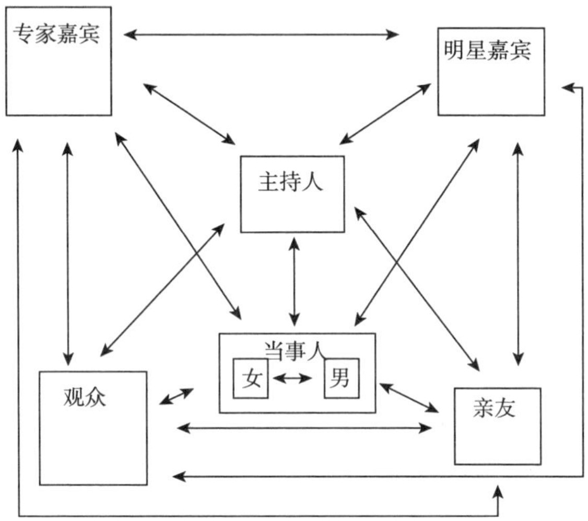

图1 《爱情保卫战》现场人员关系图

例如,《爱情保卫战》对现场观众的处置就与一般婚恋节目的处置明显不同。一般婚恋节目的现场观众仅仅是电视机前观众的"位移",是为主持人、嘉宾出场时鼓掌的"捧爷",是主持人和嘉宾谈话的"看客"和"听众"。事实是,现场观众既然参与了节目的创作过程,他们就应该是节目必不可少的组成部分。尽管现场观众在节目中所占比重不大,但组织得好,不仅抓人眼球,甚至能使整场节目"生色"。《爱情保卫战》尊重现场观众的独立存在,并促使他们和节目同呼吸、共思考,具体表现在每期节目展现嘉宾困惑和嘉宾点评后,都会随着事件的发展及时让现场观众进行按键选择。如当男青年小苏遭遇女友一次次失身他人却又犹豫不决是否离开时,认为应该"离开"的请按"赞成",否则"反对";来自重庆60岁的老王和56岁的易女士决定重新组合一个家庭,却遭女儿强烈反对,易女士决定放弃这段"黄昏恋",认为易女士"不要放弃"的请按"赞成",否则"反对";当天津小梁为满足女友露露对物质的欲望经常向父母要钱,最终疏于努力而丢了公务员工作后,母亲反对两人交往,为此露露给出"我和你妈,只能要一个"的选择题,曾经的恋人变成针锋相对的"敌人",赞成两人"分开"请按"赞成",否则"反对"……一个个问题抛给现场观众,考验着观众的生活智慧,也有效地推动了节目的进程。我们说,任何艺术都是模仿自然生活过程的物质化形式,婚恋节目也大多以一种游戏的规则隐喻了我们生活的某些层面,并教会我们如何面对生活、学会生活,以便更好地创造生活。再说,人生就是不断出现问题和解决问题的过程，如何解决问题是每个人必须要做的功课。于是，现场观众参加节目的过程竟也成了生活演练的过程。从某种意义上讲，这一环节的设置，使《爱情保卫战》变成了现场观众进行社会化的“第二课堂”，起到了意想不到的作用。

再如，《爱情保卫战》对主持人赵川的预设性极少，其自由发挥的空间比较充足。于是，他的独特个性及控场能力得到了充分的舒展和发挥，他不仅可以控制现场的每一个环节，又能和现场的每一个人产生互动，进退自如。这是《爱情保卫战》的最大亮点，也是节目成功的关键所在。如在节目第一个板块《爱情初评判》里，赵川善于替观众“追问”，极大地活跃了现场的气氛，有效地推动着节目的进程。譬如面对娇生惯养公主病的女友，小奇连连喊累的时候，赵川适时追问：“你怎么个累法，怎么就每个月都要过情人节呢？我至少没听说过，让我们大家也饱饱耳福吧。”于是，男女情侣道出：1 月日记情人节，2 月传统情人节，3 月白色情人节，4 月黑色情人节，5 月玫瑰情人节，6 月亲亲情人节，7 月绿色情人节，8 月银色情人节，9 月照片情人节，10 月葡萄酒情人节，11 月电影情人节，12 月拥抱情人节，还有 11 月 27 日恋爱纪念日，12 月 25 日接吻纪念日……这样的理论，让所有人都大笑不止，既烘托了现场气氛，又引出了嘉宾的评论。在《迷恋成名的女友让男友等她几年》的节目中，堪称“河南凤姐”的小付陷入明星梦的怪圈，不愿走进婚姻。对这样具有典型意义的个案，节目该如何进行？赵川首先请“河南凤姐”献艺：唱歌（跑调），走台（步态奇怪），朗诵（字音模糊）；在大家的哄笑声中，赵川及时现场采访，和大家一起讨论什么是美？什么是丑？什么是人活着的真谛？一场闹剧在他的调动下，变成了传媒不可估量的文化的力量。

不仅如此，赵川几乎在每一个环节都有惊人的表现。如在“黄金 60 秒”的环节，他的幽默和机智常常使当事人“破镜重圆”。在《你能给我一个正常的恋爱生活》节目中，34 岁的男当事人张宏路在写作和结婚的困惑里选择前者而辜负女友小艳。当所有嘉宾劝解无果时，赵川耳语小艳并示意其离场。最终张宏路见不到女友而幡然醒悟，结局自然是“花好月圆”。但赵川并不追求所有的结果都大团圆，对不同的对象有不同的做法，且这些不同的做法往往又是那么符合人情事理，让人心服口服：人体彩绘师小牛的女友不理解其职业执意分手，但小牛仍情意绵绵。于是，赵川打破观众投票、当事人不应该在现场的规则，以提醒小牛该怎么办，结果观众选择“应放弃女友”的占 68.18%。接着，赵川再次打破观众一次投票的规则，进行二次投票，让小牛亲眼见证人们对其职业的尊重，观众选择“如果我是女孩，可以与之交往”的占55%。小牛终于放弃了女友，赵川如释重负地说道：“我喜欢这样的结局，因为这是一个关于择偶观的问题。”

没有条条框框的赵川，凭借对人性的深刻认识和理解，控制节目由静到动、由动到静的转换技巧，在《爱情保卫战》中创造了一种轻松、自然、有趣味性又令人回味的主持风格。

我们欣赏这样的创造力！

（作者：魏南江）

马东:《挑战主持人》的核心魅力

——中央电视台《挑战主持人》解析

栏目名称:《挑战主持人》

播出频道: 中央电视台综艺频道

主 持 人: 马东

开播时间: 2001 年 1 月

停播时间: 2010 年 9 月

播出时间: 周四 20:35(首播)

周五 10:40(重播)

节目时长: 60 分钟

栏目定位: 语言选秀类

栏目口号: 挑战主持人,挑战你自己,挑战无处不在

2001 年 1 月开播的《挑战主持人》，是中央电视台最受观众欢迎的电视栏目之一。这档栏目虽然已于 2010 年 9 月停播，但它为央视及众多电视台选拔了许多优秀的主持人，在业界的影响是恒久的。

《挑战主持人》的核心魅力来自它的主持人——马东。2001 年 4 月，马东接替李佳明做了《挑战主持人》的主持人。只用了五年时间，马东不仅成了《挑战主持人》的重要标识，还凭借栏目的影响，成功策划组织了"挑战主持人——央视全国综艺节目优秀主持人选拔活动""全国主持人大联欢"等有影响的大型活动，促使《挑战主持人》更具知名度和美誉度。

纵观马东主持《挑战主持人》的表现，其魅力主要体现在以下几个方面。

魅力一：马东具有即兴反应的语言机智

优秀的娱乐节目主持人应该能调节气氛、掌握节奏，和观众同喜同乐并及时反映观众愿望。节目现场气氛之冷热、节奏之快慢、观众情绪之起伏需要主持人有临场应变的即兴语言表达能力。"有人把这种'即兴'比作是节目的眼睛，有则生动感人，无则干涩呆滞，这个比喻或许不太恰当，但成功主持中的'即兴'，会在整个节目中产生不同寻常的魅力。"①

更何况《挑战主持人》是个语言类的娱乐节目，选手主要是在唇枪舌剑中，靠突出的语言表达能力取胜的，这对主持人本身就是个挑战。欣喜的是，马东接受了这一挑战，并成功地挖掘了自己的语言潜能。他即兴反应的语言机智贯穿节目始终，起到了重要的作用。

1. 消除选手的紧张情绪，活跃气氛

虽然来到节目的选手都经过事先的培训，但在每个环节的开始依然会紧

① 叶惠贤. 节目主持与即兴反应[N]. 文汇报，1998-11-06.

张。于是，马东抓住现场的某一个“点”即兴发挥，不仅很好地消除了选手的紧张情绪，还活跃了现场的气氛。例如，“挑战主持人——央视全国综艺节目优秀主持人选拔活动”的 80 进 40(以下简称 80 进 40)的第 6 场比赛中，当一对选手张筱芳和董力分别穿着红绿连衣裙紧张地站在马东两边准备听题时，马东即兴说：“怎么事先商量好的？像红绿灯似的。”气氛一下子热烈起来，两选手也不由地笑了，绷紧的神经也松弛了。在 2006 年 1 月 19 日的《挑战主持人》节目中，朝鲜族小伙子崔昌林神色严肃地跳完“街舞”准备进入对抗的第二番时，马东风趣地说：“告诉大家，崔昌林的每一根骨头都断过。”观众们会心大笑，崔昌林脸上也有了笑容。

由于节目时间有限，各淘汰环节接得又密，主持人不能喧宾夺主，要把时间留给选手。因此，马东在节目中的话不能多，但每每很短的一句话，都能使现场谐趣横生。

2. 控制场面，调整节目流程

《挑战主持人》经过不断改版，摸索出一个非常成功的模式：马东——张绍刚——叮当串联加点评模式。张绍刚尖锐而又真诚的批评和指点、叮当灵活而又俏皮的劝告和指正，往往与马东的主持构成了庄谐有致的艺术效果，有相声的逗哏、捧哏之妙。但“张、叮”二人的“插科打诨”有时控制不住，也曾给节目带来过尴尬，这时的马东往往靠自己机智的即兴表达挽回局面。例如，8 期擂主王若麟和清华大学一女生打擂的那期节目里，王若麟一直比较照顾和关心这位女生，行为言谈较为绅士。张绍刚点评时，给他一个字：“贱”。“贱”字出口，场上顿时沉默，接着一片哗然。对于任何人来说，这个字都很难接受，特别是在播出的电视节目里，容易伤害个人形象和感情。于是，马东及时打断了张绍刚的评论：“我也是一个‘贱客’，而且啊，开创了一个‘贱派’。”即兴而幽默的话语不仅开导和抚慰了王若麟，还有效地控制了局面，保证节目流程的正常运行。

“什么是‘即兴’？它是瞬间产生的一种思维反应。那么何为娱乐节目中的‘即兴’呢？我以为应该是在主持中对现场周围所发生的乃至可能发生的一切所做的能动的、机敏的、善解人意的，既在情理之中又在情理之外的一种充满奇趣异想的反应。”[①]马东用自己的主持实践诠释了这一定义，形成了他独有的主持魅力。

---

① 叶惠贤. 节目主持与即兴反应[N]. 文汇报，1998-11-06.

3. 总结评价，把节目引向高潮

《挑战主持人》基本是语言的挑战，缺少画面冲击力。为弥补这一缺陷，就得像相声一样，恰到时机地“甩包袱”，不断造成收视趣点。马东在这方面做得比较到位。例如，80 进 40 的第 5 场比赛中，小高潮迭起，就源于马东即兴的语言机智。当男选手王帅帅对阵女选手杨静时，题目问道：“好男人（好女人）应该具备什么样的品质？”

王帅帅：好男人应该是钢铁，坚强。

杨　静：好女人是厨子，坚韧。

王帅帅：好男人是太阳，热情。

杨　静：好女人应该有一颗温柔似水的心。

王帅帅：好男人应该是男人中的男人。

杨　静：好女人应该是女人中的女人。

马　东：（总结）“你们应该说，好男人应该是男人中的女人；好女人应该是女人中的男人。”

这个总结富含生活的哲理，给节目带来了兴奋点。

另一对选手比赛的题目是“请你用《红楼梦》中的一个人物来形容在座的一个评委。”北京赛区的李思思把评委、央视服务类节目主持人王小骞比作史湘云，马东立刻对着王小骞：“看你怎么醉卧芍药丛中吧。”这句话，没有红楼常识的人是绝对想不到的。又一对选手对抗赛的题目是，每句话必须说“古人云”，结束时，评委康辉点评也用上了“古人云：长江后浪推前浪”来表达对选手精彩表述的佩服，马东接着康辉的话头：“前浪搁在沙滩上。”这句话看似顺口推出，却着力说出了一种社会情状，耐人寻味，给节目增加了亮色。

综上所述，我们不禁要想，马东为什么具有这样的语言机智。我想，这来自他自信放松的心理素质、兴奋的竞技状态和长期生活思考的积累，来自他参与节目策划的热情和对节目整体要求的把握。很难想象，一个对节目宗旨不了解、没有广博的文化知识、专业积淀和生活积累的人，能在节目中信手拈来、一语中的。同时，也很难想象，没有一个临场的高度兴奋状态，思维能活跃起来，感情能调动起来，能在现场一瞬间捕捉到最有用的信息，并很快用语言表达出来。

马东的语言素养有先天的遗传，虽然他很不愿意沾父亲马季的光，但不能否认，艺术需要天分。当然，艺术主要来自后天的陶冶和锻造。马东澳洲8年的学习生涯、北京电影学院的进修经历，让他濡染了中西方不同的文化因子，开阔了他的文化视野；在相声家庭成长，形成了强烈的表现欲望，用他自己的话说就是“不要脸”（不怯场、不怕难为情的意思）；湖南卫视《有话好好说》的栏目策划和主持，奠定了他从事电视主持的专业能力；央视《文化访谈录》的主持实践，使他增加阅读量，养成深度思考的习惯……

台上一分钟，台下十年功。马东的语言机智是其综合素养的集中体现。

魅力二：马东是选手共同游戏的“玩伴”

与《开心辞典》中王小丫的“考官”角色不同，和《非常6＋1》《幸运52》中李咏“活力四射的节目串联者”角色也不同，马东在《挑战主持人》中的角色定位是和选手一起游戏的“玩伴”。

所谓“玩伴”，指的是能在最短的时间内和嘉宾、现场观众融合在一起，并共同游戏、共同表演，以顺利完成节目进程的人。“玩伴”角色意味着和选手站在同一个起跑线上，共同面临许多不确定因素，从时间和空间上制造并延长娱乐的感觉。这就对娱乐节目主持人提出了更高的要求：或劲歌热舞、会玩会乐；或机智过人、轻松幽默；或平易真诚、健康热情。只有这样的人，才能“玩”得起来，并能“玩”出花样。马东除不擅长“劲歌热舞”外，其他素质皆具备。为此，他和选手一起游戏时，常常能产生意想不到的艺术效果。

譬如，2005年10月7日的《挑战主持人》，在张岩最后挑战擂主李健时，题目是：主持一个结婚仪式，要求每句话不超过5个字。接着这个环节，马东说：“你们采访我，栏目是《艺术人生》，答问都不许超过5个字”：

选手：以前没来过？

马东：咱们开始吧！

选手：最近好吗？

马东：不咋的。

选手：工作可忙？

马东：受罪的命。（提示：谈婚姻……）

选手:爱人如何?

马东:刚离了。(提示:说童年……)

选手:请看大屏幕

马东:我是盲人。

选手:请听音乐。

马东:耳背。(提示:让我流泪……)

选手:你父亲好吗?

马东:去世了……(伤心态)

这段按着《艺术人生》思路的采访,让人忍俊不禁。

在有些时候,马东应选手要求,还常常和他们一起表演某个角色。如马东曾在选手王建萍的节目中扮演其男友:

马　东:萍,你喜欢不喜欢我?(站在台侧)

王建萍:你猜。

马　东:我看是不喜欢。

王建萍:你再猜。

(马东憨态可掬,引得观众大笑)

舞台上,多重角色的现时转换,最易带来喜剧效果。

我们说,娱乐节目的核心是"娱乐性"和"互动性"。为此,马东不仅和选手互做游戏的"玩伴",还常和点评嘉宾以及来栏目组的评委互为游戏"玩伴",跟他们一起做诸如成语接龙、字头接字尾、诗词对擂等游戏。在《挑战主持人》的栏目里,构成了主持人和选手,主持人和选手及嘉宾,主持人和选手以及嘉宾、现场观众多重的互动关系,形成了巨大的娱乐"场效应"。参与者找回了自我,体验凭实力取胜的痛快;嘉宾的个性得到了张扬,感受到人与人团结交流的重要;现场观众也享受到了"当家做主"、决定选手去留的权利。

马东的"玩伴"定位,让所有参与《挑战主持人》的人形成了一种新的关系和姿态。

魅力三：马东是选手的节目表现材料

在《挑战主持人》中，我们会看到，选手们经常拿马东来说“事”。如选手顾斌的自我展示就是拿马东“长相”当话题的：

> 第一次见马东，日日思君不见君。可一看那长相，千山鸟飞绝，万径人踪灭。那头发，大漠孤烟直；那鼻子，长河落日圆；那眼睛，放在马东脸上，就是大珠小珠落玉盘；那皮肤，坑坑洼洼的，远看高低各不同。这完全是一张人间正道是沧桑的脸。(2006年7月7日《挑战主持人》)

有时，即使参赛者自己不拿马东说“事”，马东还千方百计引导他们拿自己作为节目表现材料，而且不管他们怎么埋汰他，他也不生气。例如，对抗赛中，要求选手每句话必须带上一个成语来说对方。马东这时就会诱导说：“用成语先来说说我吧。”即兴的题目如果是“好消息……”，他就会打比方说“好消息，马东减肥了……”。再如，让一对选手给一个人的“写真集”开新闻发布会，马东就会引火烧身“这个写真集的主人公就是我……”。

更多的时候，马东的考题就是把矛头指向自己。像80进40的第8场比赛的一道题是：“你们来概述我，不过每句话要带上春夏秋冬。”再如，2006年1月19日《挑战主持人》“挑战第二番”前，马东抱着一摞图板上台。图板上分别画着旗袍、望远镜、矿灯等物，题目是“当马东(穿上、戴上、拿着……)”。这样的联想题，顿时让人兴趣盎然。因为现场有了活的参照物，抽象的东西也变得形象起来：

> 当马东戴上矿灯，就是一个二郎神；
>
> 当马东穿上背带裤，就像一个观赏植物——仙人球；
>
> 当马东穿上背心，别以为我不认识你(联想到春晚的赵本山小品)；
>
> 当马东穿上皮夹克，就像大提琴装在小提琴盒里，怎么也拉不上链；
>
> ……
>
> (场上选手竞技状态良好，妙语连珠)

其实，这种做法不仅很好地调动了参赛者的积极性，带有强烈的娱乐性，满足了受众的收视欲望，从理论上讲，它还符合栏目形式的需要，同时也切合观众的审美需要。

说它符合栏目形式的需要，是因为《挑战主持人》是以“口语交际”为主要形式的娱乐节目，而“口语交际”是一种情景语言，是需要在特定的情景中发生的交际现象。其所谈的话题、交际的对象、交际的场合都是特定的，并受情景的控制，特别讲究有对象感。生活中的口语交际都有一定的情景，而这种形式一旦拿到荧屏上，就必须注意情景性的设置。有了说话的对象，才有了说话的动力和目标。马东把自己作为选手的说话“对象”，十分符合“口语交际”规律。另外，到《挑战主持人》参赛的选手基本是年轻人，且大多来自高校，背景相似，生活阅历较浅，给一个可参照的实物，也便于他们有的放矢地表述。

说它切合观众的审美需要，是因为电视艺术是视听艺术，讲究时空的穿透力。而《挑战主持人》属于语言对抗赛，语言艺术以唤起想象的方式直接诉诸人们的听觉。该节目既没有谈话节目那样可以用画面来煽情的便利，又没有歌舞比赛那么热闹的场面。为进一步符合观众收看电视节目的审美习惯，不仅需要注意语言的具象表达，还需要可视的形象来直接诉诸人们的视觉，引起人们的联觉反应，让人感到可摸可感。于是马东就成了可摸可感的视觉形象。从另一个角度看，这恰恰构成了马东的又一魅力。

魅力四:马东聚积了央视主持人的人气

《挑战主持人》是以“主持人”为主题和内容的娱乐节目，这在国内外电视栏目中都是绝无仅有的。顾名思义，《挑战主持人》应该是一个表现、展示、推出主持人的平台。事实也如此，《挑战主持人》自 2001 年 1 月开播以来，不断推出了高博、张湘东、石琼璘、施丹、邱晓雨等数十位年轻主持人，并使他们走上了央视和省级卫视的栏目。同时，栏目在基本理念不变的基础上，几乎每年一大改，半年一小改，较好地展示和表现了近年主持人观念及技术的变化。

在《挑战主持人》不断改版的过程中，央视的大部分节目主持人都到此栏目客串过，这不仅进一步展示了央视主持人的风采，同时也使央视主持人的资源得到了二次开发，马东的魅力指数也得到提升。我们不妨回顾一下央视主持人参与这个节目的概况。

《挑战主持人》开播的前两年，专门设立了“挑战面对面”的比拼环节，每期都有一位央视名主持亲临现场，经过淘汰后留下的三位选手分别向这位到场的主持人提出问题，但三个问题，到底回答哪一个，得由现场观众按键决定。鞠萍、敬一丹、白岩松、水均益、刘建宏、崔永元、黄健翔等都在节目中展示了许多不为人知的心情状态、理想追求以及困惑苦闷，《挑战主持人》因此记录了他们的思想轨迹。

2003 年改版的《挑战主持人》向主持的专业类型发展，分别设了“创意演播室”“非常外景地”“超级聊天室”“记者招待会”四个环节。特别值得一提的是 240 秒的“超级聊天室”，这个环节是模拟谈话节目设置的，话题由选手自带，可嘉宾大多由马东来扮演，每次都要面临不同的选手和话题，而且要聊得有趣有味。这对马东来说，是个历练。

2004 年改版的《挑战主持人》开创了我们上面提到的并延续至今的黄金组合，即马东主持，张绍刚、叮当点评的模式。央视这两位铁嘴在此一展身手，同时也展现了各自不同的个性风采，使《挑战主持人》的参与者思维更为活跃，语言更为自由舒展。

2005 年再次改版的《挑战主持人》开始了“擂主制”。“擂主制”的设立意在让优秀选手的实力和他们的出镜率成正比，从而让更多的人认识他们，以便实现他们的主持梦想。其中，挑战者的授旗仪式多半由央视各栏目的名主持来担任，或激励鼓舞，或邀请实习，或谈其感受。由于“擂主制”的介入，竞争比先前残酷，优胜劣汰界限更加鲜明。栏目由此增设了人文关怀式的“抚慰”环节：对被淘汰者，根据他（她）的意愿，都会有一位嘉宾或亲人朋友陪他（她）走过那条失败之路。这种方式，既避免了尴尬，又极富温情。

2006 年的《挑战主持人》，是央视主持人的聚会之地：“挑战主持人——央视全国综艺节目优秀主持人选拔活动”，在沈阳、哈尔滨、北京、西安、杭州、成都、武汉、广州 8 个城市拉开帷幕。经过面试、初选、复选、半决赛、总决选，最后胜出的选手，通过央视人事部签约中央电视台。从半决赛开始，每轮有五位央视主持人登上了评委席。风格各异的央视主持人在这个栏目中激情碰撞，也给这个栏目带来了更旺的人气。

《挑战主持人》等节目使马东的魅力持续飙升。但也借此谨劝：任何事物到了一定的高度，都会回落。这就需要休整，需要有勇气继续超越自我。

（作者：魏南江）

随意轻松，意味深长

——中央电视台《小崔说事》解析

栏目名称：《小崔说事》

播出频道：中央电视台新闻频道

制 片 人：崔永元

主 持 人：崔永元

开播时间：2003 年 7 月 5 日

停播时间：2009 年 8 月 18 日

播出时间：周六 22:30(首播)

周日 2:35、18:30,周一 9:30(重播)

节目时长：30 分钟

栏目定位：谈话类

栏目风格：忆往昔,看今朝,随意轻松,畅所欲言,幽默含蓄,意味深长

2003 年 7 月，伴随着中央电视台新闻频道的正式开播，周末晚间又诞生了一个新的栏目——《小崔说事》。该栏目由原《实话实说》的主持人崔永元担任制片人和主持人。虽然在节目的基本形态上，《小崔说事》与《实话实说》非常相像，都是以演播室群体谈话为其基本形态。但细究起来，两者在节目宗旨和结构方式上却有着明显的不同。《小崔说事》以"忆往昔，看今朝"为栏目基本特色；以老照片、旧影像、旧事物为引子，整个节目表现为多主题或泛主题组合式谈话，整体风格轻松、含蓄、幽默而又意味深远。

《小崔说事》从开办至今，一直是央视新闻频道中最为独特的风景，受到广大观众的喜爱。

举重若轻，雅俗共赏

《小崔说事》是中央电视台继《一丹话题》和《倪萍访谈录》之后推出的第三个以主持人名字命名的栏目。以"小崔"来命名，又是"说事"，这个栏目名称本身就向观众透露了一种轻松、随意的信息，是一种"崔式"精神的流露。而所谓"崔式"精神的精髓，在我看来就是大智若愚，举重若轻，通俗而不庸俗，轻松而不轻飘。事实也确实如此，《小崔说事》是一档谈话栏目，其谈话的嘉宾既有政府官员、文体名人，也有普通百姓、企业家和外国友人……谈话对象可以变化，但不变的是崔永元均能以"崔式"精神，把复杂问题简单化，简单问题深刻化，力求做到雅俗共赏。例如，从 2010 年开始，《小崔说事》连续三年做了《两会特别节目·小崔会客》，这里的"客"，则是中央和地方高层领导。与政治人物谈话是有难度的，难在尺度和力度的把握上。以《小崔会客》呈现出的节目效果来看，崔永元凭借其独特的"崔式"精神，波澜不惊地掌控着节目进程，其中很多采访片段堪称经典。如在和民政部部长李立国对话的一期节目中，崔永元首先让李部长介绍了民政部的四大工作职能。接着播放了一段民众"是否了解民政部职能”的随机采访视频。视频中，民众的回答集中涉及“房价”“扶贫”“低保”等较为敏感的话题。崔永元大胆向李部长提问：“他们说了关键的一条刚才您回避了，您没说，那就是物价和房价也是归民政部管的。”这多少让李部长略显尴尬，于是崔永元话锋一转，将自己的身份转换成一位需要最低生活保障的居民，开始了新一轮的对话：

崔：比如说我是这里的居民，我的低保是最低的，我说我不够用，请问你怎么说服我？

李：我们这个低保毕竟是最低生活保障，它不可能完全满足你的需要。

崔：也就是说，最低生活保障和你每个月的实际花费实际上是两回事？

李：对。

接下来，李部长在黑板上具体演算最低生活保障的来龙去脉，得到了观众的理解。这看似简单的一问一答一算，却是国家民生政策的一次形象解读与阐释，是民众和政府的一次流畅沟通。《小崔说事》从老百姓最关心的柴米油盐等微观层面入手，即使再沉重的话题也变得雅俗共赏了。

在《小崔说事》中，政府高官面对这些敏感问题时，总能给出真诚的答案，这与崔永元举重若轻的驾驭节目的能力是息息相关的。如对政府官员的访谈中涉及重要问题时，崔永元会以诚恳的态度和缓慢低沉的声音，或讲一段往事，或做一个游戏，或用一张照片作为引子，同时营造一种和缓的人际交流氛围，让受访者轻松开聊。例如，在与陕西省委副书记、省长赵正永对话的一期节目中，崔永元令人意外地拿出了两只手套和一只扳手，让赵正永为大家展示工人如何使用扳手的动作，然后以此为切入点开始提问：“省长，你看我们当年的一些劳动模范在艰苦岁月为国家做了那么多贡献，但是他们的后代如今生活不太如意，我们感觉有点对不起他们。”这段话涉及改革开放之后国企改制而导致工人下岗和待遇偏低的民生问题。接着，崔永元就陕西“避灾移民搬迁”这一话题再次发问。但发问前却突然转向观众：“陕西什么规模最大？”在观众说出“石榴”“苹果”几个答案后，崔永元进入移民搬迁的问题，原来陕西移民搬迁的规模是最大的。如果不设置上述游戏环节直接切题的话，恐怕不仅会导致话题转移突兀，也会导致受访者心理紧张而不愿配合。崔永元这些看似信手拈来的幽默，使受访者卸下了心里的堤坝而坦然陈述自己的观点，取得了节目的预期效果。

当然,《小崔说事》的谈话对象更多的是普通人,但是这些普通人又具备一些不普通的特质,比如不一般的才艺或爱好、不寻常的经历和体验、特殊的身份或特别的成就等。在话题设置上,《小崔说事》的话题五花八门,有怀旧鉴今的,有奇闻轶事的……如《钱啊,钱》是讲日常生活中如何用钱的,《朋友》是讲两个男人萍水相逢却又如何结为好友而生死相依的,《好事成双》则是一对双胞胎兄弟与一对双胞胎姐妹的婚恋故事。节目的话题会涉及沉重的内容,但谈话氛围不沉重,表现形式不沉重。偶有的实物展示或类似情景剧式的即兴表演,加上崔永元适时的插科打诨,都使现场笑声不断。偶有嘉宾说到动情处潸然泪下,主持人从不就此煽情。对节目中所涉及的争议性问题,往往不予探究,而是转换话题,把更多的思考空间留给观众。《小崔说事》是"说"事,不是"论"事,所以它不以"天下兴亡"为己任,不强求"意义"而在乎"意味"。"形而上"的意识形态只会在嘉宾的话语中自然而然地闪现,这种闪现也许当时不为人发现,但过后有人回味时却能猛然体味。这就是节目编导和主持人的高明之处。实际上,中国的观众早已习惯了接受媒体所灌输给他们的信息和观点,往往忘记了加入自己的思考与判断。而《小崔说事》的客观"留白",给观众思考的空间显得更加隽永深长。

真实自然,原汁原味

《小崔说事》所展示的是一种非常真实自然的状态。为此,崔永元自己评价它是"很随手的,就好像年轻时练武,到老了比画几下……一份工作,靠这个挣工资,养家糊口"。也许是无心插柳的结果,这种"以平常心做二流节目"的创作初衷反倒成就了《小崔说事》的独一无二。在这样一档谈话节目中,嘉宾来了就说,想哪说哪,不用事先跟主持人套近乎,也不用被告之什么该说、什么不该说、应该怎么说。所以,嘉宾谈话时有发愣的时候,有结巴的时候;主持人也有被嘉宾反问到语塞的时候,有或感动或惊讶或无可奈何的时候;场内观众有被嘉宾打动得或欣赏或鼓掌的时候,也有凑热闹像小孩一样起哄的时候……这些都使得《小崔说事》显示出别样的一种质朴的自然美,这种美有种真实的力量,可以直达人心。例如,2012年《小崔说事》推出了文化名人访谈系列,邀请了虹影、陈忠实、刘震云等多位文化名人来到节目现场。以崔永元对虹影的采访为例,众所周知虹影的代表作是《饥饿的女儿》，为此节目开始就请虹影谈对饥饿的记忆。在崔永元的引导下，虹影从其对食物的饥饿，谈到其特殊岁月、特殊出身所造就的精神饥饿。其中，崔永元多次打断虹影谈话并穿插自己阅读虹影作品时对其饥饿的诠释和理解，使虹影有找到知音的感觉。于是，虹影在摄像机前毫无顾忌地敞开心扉，把久藏的内心秘密全都抖搂出来与观众分享。过后，这期节目受到观众的一致好评。

《小崔说事》继承了《实话实说》的精神，将话语权归还嘉宾，让嘉宾尽可能地“敞开了说”，以便构建一个原汁原味的谈话场，但又清楚媒体的责任。虽然该栏目追求活泼轻松的节目效果，但崔永元一刻也没放下肩负的社会担当。如在《听她的声音——韩红专访》这期节目中，当大家用掌声将韩红请入现场后，崔永元曾两度和韩红飙歌。由飙歌、斗嘴出发，崔永元自然而然地谈及艺人的社会责任，谈及韩红在微博上“打拐”的义举和救助贫困儿童的壮举。当然，围绕韩红，可以聊娱乐八卦，可以聊婚姻情爱，可以聊服饰喜好，但《小崔说事》选择了比娱乐八卦更有社会意义的话题，并且“善于把一切精神的东西形诸日常司空见惯的物象，而且善于把‘形而上’与‘形而下’糅合贯通。”[①]看似随意，却足见媒介引导的力量。

《小崔说事》的真实自然和原汁原味还表现在它的结尾，其结尾宛如生活中的谈话，通常因为时间关系戛然而止，并非一定要完成某个特定的“主题”方可散场。许多观众认为这样的结尾太唐突而没法接受。其实观众之所以有这样的感觉，恰是国人的一种思维和行为定式：不论是观看节目、举行会议、听报告，甚至是讲话发言，都得有个句号。而《小崔说事》的开放式结尾正是对这一陈规的打破。实际上，《小崔说事》的结尾设定有两方面的意义，一是符合节目的整体定位，因为属于轻松的闲聊式谈话，无须整体的起承转合，如若硬要在结束时“总而言之”“因为所以”一番，会显出不合时宜的迂腐可笑。另一方面，这种开放式的结尾给人一种意犹未尽的感觉，和节目本身含蓄、意味深远的风格吻合，同时也能使话题有延续感，观众有思考冲动。这样，整个节目的空间纵深感扩大了，时间延续性拉长了，节目的张力也就得到了提升。

① 魏南江. 节目主持艺术学[M]. 北京：中国广播电视出版社，2006：84.

《小崔说事》是崔永元继《实话实说》之后打响的第二个品牌。建立一个电视品牌栏目不易，维护一个电视品牌形象更难。特别是在电视节目的市场竞争日趋激烈的今天，品牌栏目已经成为电视台抢占生存发展空间的最重要的资源。而在电视栏目品牌建构中，主持人扮演着至关重要的角色。如果说，当年《实话实说》成就了崔永元，倒不如说是崔永元成就了《实话实说》。今日之《小崔说事》也同样如此。

（作者：魏南江）

定位高端、颠覆传统的电视大片

——浙江卫视《中国好声音》解析

栏目名称：《中国好声音》

播出频道： 浙江卫视

制 作 方： 星空传媒旗下灿星制作公司

主 持 人： 华少

导　　师： 那英、刘欢、庾澄庆、杨坤

开播时间： 2012 年 7 月 13 日

播出时间： 周五 21:30

总 期 数： 14 期

栏目定位： 歌唱选秀类

2012年的中国电视荧屏，最热最火的莫过于《中国好声音》的开播了。这个继《超级女声》之后又一个在全国引起广泛轰动的歌唱选秀节目，在浙江卫视一开播就取得了1.477%的收视率，排名全国第二。从第二周开始，《中国好声音》独占全国收视第一的宝座，最后一场总决赛《巅峰之夜》的“颁奖盛典”环节更是取得了29.47%的收视份额，成就了一代选秀节目的收视奇迹，浙江卫视也凭借这档节目真正实现了其“中国蓝”的品牌建设。

《中国好声音》究竟依靠哪些因素取得如此巨大的影响力呢？在笔者看来，除了节目中学员们的精湛唱功和导师们的个人魅力吸引观众以外，其高端的定位、新奇的赛制和精良的制作共同构成了《中国好声音》的生产力。

高端音乐精英比赛：对草根狂欢的反拨

《中国好声音》源自荷兰的选秀节目*The Voice*，该节目在英国、美国、澳大利亚等国取得巨大成功之后登陆中国，不仅获得了老百姓的支持，也得到了诸多专家学者和业内人士的肯定。我们说，在中国电视节目发展过程中，很少有一档节目能像这样赢得大众和精英阶层的双重肯定。从节目定位的角度来分析，《中国好声音》的高端音乐定位是对往日“草根狂欢”的一次反拨。在此之前，由《超级女声》引领的“草根狂欢”式的选秀节目占领了中国的电视市场，霎时间，无数个草根偶像一夜成名；博客、微博等网络平台也相继出现了大量的草根领袖；土豆、优酷等多家视频网站更是使草根们实现了明星梦。然而，观众的口味是多变的，人们逐渐丧失了对草根明星的新鲜感，开始去寻找更新颖的话题和更高端的娱乐方式。而《中国好声音》的横空出世恰恰契合了人们的这种审美需求，节目一改往日平民式的“海选”形式，用非凡的歌喉和高端的定位向观众呈现出了一幕幕高品质的音乐盛宴。

与以往的选秀节目不同的是，参加《中国好声音》比赛的学员大都具备一定的音乐背景，有些人甚至参加过多个选秀比赛并且拿到了较好的名次，例如曾参加过《超级女声》和台湾《超级星光大道》的刘悦，参加过《快乐男声》进入全国十强的李行亮等，甚至有人为 2008 年北京奥运会的主题曲《我和你》录制过 DEMO(示范样稿)。笔者对《中国好声音》中被四位导师选入团队的 56 位学员的个人背景进行了统计，其中有 20 人在参加《中国好声音》之前就曾出过个人专辑，已经具备职业歌手的素质，如被杨坤选入团队中的关喆曾经发行过三张专辑；有 30 人曾经参加过其他歌唱类选秀节目并且进入了决赛阶段，曾被刘欢选入团队中的刘悦，在此之前就参加过央视《非常 6+1》、湖南卫视《超级女声》以及台湾《超级星光大道》等节目；有 36 人曾有过职业演出经验，例如爵士歌手袁娅维不仅组建过乐队，也曾在多个大型演出中担任表演嘉宾；在这 56 名学员中只有 16 人属于一张白纸，没有发过专辑，也没有参加过其他比赛或有演出经验，但这 16 位学员大都来自音乐院校，接受过专业的音乐教育。尽管节目组刻意使用“美甲店老板”以及“幕后工作人员”等身份来掩盖学员的真实经历，但学员们身上所散发出的“专业范儿”是掩盖不住的。由此可见，《中国好声音》从一开始就是一场立足于音乐精英的歌唱比赛，正是由于这些精英的参与，才使得选手之间的竞争更为激烈，产生的效果也更加令人期待。

然而，这种高端的节目定位并非《中国好声音》首创，此前浙江卫视推出的另外一档音乐节目《非同凡响》也是高端的音乐比赛，采用的导师制度以及学员必须有一定音乐背景等节目设置也与《中国好声音》非常接近。但是，《非同凡响》并没有像它的名字那样引起较高的社会关注，相比《中国好声音》不难看出，《非同凡响》欠缺了一个核心的节目要素：人物背后的情感故事。《中国好声音》虽然移植国外的节目，但它在进行本土化改造的过程中充分考虑到中国观众的喜好，将选手的成长经历和亲情元素与比赛融合到一起，从而使节目不仅“以声服人”，更能“以情动人”。在 90 分钟一期的节目中，每位学员平均有七八分钟的上台时间，其中唱歌、和导师互动需要五六分钟，而讲故事的时间就有两三分钟，有些学员的感人经历在现场被深度挖掘和放大，使得四位导师和现场观众多次潸然泪下：刘悦为母亲而高歌，吴莫愁用自己的歌声演绎着父辈用大篷车唱游中国的音乐理想，金志文用歌声唱出了他对陪伴在身边八年不离不弃的女友的惭愧与感激……这些充满人文关怀的温情元素与美妙的歌声相辅相成，满足了观众的多重审美期待。可见《中国好声音》的成功，是因为它用“音乐”和“情感”这两种人类共同的语言来打动观众，从而唤起了人们内心深处的共鸣。

2012 年 7 月 18 日，在《中国好声音》第一期播出以后，国家广电总局宣传管理司副司长高长力公开表态："以前那么多纯选秀、纯音乐评论节目，为什么不火？《中国好声音》火，就是（因为）导师是顶级的，来唱歌的老百姓的声音也是顶级的，这个节目做到了关照现实和注重品质。"[①]的确，《中国好声音》对当今中国选秀节目中的"草根狂欢"模式进行了有力的反拨，其专业化的高端定位、充满人文关怀的情感元素给如今千人一面的选秀节目注入了一股清泉。

颠覆传统的赛制与节目流程

选秀节目的一大核心要素就是通过精巧的赛制来营造悬念、吸引观众，《中国好声音》在赛制的安排上独具匠心，甚至可以说是对传统的颠覆。在传统选秀节目的赛制中，"海选"作为必不可少的第一阶段，极大地展示了草根们的原生态表演，而后通过层层角逐与淘汰，将参赛人数逐渐减少，最后进入决赛阶段，总的来说是一种线性的赛程设置，如图 1：

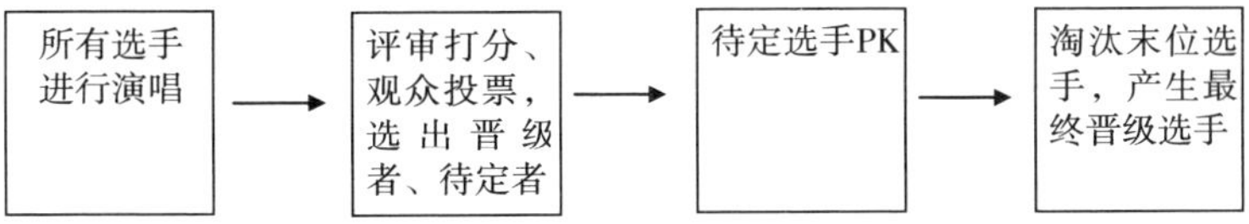

图 1　传统选秀节目的赛制

例如《超级女声》就是采用这种线性赛制的选秀方式，通过层层 PK 决出最终的冠军。而后也有许多选秀节目虽然对赛制进行了更为复杂的设计，但无非就是对上述流程的多次循环，长此以往观众也逐渐丧失了收看的兴趣。而《中国好声音》一改这种传统的线性赛制，将"真正的海选"放在了幕后。在节目录制之前，节目组已经通过各种方式寻找到了许多有实力的好声音，并直接把这些选手请到台上来献唱，因而就省略了海选的环节，此后节目通过种种新奇的赛制设计，对传统的选秀流程进行了颠覆，如图 2：

① 王寅. 声音是第一生产力：以《中国好声音》为例[N]. 南方周末，2012-8-2.

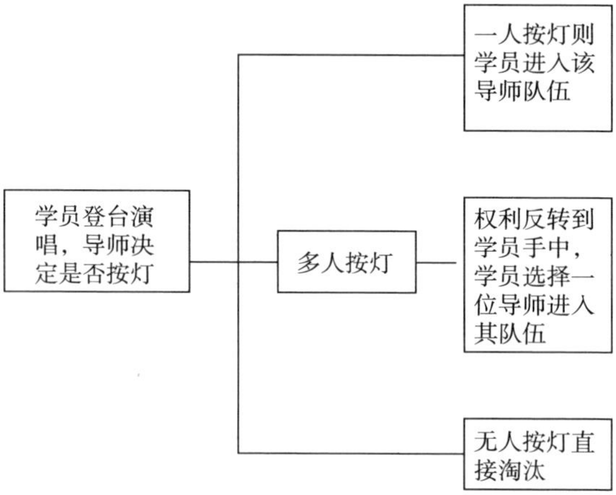

图 2 《中国好声音》的赛制

从这个新的赛制流程来看，传统的“海选”变成了新颖的“盲选”，即导师在“只闻其声不见其人”的状态下凭借其声音决定是否按灯转身选择这位学员，这个设计造成了节目的第一次悬念。而当每一位学员进行演唱时，画面在学员、导师和候播室的亲友团之间来回切换，尤其是当镜头切换到候播室的亲友团时，他们焦急等待导师按灯转身的样子，想必也让电视机前的观众为这位学员捏一把汗。当评审按灯转身的一刻，伴随着一声“砰”的音效，观众的内心情绪瞬间得到释放，并在这种反复的紧张与放松之中享受着节目带来的刺激感。而后如果有两位及两位以上导师按灯，那么选择权反转到学员手中，学员将选择一位导师并进入其队伍，这便带来了节目的第二个悬念，这个小小的设计不仅给节目增加了一个悬念，同时也为节目增加了许多亮点。例如在学员下决定以前，导师为了吸引学员会相互“争抢”，这起到了两个作用：第一，通过导师对学员的争抢来表现出学员本身的实力，从而提升了学员在观众心目中的地位和影响力；第二，导师们这种“不顾颜面”相互“争抢”的场景为节目增添了许多新奇的元素，满足了观众的猎奇心理。在这种新赛制中，我们不仅看到了音乐导师在音乐上的造诣，还看到了他们作为普通人的真性情，如那英的直爽、庾澄庆的活泼、刘欢的稳重、杨坤的幽默。最后当学员选定某位导师时，导师会主动上前用拥抱来表示对他（她）的欢迎，而其余没有被选中的导师也会拥抱学员表示祝贺，这一细节不仅缓和了紧张的气氛，还显示了导师们宽阔的胸襟。如在第四期盲选中，一对来自少数民族的姐妹花阿蜜丝女孩最终选择了庾澄庆，此时的庾澄庆高兴得竟然走下座位，和这对姐妹跳起了舞，受到庾澄庆的感染，刘欢、那英和杨坤也都走下座位和女孩跳起舞来。再比如 2012 年 8 月 10 日播出的第五期盲选中，那英为了吸引吉克隽逸加入自己的队伍，开始讨好其母亲：

> 姐，你培养出这么一个优秀的女儿，而且这么会唱。姐，你知道我也是少数民族，咱俩都是少数民族，刚才看见你狂放的那个态度，有我当年的狂放劲儿，但没有你这个范儿。我们队就要你这样的！我求求你！

这段带有玩笑性质的话不但说出了那英对这位学员的喜爱，而且让现场笑声一片，取得了良好的效果。接下来杨坤的做法更是出人意料，他拿出了一件衣服要送给吉克隽逸来拉拢她。另外在 7 月 27 日播出的第三期盲选中，一位来自齐齐哈尔的女孩吴莫愁惊艳的表现震惊了几位导师，这时杨坤鼓励其身边的那英为吴莫愁按灯，画面上出现了杨坤和那英“打闹”的场面，而调皮的杨坤最终还是趁那英不注意帮那英按下了灯。尽管杨坤的行为违反了节目规则，但是让电视机前的观众看到了这位已步入中年的音乐导师的幽默和童趣。《中国好声音》的四位导师都是中国音乐界的权威人士，他们在节目中的定位不是严肃的、高高在上的评审，而是一个个平易近人、可以与其进行平等对话的朋友，这种处理使残酷的比赛充满了温情。

另外，《中国好声音》在淘汰赛阶段的赛制也颇为独特，它不再延续传统赛制中集体比赛的方式，而是每支导师队伍进行“同室操戈”的队内比赛，身为同门的选手两两展开惨烈的搏杀，最终的胜出者由自己的导师决定，没有观众投票，也没有选手复活。这种通过内部 PK 来淘汰选手的赛制在国内电视节目中还是首例，它颠覆了观众的审美习惯，将比赛的残酷性发挥到了极致。从每一轮的淘汰环节设置来看，《中国好声音》规避了传统的线性淘汰方式，采用复合式的淘汰方法，从而让节目从头到尾都有看头，实现了多次收视高潮，如图 3。

从图 3 中我们看到：《中国好声音》的盲选以及第一期考核阶段，都是由导师全权决定“谁去谁留”，比赛规则并不追求比赛结果的公开、公正和公平，导师个人的态度与“口味”就直接决定了选手的命运。如果说《超级女声》用短信投票的方式实现了选秀比赛的“民主”，那么《中国好声音》的前半段则是导师个人的“独裁”。在原版以及美版、英版的 *The Voice* 赛制中，比赛进入直播阶段后将

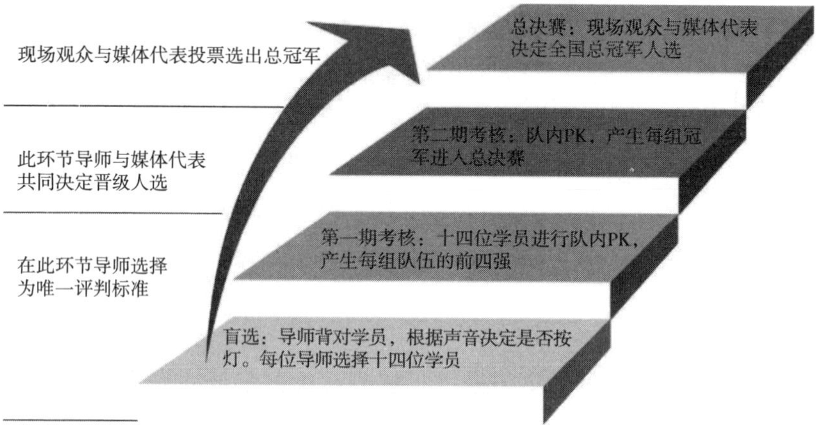

图 3 《中国好声音》赛制

由观众投票来决定选手去留。但是《中国好声音》没有照搬原版模式，而是引入了媒体评审团、媒体代表与现场观众和导师共同决定进入第二期考核之后的选手去留和冠军归属。这种赛制改造在网上引起了许多争议，有网友抱怨《中国好声音》的赛制“极具中国特色”，但是这种赛制的优势也显而易见，那就是它并不追求选择的结果，而是追求选择的过程。对于《中国好声音》来说，一个精彩的过程远远比结果更为重要。由于节目为录播，节目录制与播出之间存在时间差，每次节目录制后都会有观众将比赛结果“剧透”到网络上。但这丝毫没有影响节目的收视，因为节目所呈现的重点不仅是选手的去留问题，还包括了导师取舍过程中的艰难与纠结。导师的角色不仅仅是评审，更是推进节目流程的核心。即便到了导师无法自己决定晋级结果的第二期考核环节，导师仍然是“重头戏”，例如那英面对媒体代表失声痛哭等场景成为第二天媒体报道的头条。以导师为核心来构建赛制，也是《中国好声音》所进行的最大突破和颠覆，这也决定了《中国好声音》的导师只能选择那英、刘欢、庾澄庆和杨坤这些具有广泛群众基础并且社会形象良好的资深歌手来担任。

制作精良的电视大片

时任浙江卫视总监夏陈安说：“中国电视综艺节目的竞争，已经到了大片竞争的时代……希望《中国好声音》不仅是一档综艺节目，更是励志大片。”[①]之所以将《中国好声音》称为电视大片，不仅仅是因为其大制作、大投入和大阵容，更因为其出色的现场调度与镜头剪辑让节目凸显出了强烈的视听冲击力。

首先，从节目投入角度来看，《中国好声音》中的选手不再是海选出来的，而是由近40人的导演团队花3个多月从全国各地搜寻回来的。“导演分线上和线下两个渠道：线上，去各个网络论坛、音乐发烧友聚集场所；线下，请电视圈、音乐圈人士推荐，去各类音乐院校、酒吧、演出场所、社区街道文艺演出团甚至各大企业搜寻有文艺演出特长的人。”[②]可见节目组为了寻找真正的“好声音”付出了巨大的努力。在星空传媒与浙江卫视的深度合作下，双方都派出骨干力量投入到《中国好声音》的制作中。节目有300多个现场工作人员，加上音响、乐队将近500人，外景有6个导演组，其中4个管正片，另外2个分别管花絮和推广节目，“人数比一个电视台的节目中心都多”[③]。此外，在打造这个高端音乐节目的过程中，制作方也投入巨额资金：“音响系统的配置和乐队的规模都超过原版，光是一套音响就花了两千万左右，比电视台做一场跨年演唱会的经费还要多；现场有三张调音台调音，请来的也是国内顶级的调音团队，奥运会开闭幕式的音响总监金少刚负责现场扩声和台上学员与乐队反听的两张调音台，给节目录音的是为王菲录音的录音师李军，音响工程为学员的现场演唱加了不少分。”[④]这些巨额的幕后投入都显示了该节目“大片式”的制作理念。

其次，从节目的引进与改造角度来看，《中国好声音》耗费巨资引自国外，制作公司“从版权方那里得到一份‘宝典’：中方拿到的‘宝典’是一份完整的剧本大纲和产品说明书，包括前期准备、内容安排、导师选择、学员挑选，现场音响的安装和调试，灯光的色彩、明暗的调校，甚至接线的方法，都有一套成熟的方案和严谨的制作流程，编导手记等也一一罗列。”[⑤]宝典中的内容已经详尽到了灯光的色彩、明暗的调校等现场拍摄问题，如果我们将《中国好声音》跟美国版和英国版进行对比，就可以看出这三者在机位的选择以及镜头的剪辑上都极为相似。

再次，从节目拍摄镜头的运用角度来看，远景、中景和近景的交替使用带来

① 王寅.声音是第一生产力：以《中国好声音》为例[N].南方周末，2012-8-2.
② 刘珏欣，吴明敏.一档节目的“宝典”[J].南方人物周刊，2012(26)：82.
③ 王寅.声音是第一生产力：以《中国好声音》为例[N].南方周末，2012-8-2.
④ 王寅.声音是第一生产力：以《中国好声音》为例[N].南方周末，2012-8-2.
⑤ 刘珏欣，吴明敏.一档节目的“宝典”[J].南方人物周刊，2012(26)：82.

了强有力的视觉冲击，景深镜头的大量使用保证了画面呈现的真实感与完整感。评委位于电视画面前，舞台上的选手位于画面后，景深镜头很好地将评委与选手的反应同时呈现给电视机前的观众，让电视画面凸显出电影镜头一般的视觉效果。

最后，从制作班底和明星阵容角度来看，《中国好声音》也具备当代电视大片的一系列要素。《中国好声音》由星空传媒负责制作，通过浙江卫视这一平台播出，可以说真正实现了制播分离。星空传媒通过制作《中国达人秀》等高质量的节目积累了丰富的实战经验，为《中国好声音》的节目质量提供了保证，而浙江卫视对于“中国蓝”的准确定位与《中国好声音》的整体风格也十分契合，为收视率提供了一定的保障，两大团队强强联合，共同打造了这部中国电视界的鸿篇巨制。节目不仅邀请到了刘欢、那英、庾澄庆和杨坤四位大牌歌手担任导师，还在淘汰赛环节请三宝、李玟和汪峰等著名音乐人担任嘉宾导师，增添了节目的人气。最后一场总决赛更是放在了上海八万人体育场，以演唱会的形式呈现，张惠妹、亚当·兰伯特（Adam Lambert）等巨星前来助阵，老星新星同台献艺，共同演绎了一场豪华的音乐盛典。

《中国好声音》用高端的定位、新奇的赛制和精良的制作，开启了中国电视界“娱乐大片”的新时代，为观众奉献了一道精美的荧屏大餐。它不仅让人们记住了那些“好声音”，还让人们记住了每个“好声音”背后的“好故事”。《中国好声音》的种种尝试，给今后中国电视的发展带来了许多启示。

（作者：宋超）

拍的是美食，道的是乡情

——中央电视台《舌尖上的中国》解析

栏目名称：《舌尖上的中国》

播出频道：中央电视台综合频道、经济频道

导　　演：陈晓卿

开播时间：2012 年

播出时长：7 集，共 350 分钟

节目定位：专题类

2012年5月14日22时30分，央视一套纪录片《舌尖上的中国》首播，成绩出人意料：红了！火了！

辣、鲜、咸、甜，红椒、紫菜、黄鱼、海参，爆炒、慢炖、白煮……这部以美食为主题的纪录片不是央视制作的第一部引起收视高潮的纪录片，20世纪80年代的《话说长江》，90年代的《望长城》，21世纪以来的《故宫》《新丝绸之路》《再说长江》等都曾引起过收视高潮。这些纪录片大多是历史人文题材，叙事宏大，展现了中国的人文、地理、历史与传统。《舌尖上的中国》却从美食这一角度切入，通过美食展现中国人与食物之间的关系，从微观层面展现中国普通老百姓美味背后的人生。从这方面来讲，《舌尖上的中国》显得更接地气。

《舌尖上的中国》不是一部单纯讲述美食的纪录片，它通过中华美食的多个侧面延展出了多角度、多元化的观赏效果，中国人的生存状态、传统价值观、民族文化、民俗风土人情等各种元素都通过美食背后的故事淋漓尽致地体现出来。

有效性反馈与世俗化色彩

《舌尖上的中国》到底有怎样的魅力？它为什么能够引起观众的喜爱？为何喜欢美食和不喜欢美食的观众都认为这部纪录片呈现高水准？

首先，当今中国，地沟油、毒奶粉、瘦肉精、苏丹红、皮鞋胶囊等食品安全隐患一次一次地挑战着公众的底线，引起社会普遍关注。我们可以不追求色香味俱佳的美食，但我们不能不关注食品的安全和健康。在食品安全问题层出不穷的今天，《舌尖上的中国》高调亮相，及时地做了一次有效反馈。《舌尖上的中国》所介绍的美食，其食材绝大多数取自天然，不但远离污染，而且远离各种化学添加剂、色素，都是真正的绿色无公害食品。也正是因为其健康、绿色、无公害，所以才赢得了普通大众的关注和喜爱。毕竟这一点尤为容易引起观众的关注和兴趣。

其次，在食品安全问题的敏感期，这部片子将视角对准了现实生活中的普通老百姓，以一种“民以食为天”的世俗化色彩、平视角度折射出平凡人日常生活的感动，更容易引起观众的情感共鸣。曾经，纪录片栏目《生活空间》以每天 1 期、每期 10 分钟左右的播出量循序渐进，以“人”为出发点和切入点来记录历史，以小人物来展示转型期的中国现实以及变革社会中的人生、人心和人性。它实现了“在飞速发展的时代中，替未来留下一部由小人物构成的历史”的大胆设想。当小人物大规模、成批量地被记录，并且形成一部相对完整的“平民故事”时，电视也借助《生活空间》成为一种真正意义上的大众文化。而《舌尖上的中国》延续了《生活空间》的真实记录、原生态的呈现方式，所以一经播出立马让观众眼前一亮，精神为之一振。

每一位观众都可以从这些最民生、最贴近自身的美食中体会到美食刺激味蕾所带来的快感，从而感受到一种来源于草根的权利。《舌尖上的中国》将视角投射到天南地北的普通老百姓：卖黄馍馍的陕北老汉、查干湖的捕鱼老者、兰州的拉面师傅、云南大理腌制火腿的老黄父子、已定居北京回到家乡跟妈妈学做泡菜的金顺姬……几乎每一个美食背后都牵连着一个家庭，承载着家庭的幸福与温暖，折射出浓浓的人情味。

《舌尖上的中国》拍的是美食文化，是献给普通劳动者的颂歌，不见“烹饪大师”，不见“美食专家”，更没有“厨艺大赛”，有的是手工挖莲藕、两小时采竹笋、全中国只剩 5 人继承的高跷式捕鱼、70 多岁黑龙江“鱼把头”、陪外婆制作年糕的浙江慈城小姑娘。片子中那些普通劳动者的笑、朴实老百姓的安居乐业、小商小贩的快乐自足等，都可以看作中国社会普通人的现实缩影。另外，该片也为观众提供了一个“理想的乌托邦”，在这个“乌托邦”中，观众暂时忘却了现实中的苦闷与不满，试图在这种美好的乌托邦中寻找一丝精神上的慰藉。

丰厚底蕴与人文情感

《舌尖上的中国》所探讨的问题并非仅仅是“吃”这么简单，它以饮食作为媒介，通过对食物朴素细腻的描述，对人和食材的关系的微妙理解，展示出对人与自然的关系的思考、饮食背后的乡愁文化及“天人合一”的民族哲思。

第一集《自然的馈赠》讲到位于香格里拉的卓玛母女二人在凌晨3点步行到30公里外的原始森林采摘松茸。当松茸出土后，卓玛立刻用地上的松枝将菌坑掩盖好，只有这样，菌丝才不会被破坏。为了延续自然的馈赠，藏民们小心翼翼地遵守着山林的规矩。随后片子便从云南香格里拉藏民采集松茸切入，渐次展开，将镜头拉至浙江（冬笋）、广西（春笋）、湖北（莲藕）、东北（湖鱼）等不同食材产地，逐一刻画了中华大地给予我们的慷慨馈赠，抒写了人与大自然几千年来相依相存、不离不弃的关系。片中一方面表达出对于大自然赐予人类美食而产生的崇敬之情，感叹大自然的神奇与奥妙；另一方面，也在感叹长久以来大自然与人类之间的和谐共生。

《自然的馈赠》这一集选取了生活在中国境内截然不同的地理环境（如海洋、草原、山林、盆地、湖泊）中的具有代表性的个人、家庭和群落为故事主角，以自然环境的巨大差异（如干旱、潮湿、酷热、严寒）所带来的截然不同的饮食习惯和生活方式为故事背景，展现大自然是怎样以不同的方式赠予中国人食物，我们又是如何与自然和谐相处，从而了解在世代相传的传统生活方式中，通过各种不同的途径获取食物的故事。

第七集《我们的田野》以餐桌上的美食为出发点，继而将视线投向诞生各种美食原材的广袤田野，探究美食的来源，以及它们是如何被人类以各种方式培育出来的，突出体现受到生态保护的农业生产方式。《我们的田野》是最后一集，巧妙地带领观众回到第一集《自然的馈赠》，从而完成了一个回归——从餐桌回归大地。

《舌尖上的中国》关注人文，叙述乡愁，触动人心。由于记录了大量温情的家庭生活、乡土记忆以及大量和谐的邻里关系，七集350分钟的片子展示了更多的人情味，展现了家庭的团聚、传承、凝聚，也透露出对老幼有序、其乐融融的美好价值的期盼。从天寒地冻的东北查干湖，到四季常青的海南岛，《舌尖上的中国》走遍了中国的江南塞北。当观众在荧屏上看见自己家乡的风土人情、人文历史时，自然倍感亲切，难掩激动之情，进而触发内心的思乡情愁。这里面不是空洞地宣扬饮食文化的博大精深，而是从美食背后的制作工艺和生产过程入手，配合平常百姓的生活，才引起了天南海北的观众强烈的情感共鸣。在片中，许多普通劳动者的劳作被记录下来：农妇一大早带着家人摘辣椒，渔民踩着高跷捕鱼……片中有这样一个故事：浙江慈城，一对空巢老人最开心的时刻，是儿孙从宁波回来为他们制作可口的年糕。一家人围坐在一起，吃着年糕唠家常，其乐融融。然而，短暂的团聚后，儿孙们各自开车离去，家里又剩下这对老人。

在李安的电影《饮食男女》中，父亲每周做一桌大餐只是为了让女儿们聚在一起享受天伦之乐，这种沉淀于柴盐酱醋里的儒家哲学理念构成了电影的灵魂。这与《舌尖上的中国》有异曲同工之妙，因为这种触动情感的内容，让不少久居他乡的人热泪盈眶，拨动了他们那根“乡愁”的心弦。真真切切的市井美食与草根生活，让人回味起妈妈的味道、儿时的味道、故乡的味道。编导们以食物为载体，展示了传统而温情的中式生活。在慢慢展开的食物画卷中，最打动人心的是片中老百姓发自内心的微笑，勾起观众对家乡最质朴亲切的情感。令人印象深刻的，不是诱人的饕餮美食，而是家庭小作坊的劳动者脸上满足、灿烂的笑容，是每个人记忆中的“妈妈菜”，是和外婆一起做的糯米年糕……家，是生活的起点，舌尖上的味道是家的味道，是亲情的味道。

导演陈晓卿说：“这是一部带着敬意做的纪录片，每个人的舌尖都是一个故乡。中国有多美，我们就有多爱。”《舌尖上的中国》里的镜头集中展示的并非摄影棚中顶尖大厨、快嘴主持抑或花瓶美女的厨艺，而是从菜肴的原材料入手，经由种植、丰收、加工，从每一个平凡的家庭厨房中温情地端上来，承载着祖先的文明和天人合一的哲思。

灵动的音乐与诗意的解说

著名电视制片人、美国匹兹堡公共电视台执行副总裁托马斯·斯金纳先生在担任上海国际电视节白玉兰奖国际评委时曾直言不讳地指出：“中国纪录片不能走向世界的原因就是为了追求纪录内容的‘绝对真实’而放弃各种先进技术手法的运用，因而中国纪录片只有‘纪录’而没有‘再创作’。”[①]纵观世界优秀纪录片，普遍运用对比、象征、衬托、暗示、联想以及合理的想象等各种艺术手法，通过画面造型、解说词、美工、音乐、音响等表现手段，把文学、美术、音乐等各种因素融于一体，增强纪录片的表现力。

① 张红军，朱梅.略论电视纪录片创作者的主体意识[J].新闻知识，2003(6):44-46.

纪录片源于生活。和电影电视剧作品不同，纪录片的拍摄目的在于，通过对特定对象或主题的拍摄，在还原生活真实的同时，表达出主创对生活的价值判断和情感投射，追求一种艺术美，并根据这些来实现与观众的情感交流。对于纪录片而言，音乐的使用与解说词的运用就是实现这一艺术美的手段之一。

托马斯·斯金纳认为，声音与画面的关系应该是“1＋1＝3”的关系，声音与画面融合在一起能够创造出第三种意境，从而引发观众产生心理的联想和情感的共鸣。因此，音乐在纪录片中的作用是不能被忽视的。不同类型和气质的音乐具有不同的造型和再现能力，在视听结合的瞬间，画面为音乐提供形象和场景，音乐为画面烘托意境和想象，表现出特定场合和环境气氛中的韵律与节奏，甚至能在画面之外给观众带来“感官的重现与回味”，从而带给观众不同的审美体验，如激发想象、调动情感、产生共鸣、引发思考等。

《舌尖上的中国》的主题音乐叫《劳作的春夏秋》，主要试图用三个段落再现劳动耕作中的三个重要季节。在弦乐和电子音色的衬托下，之前零星跳跃的音乐片段演变成为连贯流畅的乐句旋律，就像回暖的大地逐渐释放出的生命之能一样，托住万物的生发和生长。74 秒起，双簧管甜美的音色如同一股清凉之风将时间带到了夏季，低音部持续跃动的弦乐继续进行着欣欣向荣的接力，仿佛也为田间的辛苦劳作送去抚慰。巴松用两个上下乐句再现出劳动者的笑容和对收获的淳朴期盼。

优秀纪录片往往是蕴含着丰富内涵的解说词与画面的完美结合，《舌尖上的中国》的解说词值得一提。片中的每一集、每一句话、每一个词语都能让观众直接感受到写作者的真情。

第一集的开始：“中国拥有世界上最富戏剧性的自然景观，高原、山林、湖泊、海岸线。这种地理跨度有助于物种的形成和保存，任何一个国家都没有这样多潜在的食物原材料。为了得到这份自然的馈赠，人们采集、捡拾、挖掘、捕捞。”第七集的结束：“不同地域的中国人，运用各自智慧，适度、巧妙地利用自然，获得质朴美味的食物。能把对土地的眷恋和对上天的景仰，如此密切系于一心的唯有农耕民族。一位作家这样描述中国人淳朴的生命观：他们在埋头种地和低头吃饭时，总不会忘记抬头看一看天。”这两段解说词，虽然在表达上是不一样的，但是其中的内涵却是一致的，显示出了整个片子的内在主题：自然赋予了人们美味的食物，勤劳的人们则赋予了美食以生命。

在第二集中："今天他要和老友搭档，做杭州菜，西湖醋鱼，这是一道对火候要求非常高的菜。他们将一条鱼剖开两半，一半氽水，一半过油。两种做法都需要在恰当的时机将鱼下锅和出锅，否则会直接影响到西湖鲲鱼特殊的鲜嫩口感。出锅后，两种做法的鱼在同一个盘子中合璧，浇上炒好的糖醋，美味看上去就已经呼之欲出。"这样一段细致的描述，再搭配上烹饪美食的画面，任何喜爱美食的观众一定都会对这道菜"垂涎欲滴"。

第四集《时间的味道》中，解说这样讲道："时间是食物的挚友，时间也是食物的死敌。为了保存食物，我们虽然已经拥有了多种多样的科技化方式，然而腌腊、风干、糟醉和烟熏等古老的方法，在保鲜之余，也曾意外地让我们获得了与鲜食截然不同、有时甚至更加醇厚鲜美的味道。时至今日，这些被时间二次制造出来的食物，依然影响着中国人的日常饮食，并且蕴藏着中华民族对于滋味和世道人心的某种特殊的感触。……这是盐的味道，山的味道，风的味道，阳光的味道，也是时间的味道，人情的味道。这些味道，已经在漫长的时光中和故土、乡亲、念旧、勤俭、坚忍等情感和信念混合在一起，才下舌尖，又上心间，让我们几乎分不清哪一个是滋味，哪一种是情怀。"听完这段，观众能够领略到充满诗意、富有想象、饱含深情的意境。

再如第六集《五味的调和》、第七集《我们的田野》中的两段："五味使中国菜的味道千变万化，也为中国人在况味和回味他们各自不同的人生境遇时，提供了一种特殊的表达方式。在厨房里，五味的最佳存在方式，并不是让其中有某一味显得格外突出，而是五味的调和以及平衡，不仅是中国历代厨师和中医不断寻求的完美状态，也是中国在为人处世甚至在治国经世上所追求的理想境界。""中国人说，靠山吃山，靠海吃海，这不仅是一种因地制宜的变通，更是顺应自然的中国式生存之道。中国人获取食物的非凡智慧无处不在，从肥沃的冲积平原到富饶的江河湖泊，从严寒荒芜的高原到高楼林立的都市，哪里有绿色的生机，哪里就有天与人的和谐。"同样在这一集结尾处，作者写道："一位作家这样描述中国人淳朴的生命观，无论埋头种田，还是低头吃饭，他们总不会忘记抬头看一看天。"凸显出浓浓的哲学意味。

纪录片《舌尖上的中国》是央视纪录频道 2012 年继《故宫 100》之后推出的又一部原创大片，也是国内第一次使用高清设备拍摄的大型美食类纪录片。美食家蔡澜、沈宏非担任顾问。剧组跨越国内 60 个地区，涵盖了包括港澳台在内的中国各个地域，全片以“食材、主食、转化、储藏、烹饪、调和、生态”等 7 个主题讲述了千百年来中国人独特的饮食习惯。然而，《舌尖上的中国》从文化角度所探讨的问题并不只是“吃”这么简单，它通过中华美食的多个侧面，展现食物给中国人带来的仪式、伦理、趣味等方面的文化特质，这才是此部纪录片的最大意义。

（作者：唐承群）

一部当代青年人的求职宝典

——天津卫视《非你莫属》解析

栏目名称：《非你莫属》

播出频道：天津卫视

制 片 人：刘爽

主 持 人：张绍刚、徐睿(场外主持)

开播时间：2010 年 9 月 19 日

播出时间：周日 21:15

节目时长：90 分钟

栏目定位：求职类

《非你莫属》是天津卫视于2010年9月创办的一档大型职场招聘节目，通过打造一个真实的求职场景，向广大求职人员提供切实的应聘机会，用专业性的指导、良性的互动来呈现当代中国的职场现状，给人们提供了积极正确的价值导向。节目一经播出就引起了热烈反响，在2011年7月份全国35个中心城市的收视率高达1.21%，网络点击率已经突破5000万，成为《百里挑一》《非诚勿扰》等相亲栏目后最火爆的节目。在其之后，中国教育电视台的《职来职往》、湖北卫视的《职在必得》等求职类真人秀纷纷出现在电视荧屏上。

营造真实的求职环境

当今社会，就业问题是不可忽视的一大重要问题。国家及个人都对就业问题给予了重点关注，国家的支持、社会的需要以及电视这一传播媒介所独有的特性，都为电视求职类栏目的发展创造了条件。因此对于一档电视求职类栏目来说，真实性无疑是首要的因素，只有把握好真实的创作原则，才能切实地发挥求职栏目的社会服务功能。而《非你莫属》节目从诸多方面营造了一个较为真实的求职环境，并通过电视这一媒介来达成“展示出色才智，满足观众好奇，提供成功梦想”①的创作初衷。

熟悉《非你莫属》的观众都知道，在每期节目开场时，伴随着耀眼的灯光和动感的音乐，一名嗓音洪亮的年轻男子从幕后喊出响亮的口号：“这里是大型互动职场招聘节目——《非你莫属》！”表面上来看，这句开场白中的“职场招聘”四个字概括了该节目“求职”的主题，但是从电视节目的深层形式与审美特征分析，“互动”才是《非你莫属》的主要属性。通过深入研究节目的内在运行机制，我们发现，《非你莫属》所营造的“求职”过程并不单单是日常生活中真正意义上的“面试”场景，因为从求职者登台的那一刻起，他们就被安置在了一个巨大的

① 谢耘耕，陈虹. 真人秀节目：理论、形态和创新[M]. 上海：复旦大学出版社，2007：59-60.

"电视场"之中,通过这个"电视场"的重构与再次编码,"求职"的过程被"电视化"了,进而被赋予了强烈的奇观色彩。

1."灭灯模式"凸显了职场竞争的残酷

《非你莫属》节目借鉴当今国内电视节目盛行的"灭灯模式",用多轮淘汰环节来营造真实、残酷的求职现场。节目中12位BOSS团成员面前分别设置了一盏灯,他们随时掌控着求职者的淘汰权,而每一位求职者从登场到下台的过程中,至少要经历3次"灭灯"环节。在"自我介绍"这一环节中,求职者进行简单的自我介绍,而BOSS团成员通过第一印象来进行首轮灭灯;在第二个环节"天生我有才"中,主持人及BOSS团通过与求职者的深入交流,对求职者进行更进一步的了解,并开始第二轮灭灯;经过两轮的筛选与淘汰,如果仍有超过两位BOSS团成员为求职者留灯,求职者就能在"谈钱不伤感情"这一环节中和老板们面对面地谈论薪资、食宿、休假等工作待遇问题,并且有权力灭掉不予选择的企业的灯,直到剩下两盏灯为止。

这种"灭灯模式"作为一种行动机制,推动了节目进程的发展,增添了节目的戏剧性与趣味性。但更重要的是,"灭灯"从某种意义上强化了职场的无情与冷漠,将竞争的激烈予以放大和夸张,营造了一种紧张的节目氛围。"灯"在节目中被赋予了浓重的审判意味,"灭灯"与"淘汰"的直接关联性使节目自始至终笼罩在紧张、残酷的氛围之中。不仅如此,从选手上场的那一刻起,他们全力争取的就是BOSS们手中的那盏灯,换言之,"灯"就是权力的象征:在"自我介绍"和"天生我有才"环节中,"灭灯权"掌握在12位老板的手上,他们可以询问选手的一切,甚至毫不留情地斥责选手,俨然呈现出一副"审判者"的姿态;而到了"谈钱不伤感情"环节中,权力立刻发生了逆转,原本"任人宰割"的求职者顷刻间被赋予至高无上的权力,进而营造出了一种"BOSS团内讧"的奇观。由此可见,《非你莫属》正是利用"灯"这一物象,来构成了节目的主要矛盾和冲突,通过选手、主持人、BOSS团之间的种种冲突,影射了当下中国"弱肉强食"的职场现状。在"灭灯模式"的催动下,面试的过程变得残酷而现实,从而引发观众对现实的焦虑与思考。

2.张绍刚以"考官"形象制造良性冲突

在电视节目之中,主持人通常发挥着引导节目进程的作用,而张绍刚在《非你莫属》中的主持可谓独具一格，他以一名“主考官”的角色出现，一改《今日说法》中严肃、庄重的语态，用高度介入的主持风格制造节目中的种种良性冲突，这在整个节目的运作中起到了至关重要的作用。

《非你莫属》的招聘对象大多集中于高校毕业生这一群体，对于拥有多年教师从业经验的张绍刚来说，《非你莫属》可谓是为他量身打造的一个“求职大讲堂”。众所周知，张绍刚除了是一名优秀的主持人之外，也是中国传媒大学电视学院的教师。大学教师的身份使得他对当代中国大学生的生活现状、心理状态有极为深入的了解，因此他才能在《非你莫属》中较好地与众多大学生求职者进行沟通，进而为节目制造良性冲突，丰富节目的可看性。例如在 2012 年 10 月 21 日这期节目中，张绍刚为了考验前来应聘销售职位的女孩，临时向她出了一道考题——如何推销旅游纪念品？随后二人即兴上演营业员向顾客推销纪念品：

应聘者：帅哥，您进来看看我们的纪念品。

张绍刚（一脸不耐烦）：没兴趣！全是弄钱的，跟抢一样。

应聘者：怎么回事啊？

张绍刚（义愤填膺地用手比画着）：我在隔壁那家看到一盒小破麻将，小破麻将！跟抢钱一样！要 180 块钱！你说说这……

应聘者：哎哟，是吗？您知道吗？我们这儿现在搞活动，我们这儿麻将是纯木头的。样式好，拿着又方便。不知道您爱打麻将吗？

张绍刚（此时情绪已平静下来）：还行吧。

应聘者：看着您就特别有福相。您看看我们这儿麻将多好，买一副赠一副，108 块钱两套。

张绍刚（脸上洋溢着喜悦的神情）：实木的？！108？！姑娘我觉得你真的满嘴跑火车了吧？

应聘者：不不不，真的，我权当拉你一个回头客，回头您和朋友一块儿再来！

从以上段落中可以看出，张绍刚在节目中扮演一个“万能考官”的角色，他既是主持人又是考官，同时还是老师、朋友，机智犀利的他能够在节目中及时进行角色转换，进而与这些稚气未脱的职场新人进行无障碍的交流与互动。

张绍刚极强的控场能力和幽默睿智的主持风格给节目制造了诸多良性冲

突，较好地控制了节目的节奏。从求职者登台后的热情攀谈，到面试环节中的即兴提问，再到悉心的指导或率直的批判，张绍刚不时地用调侃、戏谑的方式与求职者或12位BOSS团成员进行互动，奠定了一种亲切的、生活化的感情基调，拉近了节目与观众的距离。例如在一期节目中，一位音乐专业毕业的男孩上台弹唱了一首歌曲，表演结束后张绍刚调侃道：

> 我终于听出来专业的和我们这样业余的区别了。你这个专业啊，就是每次在跑调的边缘，你都能给救回来，而我们这些业余的一旦跑了，很难回来。

而在另一期节目中，一位求职者果断地拒绝了酷讯网老总谢欣提供的“旅游体验师”的职位，于是出现了如下的对话：

> 谢　欣：这么好的职业为什么你没多问我几句就回绝了？
> 求职者：我认为天下没有免费的午餐。
> 张绍刚：我告诉你谢欣，这是我听到的最好的回答，不要老拿馅饼在面前给我们摆着，馅饼底下就是陷阱！

这种幽默诙谐的语言就像一句句“职场箴言”，真实而生动地反映了当代中国的职场现状，在给观众带来笑声的同时也带给广大求职者们许多宝贵的经验。可以说，《非你莫属》节目通过电视媒介提供了一个真实而绚丽的求职平台，这个平台“使大众的注意力从现实生活中最紧迫的任务上转移开，满足了消费社会对人类休闲和日常生活的控制与扩张”①，给那些初涉职场的年轻求职者上了一堂完美的“求职课”。

传达良好的服务意识

1. 切实解决就业问题

在2012年3月7日举行的十一届全国人大五次会议的记者会上，人力资源和社会保障部部长尹蔚民表示，中国城镇需要安排的就业人数已经达到2500

① 郝璇. 消费文化时代的“真人秀”节目——以天津卫视《非你莫属》为例[J]. 电影评介，2011(16)：82-83.

万人，而全国待业求职人群高达4000万人。随着“就业难”“择业难”等社会问题的日益严峻，电视求职类节目的服务价值越来越受到人们的关注。事实上，早在2000年，上海东方电视台就推出了我国首档电视求职节目《相约星期五》，而后到了2003年，我国求职类节目的创办达到了高潮，涌现出《勇往直前》《绝对挑战》《赢在中国》《创智赢家》等节目。《非你莫属》之所以能够在众多求职类节目中脱颖而出，首先是因为它紧扣“服务性”的节目宗旨，切实为广大求职人员提供就业机会和展示能力的平台。例如在“返场交卷”这一环节中，一些之前应聘成功的求职者在入职3个月以后返回节目现场交代业绩，向全国观众反馈他们的从业感受和心路历程，这种“有始有终”的全方位观照不仅显示了该节目的社会服务职能，还增添了节目的真实性与互动性，得到了观众的心理认同。

同时，《非你莫属》较好地把握了时代的脉搏，聚焦当代大学生求职难、就业难的现状，开办了“中国名校行”系列专场节目，其中包括“北京大学专场”“人民大学专场”等。这些高校所培养的大学生无疑代表了当代职场最具竞争实力的新生力量，他们不仅为即将踏入就业岗位的广大毕业生树立了榜样，同时引起了各大高校在教育和人才培养方面的思考。从2010年9月开播以来，《非你莫属》平均每期有5位求职者登台，而应聘成功率大概在60%左右，粗算下来已经解决了300多位求职者的工作问题，这一数字看似渺小，但其背后所蕴含的影响力是不容忽视的。因为在收看《非你莫属》的观众群中，有一大批观众是有求职需要的，这些观众在观看节目的同时获取了丰富的求职信息，从而为今后的求职积累了宝贵的经验，这是《非你莫属》潜在的社会服务价值。

2. 树立正确的价值导向，及时反映职场动态

在《非你莫属》中，除了主持人张绍刚的掌控，12位BOSS通过树立良好的企业形象传达出一种积极向上的价值导向，进而帮助求职者正确地看待自己与职场。通过观察节目中12位BOSS团成员，我们发现，这些社会精英、成功人士虽然掌控着求职者的“生杀大权”，但在节目中并没有摆出高高在上的仲裁者的样子，而是以一种平等交流的姿态面对求职者和广大观众，颇具亲和力。例如在一期节目中，一位体育专业的研究生前来应聘，此时“58同城”的老总姚劲波提出要和选手“PK体能”，并上台尝试单手做俯卧撑，其幽默、憨厚的样子引发了诸多笑料。在“谈钱不伤感情”环节中，许多老板都会放下身段，使尽浑身解数邀请求职者到自己的企业中，他们常常会因争夺员工而相互比拼或善意调侃，为节目增添了趣味性与可看性。由此可见，《非你莫属》在节目宗旨上倾向于塑造一个真实的、平民化的求职现场。在节目中，各位行业达人不仅是面试官，还是普通人，他们与求职者不仅交流专业领域的话题，也会交流生活情感方面的问题，通过职业技能和情感方面的沟通给予求职者意见和建议。可见，《非你莫属》其实在向观众传达这样一个信息："职场是个绝对残酷的社会，不会因为某人的生活格外困苦就法外开恩，也不会因为某人拥有高学历洋文凭就给予良田美池。高薪工作可以有，但是要脚踏实地地打拼。"①"不看学历看实力"给予更多求职者宝贵的求职机会，真正体现了节目的平民化与专业性。

除此之外，节目还通过职场达人之间的积极互动与交流，及时反映当前的职场现状。例如在 2012 年 10 月 15 日的节目中，一位有丰富从业经验的家具店老总前来应聘，并以每月 2 万元的高额薪资求职成功。随后在场的 12 位 BOSS 团成员纷纷表示，在他们各自的企业中同样稀缺这种中高层管理人员。这一现象揭示了当前中国各大企业内部"下层员工爆满、高层人才稀缺"的现状，甚至连张绍刚也建议节目组改日安排一期"企业中高层专场"。这一案例很好地体现了该节目的人文价值与社会价值，通过这些企业精英的相互交流与互动，不仅为节目提供了权威性和专业性的意见和建议，更重要的是，及时地、切实地为当代中国的经济发展和就业问题提供了反思和引导，让人们做出更为理性的思考。

《非你莫属》也存在一些问题。首先，主持人张绍刚的主持风格略显犀利、强势。通过大量观摩节目，我们感受到，看似风光的 12 位 BOSS 团成员事实上在节目中的掌控力远远低于主持人张绍刚，这样的处理方式未免有些喧宾夺主，在一定程度上偏离了节目本身"社会服务性"的根本诉求。其次，节目经常直接或间接地鼓励大学生创业，传达出了一些负面的影响。例如在某期节目中，一位应聘者在大学期间为了参加社会实践而经常挂科，却得到在场嘉宾的一致认可，这样的负面引导无疑偏离了正确的价值导向，对当代大学生的学习态度和就业态度可能产生一些不良影响。最后，节目过多地倾向于年富力强的青年求职者，而对于一些大龄求职者则流露出几分歧视和鄙夷，没有真正做到平等对待、一视同仁，这样的处理方式未免缺乏人文关怀。

---

① 张学亮. 大学生就业难背景下电视求职类节目火爆背后的思考[J]. 中国大学生就业，2012(18)：19-23.

以上这些问题归根结底都可以用一句话概括：为了追求戏剧性和娱乐化效果，偏离了“服务性”的节目宗旨。在此我们希望《非你莫属》能够牢牢把握“社会服务性”这一节目宗旨，并在此基础上进行大胆创新，这样才能保证节目在未来发展的过程中取得更好的成绩。

不可否认的是，《非你莫属》作为中国职场招聘节目的领军者，用平等对话的方式反映出当代中国的职场现状，不仅提供了一个求职的平台，还教会了许多年轻人如何求职，可谓一部当代青年人的“求职宝典”。

（作者：郭宝玉）

以电影的诗篇建构电视传奇

——中央电视台《电影传奇》解析

栏目名称：《电影传奇》

播出频道： 中央电视台综合频道、新闻频道

策　　划： 崔永元

制　　片： 中央电视台新闻中心、北京新盟佳视国际广告有限公司、中国国际电视总公司、北京京文唱片有限公司

开播时间： 2004 年 4 月 3 日

播出时间： 周六 18:14

节目时长： 36 分钟

总 集 数： 208 集

节目定位： 专题类

宣 传 语： 惊现当年事　情动几代人

《电影传奇》是一档电视专题节目，最初作为《东方时空》周六特别奉献节目，后来因《东方时空》播出时间的调整，被放在央视黄金时段首播（每周六在央视一套《新闻联播》之前播出）。这种新型的节目样式已经超出了节目原先定位的收视群体，不仅中老年人喜欢看，一些年轻人也喜欢收看。《电影传奇》可以说是崔永元的心血之作，也是他的"原创"。《电影传奇》从创作初衷到节目内核、节目风格以及经营方式都有独到之处，她的出现让电视人看到了什么是创新，为电视艺术缔造了新的"传奇"。

创作动因：从为个人圆梦到肩负社会重任

作为节目的主要发起人和策划者，崔永元在其《电影的诗篇》中写道："当你七岁开始穿着军大衣冒着纷飞的雪花坐在操场上注视着银幕上一个英雄的一举一动的时候，你无法不爱电影；当你四十一岁实现了你七岁开始的手执爆破筒冲向敌阵的梦想时，你无法不激动。"这无疑暗示了他做节目的最初动机——实现童年的电影梦。在《电影传奇》工作室的墙壁上，贴满了崔永元从六七岁就开始收藏的老电影海报，进一步说明了崔永元从童年起就对电影是何等痴迷。在人们童年幼小的心灵中，电影应该是一个封闭的梦，甚至被误认为是另一个真实存在的有趣世界，从而产生神秘色彩。正是这种童年的印记促使崔永元继续"追梦"（如再现老电影时客串角色），并努力去揭开电影梦幻的神秘面纱（如探寻电影幕后的传奇故事）。

崔永元认为《小崔说事》只是他养家糊口的一份工作，而《电影传奇》则构筑了他的灵魂。他说："（《电影传奇》）让我能活在老电影里，在老电影创造的境界里自由自在地驰骋。当我面对现实，没有能力去应对的时候，我可以退回到我的老电影的梦境里……凡是跟老电影有关的，一看，心里就会很平静，甚至到什么程度我跟你说，我翻我家里的老电影的小人书，因为时间长了，有点返潮，会有点发霉的味道，一闻那个，我心里就平静下来了。”①老电影已经成了崔永元不可或缺的精神支柱，可见他对老电影的痴迷非同一般，他对《电影传奇》的工作更是充满激情。

崔永元是一个充满社会责任感的人，是一个对精神世界、道德品质要求几近苛刻的人。也因为这些，《电影传奇》很自然地由崔永元个人怀旧梦的呢喃细语上升到了将老电影遗产真正推广给电视大众的高度上。至今，《电影传奇》节目组已经采访了 1 000 多位电影人，他们大多年事已高。也正是社会责任感的驱使，崔永元认为他们的工作是个“抢救工程”，从而给节目组提出了“和时间赛跑”的口号。节目制作成本之大、耗费精力之多自不待言。为此，崔永元说：“《电影传奇》非常伟大，将来总会有人写它一笔的，它为百年电影作出了贡献，真的可以这么说，一点都不觉得脸红，也不愧疚。”②《电影传奇》节目在开头注明“献给中国电影 100 周年”。把《电影传奇》作为精神食粮奉献给人民大众，梳理、拯救人们的文化记忆，向老电影艺术家致敬，为中国电影艺术的发展作出贡献，成了崔永元创作节目的动因。

节目内核：挖掘故事，彰显传奇

《电影传奇》特别强调“故事性”“传奇性”，处处围绕“传奇”一词展开。如在《〈白求恩〉之不远万里》中，电影人物被赋予了传奇色彩；《〈林海雪原〉之杨子荣》探寻了真实人物杨子荣的传奇事迹；《〈战火中的青春〉之战争与爱情》将电影内容本身的故事性与传奇性（女扮男装从军打仗、战争与爱情的故事）加以描述、延伸；《〈智取华山〉之天险》着力刻画了电影工作者拍摄电影时克服困境的传奇；还有诸多电影作品及其创作者在特殊年代里遭受到的“传奇”命运等。“讲故事”是老百姓喜闻乐见的艺术样式，谈话类节目中讲述故事功能的强化就很好地满足了观众喜爱听故事的心理需求。“故事性”“传奇性”的彰显增强了节目的叙述功能，使节目生动、丰富、可看性强。

《电影传奇》的“故事性”“传奇性”正在于其极力挖掘老电影鲜为人知的幕后故事。节目尽可能地对老电影之“梦”是如何被“造”出来的这一问题进行带

① 易立竞. 崔永元的进与退[J]. 南方人物周刊，2005(19)：15.
② 易立竞. 我要拍案而起[J]. 南方人物周刊，2005(19)：16.

有传奇色彩的探究，为观众释疑解惑。如对老电影人或其在世的亲朋好友进行采访，就是为了让观众了解更多的关于老电影的创作情况以及老电影人的酸甜苦辣，让观众关注比老电影内容本身更精彩的“传奇”故事。《〈早春二月〉之早春故事》将原小说作者柔石的短暂却富有故事性的人生加以描述、再现，与电影中主人公萧涧秋的经历、命运相联系、比照，进行了深度挖掘。只要是有一点与老电影相关的线索就加以展开，并探寻其“传奇”色彩，从中可见节目制作者的良苦用心。

《电影传奇》的“传奇性”体现在其既有纪实性的叙述，又有虚构性的情节再现，两者紧密结合，虚实相生。拆解一下《电影传奇》的内容，可以发现它的主要构成：老电影片段的回放、老电影人或其亲属朋友的回忆与讲述、老电影片段的再现、老电影人或其亲属朋友讲述内容的再现等，其中前两者内容具有纪实性，后两者的叙述则又有虚构性的特点。除此之外，《电影传奇》节目组实地调查、搜集与老电影相关的人或事等方面的资料也是有纪录性质的。这些内容在节目中交错进行，常常由与该老电影相关的人或事引出另一些人或事，仿佛是“想到哪说到哪”，而当真实与虚构、过往与现实交融在一起时，真假虚实的辨别就变得颇为有趣。如节目中对老电影经典片段的回放经常与对该片段的翻拍、再现糅合在一起，对老电影翻拍时，节目往往在演员的外形及表演、拍摄场景、拍摄机位、画面色彩等方面都极力做到与原电影相近，似乎要达到“以假乱真”的效果，很多情况下都是将画面还原成彩色，让崔永元在客串角色时不经意地对着镜头讲解以造成故意的“穿帮”来与原电影进行区分。

可以说，《电影传奇》将故事性、传奇性、纪实性及虚构性融为一体，为当下的电视节目注入了更加多元、丰富的元素。

节目风格：在娱乐与教化之间实现平衡

有论者将《电影传奇》归为娱乐节目，认为该节目与《东方夜谭》“在 2004 年以其不同于其他娱乐类栏目的形式和内容获得了极大的社会关注度和影响力。”[①]的确，《电影传奇》带有很强的娱乐成分。节目中戏仿老电影这一做法本

① 张君昌，吕鹏. 品牌是广电栏目发展的必须：2004 年中国广播电视品牌栏目年度报告[J]. 视听界，2005(2)：11-16.

身就具有很强的娱乐性，而且策划人崔永元在节目中时常客串各种各样的角色来圆自己童年的电影梦，如扮演《林海雪原》中的杨子荣、《小兵张嘎》中的罗金保、《甲午风云》中的邓世昌等经典角色，甚至还演绎老电影幕后的工作者等。但由于不是科班出身，演艺技能不够老道，而且囿于其以往主持节目时一贯的诙谐风格，当崔永元以角色的身份露面时，总能逗乐观众。识破了他的“故弄玄虚”后，观众的娱乐快感也就产生了。崔永元一边戏仿角色，一边会出其不意地对着镜头向观众来几句幽默的调侃，间离性的喜剧感陡然而生。如在《〈战火中的青春〉之战争与爱情》一期中，当贺红梅扮演的女战士高山拉着崔永元扮演的排长雷振林离开炮火连天的危险之地时，崔永元突然对着镜头说话了：“高山救了雷振林，这回两人关系就更密切了。”幽默的调侃让观众忍俊不禁。这种角色式主持人的安排，巧妙地解决了崔永元既想过把老电影瘾又苦于无演技的矛盾，可谓主持、演戏两不误，同时更起到了愉悦观众的效果。除了崔永元，节目组还邀请一些名人（如央视的罗京、贺红梅等）、老电影人的后代（如老电影演员程之的儿子程前等）、老电影中真实人物的后代（如白求恩的侄孙等）客串角色，既吸引观众，又为节目增添了娱乐色彩。

《电影传奇》没有一味地娱乐、媚俗，而是将传承老电影精髓的使命作为己任，很好地将娱乐与教化合为一体。首先，节目具有知识性。崔永元在做节目时将《电影传奇》的观众群主要锁定在中老年人，对于中老年观众来说，回味自己曾经陶醉过的老电影不失为一种精神上的享受与慰藉，而在了解了与老电影相关的幕后故事后无疑又获得了更多知识上的满足；对于对老电影知之甚少的年轻观众而言，观看节目就更算得上是在补老电影这门课了。其次，节目中着力渲染的老电影人的敬业精神也在无形中教育着当今电影人。《〈冰山上的来客〉之怀念战友》中讲到，领导嫌《花儿为什么这样红》这首歌不健康，导演赵心水流泪求领导给他一次犯错误的机会，冒险坚持用这首歌，对电影艺术的创作一丝不苟；《〈苦菜花〉之一个母亲的成长 》中，扮演“母亲”的曲云为了演好只出现十几秒钟的织布镜头，专门跑到老乡家找人学织布；《〈一江春水向东流〉之举头望明月》中讲述了这部取得空前成功的经典作品背后，老电影人的拍摄条件却是难以想象的艰苦……老电影人为艺术而献身的精神给当今电影人做出了榜样。最后，节目对老电影的回顾不是简单的浏览，而是用现在的眼光再审视，给人以启发。节目中对诸多影片因受时代局限而呈现出的不被理解的地方都做了令人信服的讲解，如《〈英雄虎胆〉之阿兰之死》中，结合当时的时代背景对一个漂亮的女特务阿兰的多种死法进行解读、探究，合理地解释了老电影产生的社会文化背景，耐人寻味。

以娱乐的方式消费老电影，把传播老电影、发扬老电影精神的目的融入娱乐，《电影传奇》既不落伍于当前的娱乐大势，又不一味地迁就于媚俗的世风，在娱乐和教化之间驾轻就熟地实现了传播目的。

经营之道：嫁接影视艺术，整合多种媒介

从节目本身来说，《电影传奇》实现了电影与电视艺术的嫁接，将老电影这个现成的“品牌”巧妙地融合在电视节目中，突出了该电视节目的品牌性。老电影作为一种“过时”的产品，随着一拨又一拨新产品的不断上市，很少再有机会在电影院里被大众消费。而将其嫁接在电视这种诞生在电影之后、比电影有着更多传播优势的媒介样式里，不仅实现了自身的大众化传播，又更新了电视节目的样式。“电视文化从内容上看，具有广泛吸纳、兼容和改造各种文化艺术门类，并创造出新的文化形态的整合置换性……在社会文化功能上，具有超强的辐射力和渗透性。”①电视媒介覆盖面广、传播效率高的特点，会让老电影得以更好地再传播。同时利用电视艺术兼容性强的优点，可以让电影资源实现再利用，也为电视自身的发展寻找捷径。例如，各电视台反复播映已在电影院公映过的影片，实现电影的再传播，还有电视电影这种专门为在电视上播映而出现的艺术样式等，都很好地嫁接、融合了电影、电视这两种媒介。

此外，电影的文学艺术性强，样式较单一，用故事为观众造梦，观众易陷入情感的泥沼而不能自拔；而电视却能够更客观、理性地进行审视，让观众远离电影梦，甚至参与对老电影的阐释。《电影传奇》节目中就利用了电视艺术的特长把对老电影的传播立体化，补充、放大了更多知识，让老电影更深入、细致地渗透到人们的内心。甚至还可以利用现今的技术手段对老电影进行再创造，实现老电影因当时技术条件的限制而未能达到的理想效果。如《〈柳堡的故事〉之九九艳阳天》中，当时的电影人想制造出“万绿丛中一点红”的画面特点，但苦于是

① 修倜.论电视媒介的文化特性及其背反性[J].华中师范大学学报(哲学社会科学版)，1997(6)：112-128.

黑白影片而未能如愿。《电影传奇》节目在翻拍时就利用了现在的便利条件多次突出强化了片中二妹子身着红衣、置身于金黄碧绿的油菜花背景中目送副班长的镜头，弥补了缺憾。

在营销策略上，《电影传奇》还与网络联姻，设有专门的网站、网页，通过网络进行宣传。如在央视网站上设有专门的网页，新浪网又是其独家支持网络，实现了媒介间的整合，增强了与观众的互动性。《电影传奇》的 VCD 音像制品在节目开播不久就已上市，弥补了电视媒介稍纵即逝的缺点，让电视节目的传播更广、保存更久远。还有其他一些与老电影相关的产品(如老电影歌曲)的发行等，形成了产业链，进一步拓展了节目传播与生存的渠道和空间。

《电影传奇》已被中国电影博物馆作为馆藏品，是唯一入藏的电视节目。“的确，《电影传奇》是电视传媒表现电影的独特形态，电影的专一艺术表现被电视传媒杂糅多样的特性所包容，成为新鲜样式的杂烩传奇。”[①]可见，《电影传奇》从“传奇”的角度阐释了老电影，又用老电影的诗篇建构了电视的“神话”。

（作者：侯艳丽）

① 周星.《电影传奇》的四个传奇性特色[J].电视研究，2004(7)：45-46.

深夜，一曲心灵的蓝调

——上海电视台《今晚睡不着》解析

栏目名称：《今晚睡不着》

播出频道：上海电视台生活时尚频道

策划单位：麦迪逊传播有限公司(林栋甫工作室)

制 片 人：麦旦

主 持 人：林栋甫

开播时间：2004年元旦(现已停播)

播出时段：00:00(首播)

14:30(重播)

节目时长：30分钟

节目定位：深夜清谈类

宣 传 语：一曲心灵的蓝调

2004年元旦，上海电视台生活时尚频道推出了一档深夜清谈节目——《今晚睡不着》。这档节目由上海知名电视节目主持人、配音演员林栋甫主持。深夜12点，人静心闲，在动听的片头曲《多愁善感》(*In a Sentimental Mood*)之后，林栋甫先生端着一杯红酒，用他那浑厚动听的嗓音谈人生，谈自己，谈Jazz、Blues……就像一个相交多年的老友，敞开心扉。虽然栏目已经停播，但主持人的气定神闲、悠闲儒雅以及独特的小资情调，至今仍然留在许多观众的记忆里。

个人专栏的言说方式

《今晚睡不着》是专门为林栋甫量身定做的独角戏。这种显而易见的特征，使《今晚睡不着》成为一种个人专栏式的电视谈话类节目，加之是在深夜12点播出，因而我们把它叫作"深夜清谈节目"。这样的节目形态在国内还是第一次出现。

所谓"个人专栏"，常见于报刊媒体。《今晚睡不着》则将这种个人专栏式的文体引入电视媒体，显示了电视媒体特有的"兼容性"。

个人专栏式的深夜清谈节目是靠主持人的个人魅力吸引受众的。这类节目难以被复制，因为主持人的个人魅力是无法复制的。《今晚睡不着》在充分展示主持人林栋甫的个人魅力方面是非常成功的。一来节目本身没有嘉宾，只有主持人林栋甫一人面对电视观众，给予主持人极大的表现空间。林栋甫通过言谈举止的细致拿捏，营造出了一个真实、立体的交流氛围，获得了观众的认可。二来林栋甫本身就是一个阅历丰富、具有艺术情调和艺术表现力的人：他上山下乡做过知青，后来任上海译制片厂的配音演员，先后为500多部影视剧配过音，其深沉、醇厚的嗓音富有磁性；他还是话剧和影视剧演员，曾主演过话剧《艺术》和电影《茉莉花开》，主演电视剧《生活辞典》获金鹰奖最佳男演员奖提名，在电视剧《黑冰》里成功扮演配角"大毒枭G先生"而为广大观众所熟悉。另外，生活中的林栋甫是Blues&Jazz酒吧的老板，但他开酒吧不以营利为目的，为的是满足其作为一个专业爵士乐追随者的便利。他主持过的综艺节目《智力大冲浪》,曾获上海32%的收视率,主持过的浙江卫视的情感类谈话节目《人生AB剧》,获得"2000年中国电视节目榜"最佳谈话节目和最佳节目主持人的提名。

在如此丰富的人生历练和艺术实践浸染下,林栋甫成长为一个富有特殊魅力的人。而这种特殊魅力表现在《今晚睡不着》里,给观众的感觉就是:情感丰盈而又内敛,成熟持重而又温和细腻。看过节目的观众可以从他举杯小酌、摆弄烟叶的一举一动和丰富的肢体语言中,从他深沉浑厚的嗓音、或疾或徐的诉说中,感受到他对人生点滴的读解和认识。从主持人和栏目的关系角度来考量,《今晚睡不着》充分展示了林栋甫这个感性的中年男子的个性魅力,主持人风格和栏目定位水乳交融,相得益彰。《今晚睡不着》在推动主持人个性化发展方面树立了一个新的"标高"。

综上所述,个人专栏是一种值得推崇的电视形式。它以深夜电视清谈的节目样态,通过主持人与观众分享对人生、对生活的美好感受,或是提供一些体味生活的新鲜角度来吸引受众。如今,新媒体中的各种名人脱口秀节目也是个人专栏式节目,这种节目形式在新媒体中找到了新的发展土壤。

个体化、私密化的话题选择

《今晚睡不着》的受众定位是白领阶层,在话题选择上更为关注白领阶层的心灵生活和精神世界,表达生命个体对生活的独到领悟。与不少谈话节目以事件带情感的做法不同,它以个体感受为主,致力于心灵的交流和碰撞,注重个体化、私密化的话题选择。很多期节目中聊及的内容都是以选取生活中值得回味的点滴片段为主。如从自己国外生活的经历谈起对"家"的理解和感受;从一个拥有几处豪宅却常常失眠的朋友说起,感慨追求和满足之间的关系;从和某个艺人的相处过程谈到艺人的艺德问题。还有诸如朋友之间的分合、电梯内的气氛、孩子的教育、人际关系的张弛等。这些话题在一定程度上与深夜这个时段的人的心理特点是吻合的,一些个人化的情感非常适合在夜深人静的时候体悟。另外,目前中国社会处在转型过程中,人与人之间的关系也出现了许多变化,甚至有时让人有些难以应对。因此,节目常以探讨人际关系作为切入点。

《今晚睡不着》不探讨重大社会事件,不刻意挖掘话题背后的厚重意义,带着几分轻松与闲适，像一碗香美的鸡汤或一杯适口的淡酒，各适观者心意。

《今晚睡不着》不刻意追求某种“深度”，追求的是人与人之间的“温度”；不刻意追求某种“意味”，追求的是人与人之间随兴闲聊中的“趣味”。这种随意性在一定程度上决定了所谈内容的松散性。在《今晚睡不着》中，主持人始终是直接面对观众进行情感交流的（在有嘉宾和现场观众的节目中，电视观众实际上是旁听者）。因而，电视观众在心理暗示层面上自然而然地成了“参与者”和“对话者”。主持人聊的内容看似松散随意，却始终关注着当代人的情感困惑和人际交往中的种种问题，这就让电视观众感同身受，心理得到了按摩式的“安慰”，心灵也得到了某种满足和慰藉。所以，《今晚睡不着》在“人本化”的道路上跨出了一大步，在差异化的竞争中脱颖而出。

雅致、时尚的格调营造

《今晚睡不着》注重雅致、时尚的栏目格调的营造。这种格调，一方面较好地外化了“生活时尚频道”风格定位的旨归；另一方面，与其诞生地——上海这座现代而时尚的城市氛围相融。《今晚睡不着》雅致、时尚的栏目格调具体表现在以下几个方面。

首先，《今晚睡不着》的节目制作者颇为独到地选择了厨房作为主持人聊天的场所，这一设计充满新意。栏目中的厨房不是《天天饮食》那样明亮的白天的厨房，而是夜晚的厨房。这个演播室的设计，通过精心的布光、道具的安排，营造出强烈的“家”的氛围。这个昏暗的厨房的设计，就像你夜里睡不着，起来到厨房拿点饮料喝。在不开灯只有月光照进来的厨房里，你忽然碰到了一个同样睡不着的朋友。于是，你们拿着喝的东西，在厨房里坐下，慢慢地聊了起来。主持人林栋甫就是坐在厨房里等你的那个朋友。此时，如果你独自一人收看这个节目，就会产生坐在他的餐桌对面、与他进行直接交流的幻觉。厨房里的餐桌上常常摆放着一瓶酒和一个高脚杯，供主持人边饮边聊，有时还有烟草盒和几份报纸，好莱坞式的用光在深色的酒瓶边上打出两个闪亮的高光点，深红色的阿根廷酒在高脚酒杯中微微晃动，这一切无不散发出闲适、恬淡的都市情调。

其次，《今晚睡不着》的节目制作者设计了一个重要的风格元素——爵士乐。爵士乐的影子在节目中无处不在：片头和片尾爵士风格的萨克斯音乐；整个节目过程中还插入了两段怀旧色彩很浓的爵士乐录像，或是现场演奏，或是歌手演唱。所选音乐在气氛、内容、情绪等方面往往与所聊话题有所关联。特别是在林栋甫聊到兴味之处，每每会有一小段舒缓而婉转的萨克斯乐轻轻响起；节目最后，主持人在爵士乐的伴随下，一句亲切的道别："晚安，明天是另一天"更让观众满怀期待，使人觉得生活是多么美好！人与人之间的情感交流是多么令人愉快！

最后，林栋甫的主持风格是在一系列具有个性化的言谈举止的细节中表现出来的，例如他常常是衬衫加长裤这种随意自我的本色着装，时而微笑、时而沉默，或浅斟、或低吟、或沉默……这些细致入微的体态语使节目呈现出一种温婉、雅致的视听氛围。他的一举手、一投足、一掩嘴、一抿酒之间，为观众演绎了一曲曲直击心灵的蓝调。

（作者：魏南江）

架起“百家”和“百姓”之桥

——中央电视台《百家讲坛》解析

栏目名称：《百家讲坛》

播出频道：中央电视台科教频道

制 片 人：万卫、聂丛丛

开播时间：2001 年

播出时间：12:45

节目时长：40 分钟

栏目定位：文化类

栏目宗旨：汇集百家学养，追慕大师风范，平和开放的胸襟，通向大众的桥梁

在大众传播学术圈中始终存在着这样的争论:文化含量高的事物是否适合用电视这样的大众媒体来传播?答案往往是否定的。前车之鉴并不鲜见,比如被收视率“末位淘汰制”淘汰的央视的节目《读书时间》。

1996年《读书时间》开播,成为全国第一个读书类节目。它的出现带动了各地读书类电视节目的“跟风”。然而,《读书时间》摇摆于大众化和精英化之间,先是主张追求文化品位,却失去了大批普通电视观众。自2002年12月31日起,央视开始实施《中央电视台栏目警示及淘汰条例》,即所谓“末位淘汰制”,倍感收视率考核压力的《读书时间》从2004年2月开始大众化道路的尝试,但最终无力回天,惨遭淘汰。至此,全国读书类电视节目一直未见起色。但央视科教频道的一道学术文化讲座式栏目《百家讲坛》的冉冉上升,似乎为“大众化和精英化”的矛盾提供了另一种答案。

《百家讲坛》2001年7月9日开播,是和央视科教频道同时诞生的一个汇集名家名师的讲座式栏目,以“建构时代常识,享受智慧人生”为起点,以一所汇集名家名师的开放大学为定位,注重主讲人的名气,坚持学术品位。但栏目开播之初,硬邦邦的说教和讲课方式、过度学术化和专业化的论调在千姿百态的电视节目竞争中没有任何优势。因此,这个栏目开播后在很长一段时间内,收视情况一直不理想,经常处于央视收视率末位淘汰的边缘。

2004年下半年,由于栏目领导班子的变动,《百家讲坛》转化了思路,进行了重新包装,实施了新的定位,由原来的“建构时代常识,享受智慧人生”变为“让专家为百姓服务”,录制地点由原来的大学讲堂转入演播室,无论是从拍摄的画面上,还是主讲人的风采方面都力求创新。

2004年5月,著名清史学者阎崇年主讲《清十二帝疑案》,收视率一路飙升,最高收视率达到了0.57%,位居科教频道第一,平均收视率也在0.17%以上,持续在科教频道一周收视排行榜中名列前茅,当年在科教频道32个栏目的综合排名中位居第三。从此,《百家讲坛》栏目便豁然开朗。虽然首播时间是中午12点45分,复播是在晚上12点10分,在这个被电视界称为“铁锡时间”甚至是“睡眠时间”的非黄金时段,《百家讲坛》仍然能够在教科频道收视排行榜中名列前茅。

据央视资讯统计，2005 年第一季度，《百家讲坛》平均收视率一直保持在 0.17%以上，在科教频道的综合排名仅次于《周末讲述》，位居第二。为什么一档学术味和文化味浓郁的电视讲坛栏目会突然火爆，如此受到观众的青睐？它又是如何在学术品位和形式大众化的关系上找到或者接近一个最佳平衡点，架起一座“百家”和“百姓”之桥的？它的成功因素有哪些呢？

选题的良性窄化与系列化

从选题来看，在栏目创办的初期，《百家讲坛》的内容相当广泛，涵盖政治、经济、历史、文学、科技以及风俗人情、自然景观、人类活动等多个领域。但是过于宽泛的领域和过于精深的传播内容大大限制了节目收视群体的范围，抬高了收视门槛，使一般文化水平的老百姓可能无法接受。所以，重新定位的《百家讲坛》将选题进行良性窄化，把内容多集中在历史文化和中外文学上，并且摒弃了原来一个主讲人只讲一次的做法，让一个主讲人连续讲，组成一个系列，于是我们看到《清十二帝疑案》系列最高收视率达到了 0.57%，在科教频道位居第一；《红楼梦六家谈》《〈红楼梦〉里的配角》《聊斋》等文学系列，平均收视率也在 0.3%左右。

选择人文历史题材的原因，一方面是它们往往具有一定的故事性和趣味性，具有较强的“可讲性”，它们并不需要受众有多深厚的文化储备，主要调动的是受众的感性思维，再配上电视这种感性元素比较丰富的传播媒介，更易于为一般的受众所接受。相比之下，自然科技知识逻辑体系严密，需要接受者对这方面具备一定的基本知识，更适合用数学和公式来表示，而不适合用电视图像来解释。另一方面，受众对中国历史文化和古典名著更为热衷，尤其在社会转型期，人们对本民族历史文化中的精华越来越感兴趣，再加上人文历史题材比较容易“借势发挥”。

借着热播电视剧《汉武大帝》的势头，《百家讲坛》专门邀请厦门大学教授易中天给观众揭秘汉朝人物，让电视观众听一听历史学家是怎么说的，历史的真实到底是什么样的，借着电视剧的东风来吸引观众的眼球，“就近说远、就熟说生、由浅入深、借势发挥”①。2008 年，易中天再次登上《百家讲坛》，推出《易中

① 赵静.《百家讲坛》如何酿造“好酒”[J]. 中国广播影视，2005(8)：42.

天品三国》，颇受好评。主讲人易中天在历史真实中还原曹操，不仅替周瑜辩诬，还正说诸葛亮、重评司马懿。纵论天下，闲话三分，细品是非功过，总结成败得失。这时的《百家讲坛》选题越做越精，系列化的选题思路大大丰富了节目内涵，收视群也越来越宽广，而且观众的忠诚度也越来越高。

将文化讲座的选题进行良性窄化与系列化，就这一点来说，中华文明几千年的优秀文化成就了《百家讲坛》今日的火爆。深厚的文化积淀使其在传媒市场的竞争中取得了占有特殊资源的优势。

从书斋到前台：主讲人搭建“知识的桥梁”

主讲专家选择的成功与否是关系到栏目成败的重要因素。纵观《百家讲坛》的栏目发展历程，主讲嘉宾一般都是在各学术领域自成一家的人物，既有杨振宁、李政道、丁肇中、阎崇年、周思源等学术名流，也有邹静之、张维迎、戴锦华等少壮派学者，这些名家给节目带来收视上的优势。同时，《百家讲坛》充分发挥了电视媒体的传播优势，把这些专家从僻静的书斋请到万人瞩目的前台，让全国各地的观众都可以“面对面”地看到他们的讲演。

从阎崇年到刘心武，《百家讲坛》推出的主讲人基本都“火”了，成为当年中国的“学术明星”，这些学者多年的学术积淀也随之走向了市场。刘心武当年写《班主任》产生的影响，远不如今天他主讲《红楼梦》受到如此多的关注和争议。阎崇年研究了一辈子清史，出版了 22 本学术专著，发表了几百篇学术论文，但是他的知名度也仅仅是在学术界，而他主讲的《清十二帝疑案》系列节目推出后，其对应的出版物《正说清朝十二帝》一年内就重印了 15 次。一本历史学书籍销量超过 32 万册，这便是“知识的桥梁”起到的作用。

作为一个讲坛栏目，最重要的并不是主讲人的名气多大或学问多深，而是能否不拘泥于学术和专业的语言，用浅显易懂、和蔼风趣的讲述方式将自己深厚的知识积淀传达给观众——关键在于主讲人是否具备公众演讲的能力。电视作为大众传播媒介，不应只考虑“百家”，更应该考虑到“百姓”，要架起“一座专家通往老百姓的桥，然后让专家从桥上走过来”。为此，《百家讲坛》的主讲人找到了适合百姓接受的叙述模式，这个模式既不是研究院里的文本，也不是大学讲坛的讲义，更不是说书讲故事，而是思想与叙述并重，如刘心武所说：“不仅‘百家’要融进‘百姓’，‘讲坛’也应该融进‘书坛’才好。”

《百家讲坛》的“过桥”方式是注重让专家讲故事、讲细节，细节和思想并重，而且，主要部分要用历史事实和文学故事去讲述，然后在思想上稍加提炼。在叙述上，要注意悬念化和戏剧结构。每个专家都可以拥有自己的表述方式，但必须做到吸引观众。

然而，要真正帮助主讲专家走过这座“桥”，却是一个艰难的过程，其中需要时间的磨合。比如山东大学马瑞芳教授主讲《聊斋》的时候，其第一遍讲稿学术性偏强，观众根本听不懂。经过编导组长时间的磨合，马教授终于接受了栏目组的建议，推翻了起初流水账式的讲法，增加叙述，多讲故事，以悬疑始，以悬疑终。节目播出后果然反响强烈，马瑞芳教授本人也大为惊奇，这正如唐代诗人白居易力求自己的诗从听觉效果上达到“老妪能解”一样。《百家讲坛》改变了传播的纯学术语态，让学者不再是高高在上的教授，而是成为观众的朋友。正是因为坚持了这种传播与接受的角色认同和情感互动的愉悦，才能使它成为既叫好又叫座的品牌栏目。

叙述结构的悬念化与趣味化

在节目的编排上，《百家讲坛》设置层层的悬念，以悬念隔断、引导节目进程。随着时间的推移，演讲者如抽丝剥笋般解开重重谜题。层层悬念将观众牢牢吸引在电视机前，这也是《百家讲坛》成功的关键。

北京师范大学教授于丹说：“悬疑永远都是电视的基础卖点，我们看电视剧，最大的吸引就是命运的未卜、悬念链的生成。”而《百家讲坛》根据讲座的内容首先设置一个总的悬念，这个总悬念往往体现在节目名之中，是这一讲座的总纲和所要解决的问题，例如《清十二帝疑案》《揭开狮身人面像神秘的面纱》《秦可卿之死》等。单从这些节目名看，就足以吸引观众的目光，激发他们的兴趣。同时，在讲座进行中设置分悬念，每一个分悬念都成为讲座内容的转折点，以保持观众的收视热情。以《二战人物希特勒》这期讲座为例，首先片头设置总的悬念“走近希特勒，了解他谜一样的人生，探究他不同常人的生命历程”，接着每一节中设置分悬念，如：

> 分悬念一：他从不讲自己的身世，也从不允许别人议论他的身世，这是为什么？

分悬念二：这个人类最大的魔王究竟有什么难以启齿的身世呢？

分悬念三：在维也纳这个尽情享乐的天堂，希特勒又将如何面对新的生活？

分悬念四：这个想当国家元首的希特勒首先成了一个阶下囚，这究竟是怎么回事呢？

分悬念五：《我的奋斗》究竟是一本什么样的书？

分悬念六：为什么会在日耳曼人身上产生巨大的魔力，让他们为希特勒卖命，为他东征西杀？

如此，在总悬念之下设立诸多分悬念，观众随着讲座的展开，解开重重分悬念，直至最终破解片头设置的总悬念。这种悬念式的叙述结构目的是使叙事变得趣味化，更易于观众理解，更好地吸引观众。

情景再现：视听元素的融合

由于讲座类节目本身内容枯燥，形式单一，不太适合用电视这种视听媒介传播。然而，《百家讲坛》中的情景再现的运用，包括电脑特技、影像资料、图表制作、动画模拟等，巧妙融合了视听元素，使节目结构更加紧凑，节奏更加明快，传播形式更加丰富生动。同时，根据画面的内容表达和讲座的整体节奏搭配合适的音乐，使人或紧张或轻松，或感动或深思。

《百家讲坛》之《论语》为了表现当时的社会生活环境以及突出所讲内容的真实性，采用了情景再现与动画制作相结合的镜头表现手法并配以解说。解说在总结主讲人所说的话语，如："孔子告诉我们，'真正的智慧是知人'"时，再现了孔子给学生们授课的场景，并将此场景动画化，使得镜头画面更丰满，增强了视觉冲击力，给予观众更直观的感受。同时，又以图片配音乐，每当主讲人讲到重要语句时，就会出现带有古风韵味的动画短片，并在动画短片中将重要语句一字一字地以古代书写的方式缓缓地呈现在观众面前，其间配以优美动听的古典音乐。

江南大学文学院张淦铭教授主讲的《老子智慧与现代式离婚》，使用热播电视剧《中国式离婚》的片段说明夫妻感情出现裂缝的原因是缺乏沟通，男女主人公在细微小事上的误会引来了更大的问题。视频形象地把张教授的观点呈现在观众面前，省时省力又高效。即使是难以表现的自然科学类题材，也可以用表格、Flash动画等来弥补视觉上的缺陷。

用画面讲故事，积极融合视听元素，可以对讲座类节目起到良好的阐释、互补作用。在这点上，《百家讲坛》做得十分到位，体现了雅俗共赏、重视传播互动的节目宗旨，使得普通观众都能听得懂，不仅有助于观众理解所讲知识，同时也尽可能地发挥了电视画面语言的优势。电视视听元素的运用，使得《百家讲坛》理智而不乏生动，沉稳而不乏活泼，节目内容富于变化，丰富好看，避免了观众接受知识的枯燥感。

总之，《百家讲坛》凭借深入浅出、雅俗共赏以及融学术性、知识性、趣味性和观赏性于一体的特性，成为电视讲座栏目成功的范例。但它仍然面临许多困惑。比如，如何彻底解决学术性较强的栏目所面临的三组矛盾：精英化与大众化、学术化与市场化、严肃化与商业化的矛盾，如何使人文学术与大众传媒更加水乳交融地结合起来等问题。余秋雨先生在陕西电视台《开坛》中所说的"电视和学理的进一步磨合，流行和高雅的进一步相融，传播和思考的进一步结盟"①，对学术类节目今后的发展有重要的借鉴和启发意义。

（作者：唐承群、陈丽）

① 余秋雨. 开坛[M]. 北京：中国青年出版社，2002：1.

生活无处不经济，郎眼看来不寻常

——广东卫视《财经郎眼》解析

栏目名称：《财经郎眼》

播出频道：广东卫视

制 片 人：王牧笛

主 持 人：王牧笛、郎咸平等

开播时间：2009 年

播出时间：周一 22:05（首播）

周日 23:00（重播）

节目时长：28 分钟左右

栏目定位：财经类

栏目宗旨：实现经济学“生活化”“媒介化”

获奖情况：中国广电传媒联盟和中国电视艺术交流协会 2011 中国十大电视节目

《新周刊》2010 中国电视榜最佳财经节目

中国网络媒体影响力最大的财经评论节目

2009 年 6 月，广东电视台与上海极视文化传播有限公司合力推出财经类谈话节目《财经郎眼》。与林林总总的谈话节目不同，《财经郎眼》偏重泛财经话题，关注民生经济事件，从民生经济（“百姓的经济生活”）出发，透析世间万象、大事小情，寻求各类新闻的经济学解读，加之主持人王牧笛、郎咸平风格鲜明的个性化讲述，具有明显的时效性、庞大的信息量和独特的思想见地。

选题的泛财经趋势与民生化取向

谈话节目通常把节目生产流程分解为：选题、策划、录制实施、后期制作、节目播出、宣传推广。选题是第一步，也是决定性的一步。《财经郎眼》作为一档财经类谈话节目，定位明确，节目的选题呈现泛财经趋势与民生化取向。

“泛财经趋势”是《财经郎眼》独有的特色，把经济、政治与文化三者的关系紧密结合在一起，闲评热点财经事件，笑谈争议金融话题，揭秘经济现象，纵论东西方文化生活，这档栏目“以其通俗化的经济解读视角和犀利的评论风格，备受关注”[1]。

《财经郎眼》通过经济现象、政治影响及文化动向，把经济、政治、文化三者作为社会整体的不同部分紧密联系，揭示出三者既相互促进又相互制约的矛盾统一的微妙关系。

本文选取了该节目 2012 年 1 月到 10 月共计 35 期节目的话题[2]：

2012-10-20：奥巴马会输吗
2012-10-13：伤不起的黄金周
2012-10-06：保险保不保险
2012-09-29：美国的“七寸”在哪里
2012-09-22：大选前的新刺激
2012-09-15：光伏大战硝烟起
2012-09-08：三星大战苹果
2012-09-01：煤炭神话的破灭

① 吴玉兰，邢春燕.《财经郎眼》节目特色及发展对策[J]. 当代传播，2012(2)：93-95.
② 节目及名称取自广东卫视官方网站。

2012-08-25:家电大战的背后
2012-08-18:民生小事大过天
2012-08-11:人民币贬值了
2012-08-04:养老金缺口太大
2012-07-28:“李宁”到底怎么了
2012-07-21:雷士照明的罗生门
2012-07-14:民生小事大过天
2012-07-07:中国黄金第一案
2012-06-30:谁动了你的养老金
2012-06-23:央行发布特级文件惹房地产松绑争议
2012-06-16:广药“火拼”加多宝商标问题争议
2012-06-09:审计署大发力“猫腻”央企遭改革
2012-06-02:希腊被评“垃圾级”.
2012-05-26:山东首富挑战国家电网
2012-05-19:旅游不经济学
2012-05-12:股市机制改革　股民路在何方
2012-04-30:国有银行垄断的诡异现象
2012-04-23:长点心吧“两桶油”
2012-04-16:中美制造业比较
2012-04-09:证监会“百日维新”
2012-04-02:中美经贸关系新解
2012-03-26:房价降不下来的秘密
2012-03-19:如何约束政府采购
2012-02-27:活熊取胆的背后
2012-02-20:银行危机兼论吴英
2012-02-13:叩问三亚宰客门
2012-01-16:谁动了我们的账号

由这 35 期节目可见,《财经郎眼》的选题呈现出非常明显的泛财经趋势与民生化取向。

2010 年 4 月中旬,一系列堪称“史上最严厉”的房地产调控新政出台,其中房贷、土地等方面的政策已经落地,悬着的那只“靴子”就剩下了房产税。关于房产税的争论最早始于 4 月底,财政部财政科学研究所所长表示:“目前是推出房产税的可操作时机。”5 月 17 日,国家发改委产业研究所所长助理突发惊人之言,一篇标题为《发改委表态 3 年内房产税免谈》的文章一时间占据各大网络头条。而关于开征房产税的最新表态是国务院于 5 月 31 日公布的《2010 年深化经济体制改革重点工作的意见》。文件将“逐步推进房产税改革”列入了当年的财税体制改革的目标当中,但没有明确的时间表,这引起了市场各方震动,也带来了足够的想象空间。《财经郎眼》抓住物价上涨、房产税征收这些与百姓利益密切相关的社会热点问题,邀请财经媒体人李银、财经作家吴晓波担任嘉宾,先后于 5 月 30 日、6 月 21 日播出了《疯狂的蔬菜》《聚焦房产税》这两期节目。

虽然目前市场上的财经类节目品种繁多，但以聊天的方式把经济学“生活化”“媒介化”，《财经郎眼》无疑具有典型意义。对于大多数中国民众而言，理解财经信息是有难度的，而《财经郎眼》使财经类节目接了“地气儿”，使普通大众了解了“经济大事”，受到了观众的好评。

内容为王，内容为上

电视节目是靠内容来吸引观众的。在选题策划上，《财经郎眼》这一评论类财经节目很注重以新闻事实为背景，每期节目的选题都有新闻由头，节目开篇的视频短片是对相关新闻事件的整合，也为评论提供依据和背景材料。这为《财经郎眼》的内容制胜奠定了基础。

《“死不起”的背后》围绕殡葬垄断、殡葬暴利等问题，揭露从 2003 年开始，殡葬业已连续数年进入“中国十大暴利行业”，其暴利程度甚至最高可达 2000%，远超房地产业。节目发出了反“殡葬暴利”的呼声。

《地沟油背后的“循环经济”》由一篇《你肯定吃过地沟油》的报道出发，曝光了职业地沟油回收者将地沟油经过一夜的过滤、加热、沉淀、分离，变身为清亮的“食用油”，低价出售，回流餐桌的情况。节目指出：“综合统计结果显示，国内地沟油一年的总利润达到 15 亿至 20 亿元。要想彻底斩断地沟油这条污秽的产业链，在监管、理念和技术各个环节上，我们仍然有很长的路要走。”

《大学何为，大学为何》以深圳大学人事制度改革为新闻背景，透视我国教育制度存在的问题；《解读楼市调控》解析住房的不合理结构，指出只有打破开发商的垄断，实行房屋建设的“自由恋爱”，才能真正打破高房价的坚冰。所有内容都是在具体新闻事件上发表评论的，嘉宾敢于爆料“黑幕”，观众为之折服，甚至有网友说“《财经郎眼》是唯一敢讲真话的一档节目”。内容上选取当下公众关注、形势迫切的问题进行探讨，可谓是《财经郎眼》的一大优势。

《财经郎眼》从 2009 年 6 月 21 日开播至今已播出了逾百期节目，现已成为广东卫视最具标识性、影响力和美誉度的品牌节目。

节目组广泛邀请财经名流和社会贤达，如石述思、吴晓波、叶檀、王志纲等，网聚《新周刊》《南方都市报》《21 世纪经济报道》《上海证券报》《时代周报》等诸多媒体精英，在网络和纸媒上都掀起了新一轮的“郎旋风”。节目图书《财经郎眼01:我们的痛苦和希望》《财经郎眼02:年度经济热词解读》《财经郎眼03:需要了解的经济问题》《财经郎眼04:泡沫经济下的生存》《财经郎眼05:活在货币战当下》面市后,均跻身全国畅销书榜前列。作为财经节目的榜样,《财经郎眼》已成为当下中国媒体重要的议题设置者和舆论风向标。节目的独到看法成为广大观众观察思考财经事件的支点和路径,并成为引领网络话题探讨的风向。

主持人的去标准化与个性化解读

主持人是节目的脸面、品牌,主持人的好坏很大程度上决定了节目的成败。目前在谈话类节目中,最成功的当属凤凰卫视的《锵锵三人行》,该节目成功的关键要素恰恰就是主持人窦文涛。窦文涛的睿智、犀利、幽默构建了极富语言魅力的谈话场,突破了谈话类节目表现形式的单一。

从目前全国各类谈话节目实际运作来看,主持人仍然是瓶颈。而《财经郎眼》邀请的郎咸平是美国沃顿商学院博士,现任香港中文大学讲座教授。作为世界级的公司治理和金融专家,郎咸平主要致力于公司监管、项目融资、直接投资、企业重组、兼并与收购、破产等方面的研究①,成就斐然。中文著作有《郎咸平学术文选》、《资本主义精神和社会主义改革》、《中国企业没戏吗》(I 和 II)、《产业链阴谋》(I,II 和 III)、《中国经济到了最危险的边缘》、《郎咸平说:我们的日子为什么这么无奈》、《郎咸平说:我们的日子为什么这么难》等。

郎咸平常将国外事件与国内事件进行对比分析,看到我国的优势与不足,呼吁政府与大众进行反思。例如日本地震后,我国出现哄抢碘盐的现象,而日本却没有,他指出中国社会的群体问题,引起人们的反思。同时也对政府提出建设性意见,例如关于审核,他并不直说具体措施,而是讲述他国的例子,并用数据作为分析的依据,这样用事实和数据说话颇令受众信服。

节目的另一位主持人王牧笛是广东电视台制片人、主持人,成长在黑龙江畔,毕业于北京大学,获外交学硕士学位,法学、哲学双学士学位。他是一名犀利的辩手,也是一位校园演讲家,喜欢读书、写作、乒乓、围棋,他研习过国际关

① 陈持.广东卫视《财经郎眼》节目的特色[J].电影评介,2011(18):75.

系，辅修中西哲学，可见其学识的深度与广度。

郎咸平，一位资深的经济学家、大学教授，王牧笛，一位曾经犀利的辩手，再加上业界嘉宾，三人之间进行思想的交流与碰撞，自然而然地使谈话变得紧凑且极富信息量。

个性化的品评解读是《财经郎眼》的一大特色，主持人与嘉宾的谈话不失风趣，每个人都有自己的个性特色，他们的谈话也显现出大智慧，有前瞻性，通过他们的聊天可以擦出很多思想的火花。例如：

> 王牧笛：郎教授，肖锋兄，今天我们聊聊美债。现在的情况是，好像美债危机不解决，很多中国人都没法吃饭睡觉了，如鲠在喉。中国是美国最大的债权国，截止到2011年5月底，中国持美国国债1.15万亿美元，平均下来，相当于美国欠中国每个人5 700块。我们的感觉是美国要害我们，要让我们的财产缩水。于是当奥巴马把这个债务的上限提高以后，很多人长舒一口气。但是今天我们就要聊聊，这口气是不是应该长舒，这个问题真的就这么简单吗？我们来看一个短片。
>
> ……
>
> 王牧笛：美债危机一出，微博上有一个帖子特别火。说有一个福建的女同志，她的儿子要结婚，但家里穷，买不起家具。于是她就给美国驻中国使馆打电话说，奥巴马，你还钱！你欠我们那么多钱，你要是还不起钱，就给我们买家具；要是买不起家具，就让我们去美国旅游；要是旅不了游，那你就把美国的闲置土地分给我们中国公民！反正你得还钱！美国大使馆的工作人员骂她神经病，她非常不爽，然后就把自己的遭遇发到微博上了。透过这个帖子我们会发现对于美债这件事情，中国人会比美国人在乎，中国媒体会比美国媒体恐慌，这是什么原因？

主持人王牧笛善于发问，一般在重大问题上，主持人王牧笛都要问问郎咸平教授有什么看法和观点。郎咸平一般不会直接发表自己的观点，而是多角度地分析，用大家都能听懂的语言引导大众。王牧笛还擅长智慧性地转移话题，将大家踊跃拉入要讨论的话题中。

《财经郎眼》这一节目把“学术”草根化，将很多复杂的政治、经济、文化的学术性问题用通俗的方式和浅显的语言生动活泼地展现给观众，“把经济学生活化、媒体化”，让老百姓能听懂经济学当中的一些原理，从而在实践中获益，这为《财经郎眼》打下了良好的受众基础。同时，《财经郎眼》利用网络微博的平台，实现了与受众的互动，扩大了受众面，强化了与公众的交流。不仅如此，节目还出版了相关书籍，将节目文本出版发行，进一步扩大了节目的受众群体。

（作者：唐承群）

“一米天空”下的精彩

——深圳卫视《饭没了秀》解析

栏目名称：《饭没了秀》

播出频道：深圳卫视

制 片 人：方菁

主 持 人：强子

开播日期：2003 年 12 月 27 日

播出时间：周六 17:18

节目时长：60 分钟

栏目定位：少儿娱乐类

宣 传 语：吃饭了吗？没吃就不能看《饭没了秀》

《饭没了秀》的节目名称来源于英文“Family Show”，是深圳卫视的一档大型家庭娱乐节目。节目的参与者以4—6岁的宝宝及其家庭为主，以宝宝天真无邪的语言为笑源，突出“家庭秀”这一概念。节目于2003年12月27日开播，最初时长为50分钟，设置“魔力宝宝”“胡播乱报”“奇人趣事”三大版块；2004年6月登陆深圳卫视，开播以来一直雄踞珠三角地区收视冠军宝座，稳居全国卫视周末晚间节目收视率前十位；2009年6月14日起，《饭没了秀》开始在马来西亚和文莱等国家的WATV华语频道播出，其影响力随之进一步扩大。那么，一个以孩子为主角的节目为何有如此影响力呢？笔者认为，该节目的魅力主要体现在以下几个方面。

童言无忌：展现孩子的天真与纯洁

《饭没了秀》节目是成语“童言无忌”的最佳注解。“深圳卫视《饭没了秀》节目创办6年来，提出了一个著名的论断‘一米的天空’。一米是4—6岁孩子的身高高度，所谓‘一米的天空’就是节目的策划理念以及出发点都要以孩子的视角来看待世界，在这个视角的基础上再用电视的思维去组织节目。”①

《饭没了秀》在开播之初就确立节目以“童言无忌”作为吸引眼球的亮点。《饭没了秀》的子版块“宝贝脱口秀”一直是该节目的重要看点之一。主持人强子哥哥和小朋友们组成“鬼马饭团”进行互动，上演鬼马脱口秀，小朋友们天马行空的思维和不按常理出牌的语言是节目“笑果”的来源。在节目中我们看到，在与主持人强子的对话过程中，四个魔力宝贝舒服地坐在各自高高的舞台上，随意地变换着舒服的姿势，相较而言，一直站在孩子身边的主持人则显得“委屈”多了。当魔力宝宝们在舞台上秀绝活时，主持人对孩子的采访则一直是跪

① 王立亚.家庭娱乐节目少儿元素的植入和运用——深圳卫视《饭没了秀》节目6年思考[J].今传媒，2010(1)：58.

着的,用一种平等的甚至"仰视"的视角与孩子对话,这些细节无一不在体现着该节目对孩子的尊重。正是本着这种"尊重孩子"的原则,我们看到《饭没了秀》放下了俯视儿童的成人视角,努力实现与儿童的平等交流,也正是在这种对等的视角下,"童言"才能真正彰显其"无忌"的魅力。例如在节目中有的孩子会哭鼻子、乱发脾气,有些孩子口齿不清、言语稚嫩,小朋友之间甚至还会因为一些小事而吵架闹矛盾,这些都是童言无忌的真实体现。

主持人强子以"朋友"的身份倾听孩子的观点,有时还会跟孩子们相互争执,真正做到了和孩子们"打成一片"。在与孩子们平等交流的过程中,帮助他们逐渐树立正确的人生观和价值观。例如2012年4月16日这期节目,在"宝宝脱口秀"环节中,两个小朋友拿着各种蔬菜上台向观众说明蔬菜中含有丰富的维生素,当强子问他们"蔬菜里面都有什么维生素"时,孩子以绕口令的方式回答"维生素ABCDEFG",此时孩子天真可爱的语言让现场的所有观众都捧腹大笑;在另一期节目中,一名宝宝谈到自己老爸喜爱搜集健身房的"免费试用卡"并一一去尝试,但总是被妈妈揪回家,"最后所有的健身房都在门口贴着,宠物与××(孩子父亲的姓名)不得入内。最后我妈让我爸把锻炼方式改成负重跑步了"。当主持人露出疑惑的目光时,孩子接着说,"就是让我爸每天送我去幼儿园啊!"面对如此无忌的童言,我们只能像梁实秋《槐园梦忆》中所言,"童言无忌,相与一笑"。

由此可见,"孩子"不仅是《饭没了秀》的主角,还是一个很好的载体,通过展现孩子们童言无忌、天真无邪的一面,观众体会到纯真带来的心灵触动。

童真无畏:激发少儿的勇气和独立

人们常用"初生牛犊不畏虎"来形容因"无知"而"无畏"的孩子。在《饭没了秀》中,我们常常能在节目中看到成人早已丢失了的那种无所畏惧的胆魄。对小观众而言,能够在节目中看到同龄人如何无所畏惧地去面对各种突发状况;而对成人而言,对节目的观赏过程不啻一次对失落已久的勇气的寻找。在《饭没了秀》的子版块"魔力宝宝找妈妈"中每期选择两个地方的小朋友,他们互不相识,双方只能先通过电话联系。节目组会给孩子们一个任务,在没有成人的陪伴下,两组孩子分别乘坐不同的交通工具,独自前往对他们来说非常遥远陌生的地方，完成一个有难度的任务：找到等待在那里的妈妈。孩子们可以用电话和父亲取得联系，但往往远水解不了近渴。我们在节目中看到孩子们通过询问路人、查找资料等方式独立完成这个任务。对于从未离开成人庇护的学龄前儿童，这是具有相当难度的，往往连孩子的父母都认为这是个孩子“不可能完成的任务”。但是，父母们最终会看到孩子们努力在成人社会中寻求帮助，独自分析和处理各种问题，他们会疲惫、脆弱，但我们也看到了孩子们身上常常被忽略的一面，他们的坚持、不服输。在节目中，我们看到孩子们常常状况百出：有的孩子把写有妈妈地址的纸条弄丢了，有的孩子一不留神坐过了站到了另一个城市，有的时候两个孩子意外走散……这些孩子在家中都被视为掌上明珠，平时都是衣来伸手、饭来张口，随时都有“保镖”和“保姆”陪护，而现在，他们脱离了大人的庇护，靠自己的努力完成任务，并且在这个过程中学会了和小朋友相互合作、谦让，学会了随机应变，学会了克服困难……因此，当观众看到孩子们经历各种挫折终于和妈妈拥抱在一起的画面时，都会产生一种深深的情感共鸣。

孩子们无畏的勇气不仅体现在“魔力宝宝找妈妈”版块中，也贯穿于整个节目的录制过程中。比如在节目录制过程中，孩子们常常很自然地趴在主持人肩膀上，甚至出现多个孩子一起把主持人推倒、和主持人一起笑闹的画面。当孩子面对主持人、明星时，没有粉丝对偶像的仰视，孩子与成人的对话始终是平等的。比如 2012 年 8 月 10 日的节目中，演员于小彤上场后，现场观众发现于小彤竟然和一起出场的小女孩梳了相似的发型，都是一个朝天小辫，被主持人调侃他们“很有‘兄妹相’”，但现场的小男孩却说于小彤的造型很像“忍者神龟”。小朋友们都围着他转来转去，一个十分有才气的宝宝在节目后场专门“作诗”称赞于小彤“长得帅，大人小孩都喜爱”。再比如在 2010 年 9 月 15 的节目中，孩子们拎着行李箱到后台寻找《快乐大本营》的主持人。一个孩子见到何炅后，立刻上前与他聊天，此时他手里拖着的拉杆箱直接从谢娜脚上轧过，画面上打出字幕——“完全被忽视”，营造了一种喜剧效果。

《饭没了秀》正是因为彰显了成人身上逐渐缺失而整个社会都在呼唤的“无所畏惧”的勇气，才能在少儿类节目中独树一帜。

亲情无限:崇尚家庭观念与人伦关怀

据深圳卫视统计,《饭没了秀》的收视人群集中在4—14岁、25—54岁,女性略高于男性。从这个粗略的统计中,我们看到该节目除了吸引4—14岁的少儿观众群以外,还吸引了一批25—54岁的成人观众群。这在其他少儿类节目中是不多见的。该节目为何会吸引到这样一部分观众?有人说,每个人都有"一个半童年",那"半个童年"指成人在孩子出生后,因陪伴孩子成长而拥有的额外的童真时光。《饭没了秀》传达出的浓浓亲情也是吸引成年人的重要因素之一。正像节目的英文名称"*Family Show*",节目所要"秀"的正是家庭成员之间的亲情。有学者这样评价《饭没了秀》:"节目定位就是一档适合全家人观看的节目。依靠朴实的画面、轻松有趣的内容,营造了温馨愉快的收视氛围。家长们可以放心地让孩子们观看,不用担心'儿童不宜'画面的尴尬。全家人围坐在一起观看既能共享快乐,也能在彼此观点的沟通中增进感情。"①

《饭没了秀》的制片人方菁表示:"我们没有把《饭没了秀》定位为一档少儿节目,而是一档以孩子为载体的娱乐节目。在节目中宝宝为主导,家庭为元素,脱口秀为表现形式。"②观众关注的核心就是"成长"。这种成长既包括孩子,也包括家长。《饭没了秀》之所以能成为老少咸宜的"家庭秀",是因为节目的关注点并不是单纯的娱乐,而是把责任、感恩等人生观融合进来,引导孩子认识真善美,让观众在开怀一笑间也能不经意地思索,感受到成长的快乐。在"魔力宝宝找妈妈"的子版块中,我们尤为深切地感受到这一点。当我们看到小家伙们渴望找到妈妈的急切和认真,以及他们在寻找过程中体现的那种"初生牛犊不怕虎"的勇敢和坚强时,我们都能体会到亲情强大的能量;而当小家伙们最后完成任务、与妈妈成功"重逢",母子相拥、喜极而泣时,我们也会被深深触动。在每期节目的结尾,主持人会请参与节目的四组家庭的父母发表一些感想。我们常常会看到爸爸妈妈们情不自禁地哽咽着讲述孩子在节目中的成长给予他们的感动。他们的泪水提醒着电视机前的观众,亲情是人世间最宝贵的情感。

---

① 付晓静,温睿."使用与满足"理论视域下的电视真人秀节目——以深圳卫视《饭没了秀》为样本[J].东南传播,2012(7):152.

② 廖媌婧,徐帆.中国电视的想象力[M].北京:花城出版社,2011:98.

即使在“宝贝脱口秀”这样以宝宝为绝对主角的环节里，也会不断切入父母的表情，我们可以看到浓浓的亲情都写在父母的脸上。孩子表现好，他们都会心微笑；孩子失败，他们比谁都着急；孩子讲出的童言童语，他们听了比谁都发自肺腑地开怀大笑。有些少儿节目单纯“秀”孩子的才艺，而《饭没了秀》不仅“秀”孩子的才艺，还“秀”父母的关注。该节目获得“2012 全国幸福家庭行动优秀电视节目一等奖”，可谓实至名归。

爱心无价：公益性质的节目运作法则

经过数次改版，《饭没了秀》近年来不断加重了“爱心、公益”的元素，让节目更有人文气息。正如制片人方菁在接受媒体采访时所说：“我们都不希望孩子成为‘爱无能的一代’，设置儿童慈善的环节，就是要提醒家长，从小培养孩子的爱心和孩子们爱的能力。”①比如在“我们来了”这个子版块中，节目组通过外拍 VCR 记录传递“爱心能量”的整个过程，由两位宝宝将这份“爱心能量”传递到需要帮助的对象手中，帮助他们切实解决一些实际困难。节目组向社会传递这样的讯息：“慈善就是这么简单和纯粹，慈善就是这么义不容辞，慈善需要你我他共同完成，呼吁全社会一起加入这个爱心行列中来。”在 2012 年 1 月 5 日的节目中，两位宝宝的帮扶对象住在甘肃兰州的某一村落，在气温低至零下 15 度的寒冬里，帮扶对象家里没有任何供暖设备。于是，两位爱心宝宝带着慈善认捐换来的钱来到了帮助对象的家中，把善款换成帮扶对象最需要的东西，为他们解决燃眉之急。

另外，节目还巧妙地把“公益”和“明星”挂钩，设置了“宝贝赖上大明星”环节。在这一环节中，小朋友作为大明星的助理，将从明星那里获得的礼物进行拍卖，用来帮助需要帮助的儿童。这对参与节目的大明星而言也是很有利的宣传，塑造了明星的公益形象，因此我们在《饭没了秀》的节目现场，看到了诸如周杰伦、何炅、汪涵、魏晨等明星。而对于节目而言，明星元素的加入不仅增加了节目的可看性和吸引力，同时也提升了公益元素的传播效应，可谓是一种巧妙的“双赢战略”。

① 夏至.《饭没了秀》开启“双响炮”时代 教孩子懂得爱[N]. 新闻晨报，2012-04-06.

《饭没了秀》确实展现了“童言无忌”的魅力，但随着节目长期播出的压力，节目组常常为了吸引受众而刻意安排孩子们“背台词”。许多用词造句可以明显看出编导事先编排的痕迹而失去了孩子的童真童趣。同时，我们也不得不担心，长此以往，孩子是否会沦为成人的“娱乐工具”？很多孩子在媒体的“导演”下，已经领会了如何才能使自己更出彩，他们故意离题万里、答非所问、制造噱头，如此表现都已偏离了节目最初的定位与价值引导。

（作者：程军玲）

同样的故事，不一样的传奇

——江西卫视《传奇故事》解析

栏目名称：《传奇故事》

播出频道：江西卫视

制 片 人：金飞

主 持 人：金飞

开播时间：2005 年

播出时间：周一至周日 22:00

节目时长：30 分钟

栏目定位：讲述类

宣 传 语：每天一个故事，纵览天下传奇

《传奇故事》源于江西电视台都市频道的自办栏目《传奇》，随着收视率在江西本地区节节上升，从 2005 年一月开始升级为卫星频道的一个日播节目。在日益激烈的电视栏目竞争中，《传奇故事》打破了江西电视台自办栏目收视率低的局面并在全国产生了广泛的影响，受到了业界及观众的一致好评。《传奇故事》为何能取得这样的成功，正是人们所关注的，也是本文力图探讨的。

从江西都市频道的《传奇》到江西卫视的《传奇故事》，“传奇”二字贯穿始终。何谓传奇？按照郭预衡先生的说法，“传奇，顾名思义就是传述奇遇奇事之义……唐代称小说为传奇，宋元金称小说、野史、杂剧等为传奇，明清则称述异的小说、南戏为传奇”①。而在电视广泛普及、影像传播技术发达的现代社会，江西电视台正是通过编导们手中的摄像机镜头，为观众创造出了一个全新的屏幕传奇。作为一档综合类的专题栏目，《传奇故事》的素材主要来自全国各地传媒所采编的法制类节目，因而有专家戏称《传奇故事》是全国采编人员最多的栏目——有全国众多记者在为它制作节目，而同时又是最讲究成本效益的栏目——因为它选取的素材都是全国各地优秀的节目。《传奇故事》能够蹿升至收视榜前列，可见其在旧节目素材的基础上运用全新的形式进行整理包装是这一栏目取得成功的关键所在。总体上看，我们可以将《传奇故事》栏目的创新之处归结为以下几个方面。

故事为本

所谓“故事为本”，指的是《传奇故事》栏目采取说故事的方式，将各类严肃的道德法律案例转变成一个个通俗易懂、生动活泼的荧屏故事。

在媒体竞争日趋激烈的今天，电视节目五花八门、异彩纷呈，观众的欣赏目光也日益挑剔，传统形式的法制专题节目对观众的吸引力越来越弱，而观众对

① 郭预衡. 中国古代文学史长编 · 隋唐五代卷[M]. 北京：首都师范大学出版社，1999：497.

电视节目娱乐功能的需求则越来越明显。央视索福瑞公司民意调查显示，观众对电视节目的需求第一位是娱乐消遣，第二位是获取信息，第三位则是方便交流。由此可见，提供娱乐是观众对电视节目最为重要的期待。自从人类有了语言，故事就一直伴随着人类向前发展，倾听故事是人类与生俱来的嗜好和娱乐方式。“我们对故事的嗜好反映出人们对捕捉人生模式的深层次需求，这不仅仅是一种纯粹的知识实践，而且是一种非常个人化的、感情化的体验。”①《传奇故事》栏目的编导具有强烈的讲故事意识，运用多种手段对选取的素材进行娱乐化包装，重新构建素材的故事结构，强化素材的悬念冲突，这种纪实电视剧手法的二度创作，给人以全新的感觉，从而吸引了大批观众的眼球。从叙事的角度来看，《传奇故事》的叙事特点在于将主持人叙述与事件当事人叙述融为一体，从而出现两个层次的叙述者并形成双重的叙事结构。第一个层次是关于故事产生的时间、地点、人物以及故事的开端、发展、高潮和结局的叙述，叙述者是节目主持人金飞；第二个层次是关于事件发生的现场状况及过程的叙述，叙述者是事件的当事人或目击者。这种双重的叙事结构其叙述与被叙述的关系为：

故事事件←当事人（目击者）←节目主持人

采用这种双重的叙事结构，有助于增强故事的生动感和现场真实感，从而达到吸引观众的目的。例如在 2006 年 1 月 27 日的《勇斗凶顽》中，主持人先从“杀手”这一词语引出故事主人公（刘广伟）的身份（“太平第一杀手”）及其犯罪记录，接着叙述故事发生的时间（2005 年 3 月）、地点（哈尔滨市）和缘由（越狱后重新作案），然后讲述了故事的结局（“杀手”刘广伟最终在与公安人员的对峙中被击毙）。同时，对于故事的高潮部分，即“杀手”刘广伟与公安人员对峙最终被击毙的全过程，除了主持人的叙述之外，还通过采访的形式由当事人——哈尔滨市公安局刑侦二队中队长马昌晖和两名刑侦队员详细叙述整个过程。除此之外，《传奇故事》栏目还运用模拟现场的手法，将事件的过程通过屏幕展示给观众，从而增加了故事的真实感和可信度。

从设置悬念冲突的角度来看，《传奇故事》栏目在节目的一开始往往采用倒叙的方法，由画外音先叙述故事的高潮并提出种种问题制造悬念，用声画同步的方式将具有吸引力的画面展示出来。主持人在娓娓道来的过程中也不时地

---

① 杨贻军. 浅谈电视纪录片的故事化倾向[J]. 中国电视，2005(8)：62.

提出种种问题并如同剥笋般将问题的答案一一揭晓，有时，主持人也采用插叙的方法将故事的另外一条线索牵引出来，使得故事更加充满悬念，引领观众一探究竟。例如在 2006 年 1 月 26 日的《追捕窃婴人》中，节目一开始便由画外音叙述故事的高潮并提出问题："双胞胎男婴神秘失踪……黑暗之夜是谁伸出了窃婴之手？……小旅社住进神秘女子，自称未婚却为何随身携带婴儿奶瓶？"随后主持人在叙述过程中又频频设问："为什么小偷入室不偷取财物而只对孩子下手？……那么这个人（小偷）会是谁呢？……既不是为钱也不是为了报复，那你说这偷孩子的人究竟为了什么呢？……"同时，主持人在叙述中还插叙了偷婴人徐桂侠的婚姻经历和偷孩子的缘由。这些悬念与冲突的设置，抓住了观众的好奇心理，引领观众一步步跟随主持人的叙述进入故事情境之中，直到把一切谜底都一一揭晓为止。总的来说，这种把道德法律案例包装成通俗故事来述说的手法，将娱乐性寓于严肃的法制专题栏目之中，既满足了观众对电视节目娱乐消遣功能的需求，又使观众能了解到更多的信息。

出"奇"制胜

《传奇故事》栏目选取较为奇特的故事素材，从平淡的生活中挖掘出不平常的真实传奇，可谓出"奇"制胜。

作为一档讲述真实故事的综合类专题栏目，故事内容能否引起观众的兴趣是决定该栏目收视率高低的重要因素，因此题材的选择尤为重要。从选材上看，《传奇故事》的素材来自全国各地的媒体，既有全国各省级电视台制作的纪录片和专题片、各地市电视台相关栏目提供的节目，也有社会影视机构和个人拍摄的优秀作品以及栏目的自拍节目。而在如此众多的素材中，《传奇故事》栏目始终把握住"好中求优，优中求奇"[①]这一选材原则，正如主播金飞所说，其选题都有一个共同的特征，那就是具有"传奇性"。因此，尽管《传奇故事》栏目播出的节目没有很强的时效性，但是却包罗了全国各地曾经轰动一时的新闻事件和富有典型性的案例，这成为该栏目突显"传奇性"的重要根基，同时也成为该栏目题材上的一大优势。这种"传奇性"主要体现在《传奇故事》栏目将那些情

① 曹旭良. 拓展题材深化主题——谈电视专题片的创作[J]. 当代电视，2000(4)：54.

节曲折、悬念迭出、引人入胜的新闻事件和经典案例重新编排成一个个富有传奇色彩的故事。

对于普通人来说，现实生活是平淡无奇的，缺少冲突、缺少悬念，尤其缺少富有传奇色彩的故事。人们在平淡琐碎的日常生活中，热衷于对奇闻逸事的窥视与探究，从而填补自身平淡生活的空白并积累茶余饭后与人交谈的谈资。《传奇故事》栏目正是抓住了观众对奇特新鲜事物的好奇心理，从大量平淡的日常生活中挖掘出不寻常的人和事，截取富有传奇色彩的真实生活片段呈现在屏幕上，让观众感受到原来自身所处的平淡生活中居然有如此众多不平常的传奇。比如，2006 年 1 月 31 日的《赌王》讲述了靠赌博发家、号称“亚洲第一赌王”的尧建云从千万富翁沦为失去双腿的街头乞丐，并最终醒悟，通过表演赌术和诉说自身经历劝人戒赌的传奇故事。2013 年 1 月 4 日播出的《风水大师的秘密》讲述的是浙江诸暨一位化妆品推销员冒充风水大师行骗的故事。另外，还有《被告公安局》《青春祭》《复活》等。可以说《传奇故事》如同一幅世间百态图，让每一个身处平常世界的观众感知到世间的独特传奇。当然，《传奇故事》栏目在突出“传奇性”这一特点的同时，并不是一味地以“奇”取胜。对于电视节目来说，过于猎奇容易使得节目变得庸俗甚至走向低俗，而《传奇故事》能够把握住“雅”与“俗”之间的尺度，让朴实却独具个性的主持人在一个“雅”的平台上说一件通俗的事，用“雅”的基调来保证导向，用通俗易懂的话来与观众交流，从而也让观众体会到每一个传奇故事背后所蕴藏的人间冷暖、爱恨情仇。总之，《传奇故事》栏目以故事为根本，突出故事的传奇色彩，从平民的视角出发，寻找容易引发观众共鸣的话题，从而能够让观众每晚准时守候在电视机前。

挖掘内涵

《传奇故事》栏目善于挖掘每一个故事所蕴含的人性化深度和社会内涵，用传奇个案述评道德与法理，引起观众的思考与共鸣。

正如有论者指出，“在结构一部专题片时不仅需要对主题进行把握，也要对所叙述的人和事的思想意义以及深刻的社会内涵有一个清醒的认识”[1]。同样，

---

① 胡智锋，顾亚奇.《传奇故事》的成功之道[J]. 中国广播电视学刊，2006(2)：47.

对于一档法制类综合专题栏目来说，尽管可以采用娱乐化的包装手段，变严肃的法制专题栏目为娱乐化的故事栏目，但是让观众在听完或看完故事之后有所思考，领会故事背后的思想内涵应该成为这类栏目的真正追求。故事归根到底是人的故事，从人性化的角度来挖掘故事的思想深度，让人物的命运打动观众的情感并引起观众的关注才是最重要的。而《传奇故事》确实做到了这一点。犹如靳志伟教授所说，“《传奇故事》选取当前中国具有社会转型期特征的典型故事……深刻揭示了社会价值观的断裂情况……”①。《传奇故事》选取了当今社会具有典型性的新闻事件和案例，在对旧的素材进行二度创作的基础上，注重从人性的角度关注社会转型时期人们的生存状态、价值观念的变化以及不同价值观念的碰撞与冲突，从而深入地挖掘每一个传奇故事蕴含的人文内涵和社会内涵。由此，《传奇故事》不仅让观众听到和看到一个个通俗有趣的传奇故事，同时更将故事进一步升华，使观众更加深入地了解现实生活中的情理、法理与道理，加深对自身与社会的认识。这种故事内涵的深度挖掘主要体现在主持人在叙述故事当中夹杂的精妙评论和故事结束后的总结评价之中。主持人金飞善于运用来自生活中的俗语、谚语、成语和寓言，对故事内容进行渲染、评点和勾连，其串联词和平民化的口语叙述已经成为《传奇故事》不可或缺的组成部分。同时，金飞幽默睿智的语言，既深受观众喜爱，又揭示出生活的真谛，引发观众很多思考和共鸣。如 2006 年 1 月 19 日的《青春祭》讲述了吉林大学学生绑架 13 岁男孩并将其杀死勒索钱财的事件。《传奇故事》没有仅仅突出这件事的奇特和耸人听闻，而是将着眼点落在这位大学生的心理历程上，深度挖掘其人性转变的原因，并联系“马加爵事件”及其他大学生犯罪事件的共性特征，道出了高校教育体制的某些问题。在 2011 年 10 月 26 日的节目中，一个叫作婷婷的小女孩多年来生活在亲生父亲和继母的家庭暴力中，最后经过一番协调，婷婷交由姑姑抚养。在节目最后金飞说：“现实生活中此类事件并不少见，保护未成年人尽管有法律依托，但缺少的是行之有效的实际操作。”一句话，让我们不得不思考保护未成年人这个重要的工作。2012 年 11 月 3 日的《沦丧的道德 疯狂的 6.6 公里》，讲述了一桩骇人听闻的交通事故。最后金飞发出了追问：“为什么他们面对受害者的煎熬还无动于衷？这是因为自私，也是因为冷漠。而他们之所以走向罪恶是因为其一再侥幸。”这档节目的播出，相信给酒后驾

---

① 靳智伟.《传奇故事》:电视模式化运营的典范之作[J].广告大观(媒介版),2006(2):61.

驶、交通事故频发的当下社会敲响了警钟。

当然，对于《传奇故事》这样一档较为成功并日益成熟与完善的电视栏目来说，固定的运营模式造就了其独特的品牌，从而也形成了较高知名度和稳定的收视群体。但是一档优秀的品牌栏目更应该具备经受时间考验的持久生命力和持续发展所需要的自我调节能力，因此，要在激烈的栏目竞争中长期立于不败之地，《传奇故事》唯有在既往的固定模式基础上不断开拓创新才能迈上一个新的台阶。最后，让我们用一位观众给《传奇故事》栏目的信来结束本文的探讨："《传奇故事》就像是一面镜子，照出了人性的善恶美丑，在不知不觉中影响着、规范着和约束着人们的行为，也使处在逆境中的普通的、平凡的老百姓对社会、对生活多了一份信心、勇气和希望。"

（作者：丁鹏、宋超）

真情传递与心灵归宿

——吉林卫视《回家》解析

栏目名称：《回家》

播出频道：吉林卫视

总 制 片：王俊杰

总 监 制：冯晨、迟秀才

制作单位：北京芊芊港文化艺术有限公司

开播时间：2002 年 9 月 1 日

播出时间：周六 19:30(首播)

周日 13:29(重播)

节目时长：30 分钟

栏目定位：纪实类

栏目主旨：浇铸情感、传承文化、超越自我、回归心灵

宣 传 语：《回家》,带你走入人间真情地带

获奖情况：中国电视“彩虹奖”二等奖

第十七届中国电视文艺“星光奖”优秀栏目奖及专题节目一等奖

中国电视“金鹰奖”优秀节目奖

《回家》是一个以“回家”为主题的栏目，每期介绍一个人物，时长 30 分钟。此栏目以社会的中坚力量和知名人士为拍摄对象，根据人物的职业特征、人生背景、心路历程和感情线索构成框架，通过人物回家过程中所体现出的刻骨铭心的感情经历和跌宕起伏的人生往事，表现生命的多彩和人间的真情。从已经拍摄的人物看，栏目既关注具有文化历史感的艺术家，也关注对社会文化生活产生较大影响的时尚人物。《回家》尝试用真实的生活情节、真实的人物性情来体现多元文化中的多元化的生活状态和人们对真善美的追求，获中国电视“彩虹奖”二等奖、第十七届中国电视文艺“星光奖”优秀栏目奖及专题节目一等奖、中国电视“金鹰奖”优秀节目奖等。

纪实手法与栏目内容的契合

《回家》是吉林卫视一档以人物为叙事核心的栏目。自从《东方之子》开创了名人谈话类栏目之后，拿名人做文章的电视栏目不仅数量多，而且在国内的电视荧屏上形成几种比较成熟的类型：第一种是访谈类，这是最早出现也是数量最多的一类，因为制作成本比较低而最受制作单位青睐，也成为被复制最多的一种类型；第二种是有现场观众的演播室互动型，这种类型的人物栏目以其现场气氛的热闹煽情或轻松搞笑而获得了良好的口碑，比较有代表性的栏目是《艺术人生》和《超级访问》；第三种是纪实类，这种类型的栏目不多，比较有知名度的是《人物》。由于纪实类栏目的制作成本比较高昂，而且一旦栏目化后就要求有更高的投入，所以此类型的发展受到了限制。

面对国内荧屏已经存在如此多同类题材栏目的状况，《回家》如果不能准确定位，赋予栏目一定特色的话，必然会被淹没。以名人为题材的栏目主要是关注名人故事，或是与人物相关的焦点事件，或是人物一些不为公众所知的普通而感人的真实故事，总之是向公众展示人物或伟大或普通但却真实的一面。同类题材的电视栏目大部分采取谈话的方式，不论是访谈还是聊天，都是通过主持人和嘉宾的语言来构筑节目内容的。这种形式有其自身的特点和优势，但也有局限性，如遇到不善言辞的嘉宾或是主持水平不高的主持人，就会使栏目的质量大打折扣，而且这种类型的栏目大多是在演播室或固定的场景拍摄的，画面缺乏变化，因此只能靠语言来吸引观众的注意力。

《回家》同样是一个讲述名人故事、关注名人真实人生和情感经历的栏目，那么如何去表现，采取什么手段能更好地契合栏目内容呢？栏目组的主创人员道出了他们的想法和选择："我们相信是人类的行为动作，而不是滔滔不绝的言语更接近自己的心灵……纪录片类型最能体现影像的力量，最能震撼人心，最能创造经典。"纪实以展示真实的方式，通过为观众提供真实的人物、事件和原生态的生活场景达到感染和震撼观众的效果。纪实手法的这个审美特点与《回家》栏目所要表现的名人真实情感经历、真实生活故事是契合的。纪实手法的运用使摄影机走出了演播室、扩大了表现空间，也为制作者们提供了更为广阔的创新和尝试的空间。从已经制作出来的一些节目看，《回家》确实找准了自己的定位，表现出了与众不同的特色。

传统"家"主题的开掘

在《回家》栏目的推介会上，中宣部文艺局副局长李京盛评价说"这是在电视文化中抓住了中华文化的根本特征"。这一评价点明了"家"主题的选择在宏观文化语境上与中国人的传统观念、传统文化是相呼应的，它符合中国人重家庭亲情的观念。另外，从微观语境上来说，"家"这个话题容易引起嘉宾和观众感情的共鸣，尤其在当下的社会环境中，人与人的沟通和交流越来越少，激烈的竞争以及工作和生活的重重压力使得人与人之间的关系越来越疏离，情感的荒芜和心灵的无所归依是现代人无法言说的精神状态。面对电视荧屏上一波又一波的娱乐狂潮，短暂的情绪释放并不能使空虚和寂寞的内心真正得到抚慰。《回家》的策划者们准确地抓到了"家"这样一个切入点，一个能够勾起每个人情感回忆的话题。"家"不仅是凝聚情感的话题，而且也为节目关注的名人们提供了一个唤起回忆和表达情感的绝佳场所。在每一期节目中，当身在他乡的游子们回到自己的故乡或是曾经工作和生活过的地方，面对曾经那么熟悉的一切时，我们可以看到他们的一言一语，一颦一笑，一举手一投足之间所流露出来的真实情感。在“家”的场景中，名人们的每一个表情、每一段述说在镜头的记录下都真实地呈现给电视观众，极具感染力和震撼力。这也是《回家》能够取得高收视率的一个重要原因。

《回家》的编导们在策划节目之初就对“家”这个主题给予了更为广义的理解。也许是他们清醒地认识到狭义上那种家庭、家乡的概念会限制栏目的发展空间，而且名人类型的栏目资源属于枯竭性资源，所以如果不能够对“家”有一个更为宽广的理解，那么对于一个新栏目来说，它的发展余地就很狭小了。为此，《回家》的编导们这样定义了家的概念：“家”不仅仅是家庭、故乡，凡是对一个人的心路历程具有情感归宿意义的背景，如真挚的友谊、钟爱的事业、母校及曾经工作过的地方等，只要它可以给一个人的内心带来安宁、抚慰，都在“家”之列。这也体现了《回家》栏目的主旨，即“浇铸情感、传承文化、超越自我、回归心灵”。在当前这个喧嚣浮躁的时代中，《回家》能够大气沉静、摒弃肤浅，关注人间真情，挖掘人们心灵深处珍藏的感动，不能不说是独辟蹊径，不仅呈现出一定的艺术品格，而且有很强的观赏性，称得上是艺术性和观赏性俱佳的栏目。

镜头语言的诗化表达

《回家》栏目的制作者根据栏目内容的特点，在表现手法上突破思维定式，在突出纪实手法的同时，充分挖掘镜头语言的表现力，给人耳目一新的感觉。

《回家》根据人物不同的人生背景，着重突出人物独特的人生故事。栏目的故事性以及人物在回忆人生经历过程中自然流露的真实情感，给栏目增添了许多亮点。《回家》的编导注重用故事化的情节吸引观众，在不影响栏目整体纪实风格的前提下，借鉴了电影和电视的叙事手法，让画面更丰富、更具表现力。其中发挥镜头语言的表现力，捕捉富有意义的画面以及蒙太奇手法的运用尤为突出。例如，对富有深意的画面的捕捉在《席慕蓉——追寻梦土》和《章含之——烟雨芳华》两期节目中尤为突出。《席慕蓉——追寻梦土》中，摄像机在跟踪记录席慕蓉回内蒙古的路途中，多次把镜头摇向天空，拍摄一队队大雁南飞的画面，巧妙隐喻席慕蓉重回故里。当席慕蓉与族人围着篝火高唱内蒙古民歌时，熊熊篝火的特写不仅表达了人物当时兴奋激动的心情，还营造了一种热烈的气氛和饱满的情绪。《章含之——烟雨芳华》中，当已经白发苍苍的章含之回到自己曾经生活过的北京老宅时，摄像机跟踪那双历经沧桑的双眼，然后定格在她回望海棠的那一瞬间。海棠依旧，但看海棠的人却老去，物是人非的苍凉感顿时被烘托出来。章含之在父亲的雕像前凝视，一个特写镜头推进了她抚摸父亲雕像的手，无言胜有言，表现了章含之对父亲深深的怀念之情……

蒙太奇手法的运用使《回家》栏目在整体写实风格中氤氲着一种浪漫和诗意的气息，可以说是对传统的纪实风格栏目的突破。

首先，画面蒙太奇的组接。在电影蒙太奇语言中，不同景别、不同内容的画面被组接在一起，能够产生许多不同的意味，表达作者或者片中人物的不同情感和情绪。《回家》栏目是通过人物故事来关注人物情感和人生思考的，所以编导在编排和剪辑时有意识地借助蒙太奇来表意和表情。如在《席慕蓉——追寻梦土》中，在席慕蓉回忆并讲述自己第一次回内蒙古草原的情形时，马上衔接了一组摄影机在草原上快速推进的空镜头，紧接着镜头向上摇向天空。这一组镜头画面的组接形象地诠释了席慕蓉第一次回家的感受。快推的镜头表达了她急切和兴奋的心情，那摇向天空的空镜头则表现她看到广阔草原的感慨。这样的组接还有很多，如《章含之——烟雨芳华》中，当章含之介绍自己在上海的老家并回忆了自己居住在那里的一段岁月后，镜头拍摄了老宅院子中雨后一地的落英，镜头画面表达的孤独、凄冷和飘零的意境抒发了章含之此时的心境。用画面组接来表意的例子在《陈忠实》中也可以找到：当陈忠实讲述了作家和其成长环境的关系后，荧屏上出现了一头小牛正在乡间路边吃草的画面，生动鲜活的画面隐含了农民出身的作家特点，使原本抽象的情感和意义更加具象。

其次，声音蒙太奇的运用。声音蒙太奇包括声音与声音的蒙太奇组接和声音与画面的蒙太奇组接。《回家》栏目中，两种声音蒙太奇手法都经常运用。如声音与声音的蒙太奇组接大多在背景音乐与旁白解说或人物述说的组合中运用，几乎每期节目中都可以找到例子：《席慕蓉》中，旁白和背景音乐在节目一开始就一起响起，伴随着马头琴的奏鸣，旁白叙述生于内蒙古的主人公席慕蓉的人生经历。马头琴既表明了人物的出生地，也因为其音色和旋律的苍凉衬托了旁白所介绍的人物的曲折人生。此外，席慕蓉朗诵自己的词作的同时融进了由词作谱成的歌曲，优美的旋律表达了席慕蓉思念家乡的赤子之情。相对于这种声音蒙太奇的运用，声画蒙太奇则更富有表现力，《章含之》中，章含之回忆“文革”的画外音和她北京的宅院中一个漫天大雪的空镜头画面组接，让人不由地感受到“文革”时期的阴郁肃杀。《梅志》中，当画面呈现老人思绪万千的脸时，同时传来水龙头有节奏的滴水声，增添了画面的空灵感，引发观众的无限想象。《席慕蓉》中，大量的内蒙古民歌背景音乐和内蒙古草原风光的组接，让观众领略草原的美丽风光的同时，也充分展示了内蒙古独有的地域风貌。席慕蓉朗诵自己创作的关于乡人祭祀的画外音和祭祀场面有机组合，生动形象地展示了蒙古族人的祭祀文化。

灵活多变的叙事风格

《回家》作为一档人物纪实栏目，既是对人物人生故事的纪实，也是对人物真实情感的纪实。栏目根据人物不同的职业特征、人生经历来策划和结构内容。人物自身的特质的不同使得栏目呈现出不同的风格特色，形成多样的叙事风格。《回家》栏目的这一特色也是对之前此类栏目的突破。

散文化叙事。这种叙事风格在两期台湾诗人席慕蓉和余光中的节目中表现得尤为突出。这与两个人物的诗人身份和人生经历的相似有关。席、余二人都是少小离家，后辗转去了台湾，又由于政治原因长期不能回故乡，对家的思念随着岁月的增长越来越浓烈，他们把这种思乡之情都注入自己的诗歌和散文作品中，创作了许多耳熟能详的名篇。在展示这两位人物的节目中，编导侧重挖掘人物“思家”的情感要素。节目中加入了许多他们思乡的作品，并配以大量表现家乡风光的镜头画面和抒情的音乐，使得整个栏目像一篇篇抒情散文，充盈着浓浓的乡情。

传奇化叙事。这种叙事风格与栏目所选人物的特殊身份密不可分。由于栏目所选人物自身具有传奇色彩，使得栏目具有传奇化的叙事特征。陈香梅和章含之这两个人物有着显赫的身份地位、离奇曲折的人生经历以及传奇的人生故事，而这些传奇故事能让人领略另一种奇异的人生图景，所以能吸引观众。

哲理化叙事。这种叙事风格体现在一些出身社会底层，经过努力奋斗和不懈追求最终获得成功的人士身上。在陈忠实和余秋雨的两期节目里，编导侧重展现的是人物曾经的艰难挣扎、犹豫徘徊以及最后的坚守和成功。在这两位人物回忆往事时，融入了他们许多独特的人生体验和富含哲理的生活感悟。栏目自身因为这种哲理化的表达而显示出一定的思想内涵和思想深度。

栏目标识系统叙事。《回家》是吉林卫视全力打造的一档精品栏目，其栏目标识系统的设置不仅渲染了浓郁的叙事氛围，还起到了意想不到的叙事效果。如，栏目精心制作的片头和片花运用了先进的数字技术，营造出温馨浪漫的艺术氛围：片头是两只蝴蝶形影相随地飞过高山，飞向远处充满温馨灯光的家园；片花的设计则是在用毛笔书写"回家"两个字的过程中穿插了三种对回家的描述，即"回家的心情像一杯酒，回家的里程是一段路，回家的感觉似一盏灯"，并配以表现这三种描述的画面，最后呈现出"回家"两个遒劲有力的大字，既体现了中国传统书法的魅力，又强调了中国传统"家文化"的深意。栏目片尾曲也别有意味，"回家，破了洞的睡衣里面，让心有段自由的旅程；回家，卸了妆的面孔背后是我梦中细细的鼾声……"，优美抒情的旋律，真切感人，道出了所有人回家的急切心声，也升华了整个节目的主题。

《回家》在人文与市场之间寻求平衡，在保证栏目观赏性的同时，使栏目具有一定的文化品位。因此，栏目试图以拍摄对象自身的文化涵养、艺术气质来赋予栏目相同的风格。初期的一些节目主要关注的是文化界的名人从而使栏目的文化氛围相对浓一些，后来的一些节目则关注斯琴格日尔、胡兵等年纪尚轻的娱乐明星，他们生活阅历尚浅，对人生的思考和感悟都缺乏深度。为此，栏目在扩大拍摄对象范围的同时，如何遵循节目宗旨，不断满足收视群体的审美期待，是栏目发展必须面对的问题。

（作者：魏南江、杨雪）

在娱乐与思考中讲述新闻故事

——中央电视台《社会记录》解析

栏目名称：《社会记录》

播出频道： 中央电视台新闻频道

制 片 人： 李伦

主 持 人： 阿丘

开播时间： 2003 年 5 月 1 日

停播时间： 2008 年 1 月 31 日

播出时间： 周一至周五 22:05(首播)

周二至周六 4:40、16:30(重播)

节目时长： 20 分钟

栏目定位： 新闻类

栏目口号： 不看不睡

《社会记录》是一个讲故事的栏目，描述这个世界上正在发生的真实故事，可能是引人注目的社会事件，也可能是不为人知的凡人小事。《社会记录》以纪录片品质的影像和主持人描述性的语言来完成故事的叙述。纪录片式的影像呈现着故事的鲜活与真实；描述性的语言为故事拓展了不一样的读解空间。对社会和未来抱有合作与乐观的态度，在目睹他人的经历后，了解彼此，在感受不同的人生中，审视自我，这是《社会记录》自身的价值所在。

栏目理念："大社会新闻"

《社会记录》选题丰富，涉及属于社会新闻范畴的各个领域，体现的是一种"大社会新闻"的理念。

从空间上说，除了关注国内还关注国际上发生的社会事件，如《〈尖叫〉被绑架》讲的就是挪威的博物馆一幅叫《尖叫》的名画被盗的事，并以此引发其他国家关于"偷画"的趣事和怪事，例如法国卢浮宫曾经由于油画《蒙娜丽莎》被盗而门庭若市，《蒙娜丽莎》却因此名声大振，跻身世界名画之列；从时间上看，包罗了日常性、突发性的新闻事件，如《海宁火灾》讲的就是海宁当天发生的特大火灾。按内容划分，不仅有新闻故事还有话题性新闻。前者以跌宕起伏的社会故事为主，如《黄静之死》是一位妙龄少女一夜之间离奇死亡的扑朔迷离的故事。后者主要围绕一个主题来展开论述，只要和主题有关的皆可作为谈资，和新闻故事相比，它一以贯之的并不是一个具体的故事而是一个相对抽象的话题。如《玫瑰玫瑰我爱你》就是借即将到来的情人节谈商业社会里人的情感。除此之外，一个好的故事还需要一个好的名字画龙点睛，吸引观众。《社会记录》每期节目的名字都很吸引人，如《老人爱美丽》《我怎么就不能罢免你?》《赖昌星还能赖多久?》《杀死你的欲望》等。

从样式来说，《社会记录》属于新闻性栏目，因而"还原事实"是它的基本要义。它很少直接表明自己的观点，"尽可能在一些事实还没有呈现本身特性的时候让观众自己去评论，不应该主观地提供评论”，只是告诉大家事件发生了，事件到底是怎么样的。在客观还原事实的同时，主持人阿丘或温情脉脉或嬉笑怒骂的讲述，使新闻事实呈现出冷峻、严肃之外的别样情感。

中央电视台有诸多名牌新闻栏目，《社会记录》栏目的主创人员深知，要想拥有属于自己的一片天地，必须走“人无我有，人有我奇”的个性化道路。也正因为如此，它没有类似于“谁？知道什么？为什么？怎么样？”步步紧逼式的追问，也没有立足于宏大叙事的庞大构架。

关于这点，主持人阿丘做了一个绝妙的比喻：“同样是在地下挖坑，他们是不断地向下挖，挖得越深越好，挖得都见了水还得往下挖。而我们用不着挖得那么深，但是我们会往坑里种上一棵树，然后让这棵树去开花结果。”弱水三千，《社会记录》只取一瓢：“只是要亲和力以及故事的感染力。”在中央电视台新闻频道关于《社会记录》的受众调查网页上，在参与调查的16141张选票中，对该栏目持非常肯定和比较肯定的占到了87.2%，这也体现了《社会记录》良好的收视基础。

叙述风格：新闻的戏剧化

《社会记录》栽下的“这棵树”究竟是如何用故事本身的魅力去吸引和娱乐观众，从而“开花结果”的呢？这体现在它对新闻戏剧化的叙述风格上。

电视节目是一个线性结构，观众可以也可能随时离开，所以节目的开头通常会设置一个悬念。比如，《一场尴尬的车祸》的开头：

> 小时候，我爸爸就教育我两句话，我到现在都记忆特深刻，什么话呢？没事别找事，有事别怕事。就是说一旦出了麻烦咱们该怎么处理怎么处理，别慌神，当然了，有一个重要前提就是别没事找事，跟你没关系就别瞎掺和。我到现在都一直记着这话，可是我长这么大了，也接触了不少人，有了事怕事的人见过不少，没事找事的人还真没几个。不过，前段时间，我就认识了一个没事找事的人……这时你是不是特想知道这是一个什么样的人，他要找的又是什么事？

《社会记录》主持人阿丘对新闻事件绘声绘色、引人入胜的讲述非常出彩。

在整个叙述过程，他能游刃有余地把握事件的来龙去脉，在短短的20分钟内把一个比较复杂的故事讲得或妙趣横生，或感人肺腑，或发人深省，或五味杂陈。这与阿丘的个人经历有很大关系。

阿丘曾经从事戏剧工作，是一级编剧，说故事的能力很强，在语言组织方面也别具一格——用类似说评书的方式来“说”新闻。众所周知，评书是曲艺的一种，特别强调语言的口语化和生动性，表演时要求演员表情丰富、到位。《遥远的童话》(2004年8月13日播出)讲的是古代奥运的故事。节目播出时，再过两个多小时雅典就要举行第28届奥运会的开幕式，人们在翘首等待那个历史性时刻的到来。穿着“奇装异服”的阿丘的开场白是这样的：

再过2小时15分，一场盛大的仪式就要在万里之外的希腊半岛上演了。和全世界的眼球一样，对这个四年来一遭的东西，我也是翘首以待、望眼欲穿啊！熬夜？不怕！人生有几个四年啊？呵呵。如果说今年奥运有什么特殊性，那就是“奥林匹克回故乡”！梦，又回到了她开始的地方！所以啊，我特意换上了一套故乡的衣服，戴上冠军戴的花冠，以示“乡愁”！我们今晚节目的主题啊，可以归结为两个字“怀旧”！怀旧？有多旧？——整整两千七百八十年！

这段声情并茂又不失幽默风趣的口语化的表述，渲染了特定时空的氛围，道出了所有熬夜等着看开幕式的中国人的心声。

评书还有一个鲜明的特点，即注意制造悬念的“扣子”，而阿丘的语言，特别在讲述本身就错综复杂的故事的时候，不管是开场白还是串联词，都充分运用了“悬念”这一表现手法，以《阿甘考博》一期为例，阿丘是这样开场的：

今天我们的故事，要从一场考试说起。考试，我们从小到大都经历过不少了，可现在有一个考生因为一场考试出名了。出名的原因不是因为他中状元了，而是因为他落榜了。

在阿丘后面的叙述中，悬念的运用更是比比皆是，如：“那么，在考博士的过程中到底发生了什么事，阿甘为什么认为自己受到了不公正的待遇呢？”“大家之所以这么关注这件事，是因为阿甘在文章中说呀，他的落榜，背后可能有黑幕！”“随着这件事情的一步步演变，阿丘发现了一个有趣的现象，那就是啊……”等，这些台词不但简洁有效地把整个故事编织成一个主次分明、详略得当的有机整体，而且由于悬念的恰当运用，不断激发着观众的兴趣和紧张心情，从而达到“百转千回”的叙事效果，极大地满足了观众对精彩故事的收视期待。

《社会记录》的这种戏剧化的说评书式的叙述风格，取决于该栏目主创人员对栏目个性的定位。制片人李伦曾直言不讳地说，“《社会记录》是一个具有娱乐性质的新闻栏目”。正因为有这样的定位，集编剧、演员和娱乐节目策划于一身的阿丘才被选为该栏目的主持人；正因为有这样的定位，阿丘才会提出“把我当成一个演员更好”，才会致力于把一个故事讲得精彩；正因为有这样的定位，《社会记录》对社会新闻的处理几乎是叙述多于评判，感性多于理性，轻松多于沉重，乐观多于悲观，事件过程的展现重于结果的告知和意义的升华。

栏目特质：娱乐与思考并存

制片人李伦提出的“娱乐新闻”理念是一种全新的新闻理念，它并不是所谓的“新闻庸俗化”或“新闻肤浅化”的同义词，精彩故事其实只是《社会记录》的华丽外衣，它体现出来的娱乐与思考并存的既矛盾又统一的混合特质才是它的真正内核所在。那么，这种混合特质是如何表现出来的呢?

《社会记录》处处表现了鲜明的个性，在新闻的切入点上也是如此。节目善于从惯常的现象中发现不平常之处，例如《老人爱美丽》这一期节目避开了当今“人造美女”的热潮，将镜头对准了一个75岁高龄仅为悦己而隆胸的中国老人，这似乎是一个迎合观众“猎奇”心理、娱乐大众的好故事。但是，这期节目又不止于此，该节目对老人“七十而从心所欲，不逾矩”、不受别人的目光所累、从容淡定的生活态度表示了由衷的赞叹：“生活如果既可以不被他人的评判所累，听从自己的内心，又知晓与他人共处的和谐，那样的生活应该是幸福的。”因此，《老人爱美丽》这期节目既反映了当下现实，又超越了一般的“街闻巷议”，既触动了观众，又启迪了观众，使得他们展开积极的思考，从中获得理性的愉悦和人生的素朴真理。

再如《一个农民工的双重生活》讲的是“一边洗着餐馆里的碗，一边皱着眉头谈着高深的经济理论”的民工周克成在北京边打工边学习的故事。节目再现了男主人公自信与自卑、坚强与懦弱、执着与迷茫的生存状态，跳出了常见的关于“弱势群体自强不息”的常规报道，使得观众能够从新闻人物的遭遇中反观自身，产生深深的心理共鸣。

“以点论方圆”，以精彩故事和生动影像展现生活，呈现改革开放大背景下，纷繁多变的社会里，普通中国人的日常生活变化和内心情感变迁，这也是《社会记录》的人文内蕴所在。

传播学认为，不仅传播的内容会影响传播效果，而且传播的方式也会影响传播效果。传媒“影响力”是由著名学者喻国明先生提出来的概念。他认为，传媒仅仅拥有“注意力”资源是不够的，还必须长期保持对注意力资源的控制能力，而这种控制能力就是传媒“影响力”。“注意力”和“影响力”两手抓也是《社会记录》孜孜以求的传播效果，不仅要获得受众的“注意力”资源（很大程度上也就是一定的收视率），还要体现它所在的主流媒体在社会公共、社会公益和社会监督方面的良性引导作用。

《社会记录》把娱乐与思考很好地融合在一起。如上面提到的《玫瑰玫瑰我爱你》，用丰富的影像资料介绍了现代商业社会中各种光怪陆离的示爱方式后，提出了这样一个问题：“正是因为天然的爱情质量在下降，才需要人为地增加对爱情的修饰和包装。有没有道理呢？您自个琢磨去吧。”接着说起了一个故事——欧·亨利的《麦琪的礼物》，以说明爱情本身的朴素和简约，最后以“对真正有爱的人来说，生命的每一天其实都是情人节。对真正的爱情而言，最大的礼物也莫过于爱情本身”作为结语。整个节目看下来，想必观众会对爱情——这一古老而普遍的情感有了自己的看法，这就给“市场经济，情感几何”这一“集体焦虑”提供了一个正面积极的回答，发挥了主流媒体在社会公共问题方面的疏导作用。

以上从《社会记录》对故事的精彩叙述展开论述，提出了它具有“娱乐和思考并存”的混合特质，这种特质很好地把媒体“注意力”和“影响力”两种资源结合和利用起来，在引导社会良性发展方面起到积极作用。

（作者：覃嫦）

一面映射社会现实的镜子

——湖南卫视《变形计》解析

栏目名称：《变形计》

播出频道：湖南卫视、中央电视台财经频道

制 片 人：刘茜

主 持 人：王姬 、陆立 、魏哲浩

开播时间：2006 年

播出时间：周一至周五 18:13（首播）

周一至周五 11:05、23:34（重播）

节目时长：30 分钟

栏目定位：真人秀

获奖情况：2006《新周刊》年度中国电视创意大奖

2007《综艺》年度节目颁奖中获得“年度公益节目”奖

湖南卫视原定位为"生活类角色互换纪实栏目"的《变形计》在停播五年之后复出，并重新定位为"大型青春励志生活类角色互换纪实栏目"，突出了"青春"和"励志"两个关键词。这一转型不仅缩小了节目观照的对象，将体验"变形"的人员固定为青少年，还将目光聚焦在当下城乡教育问题上。经过改版的《变形计》一经播出便取得极高的社会关注度，节目平均收视率高达0.87%。参与节目录制的城市少年易虎臣微博粉丝高达几十万，并带动了整个节目的影响力。

以情动人：真实记录带来心灵震撼

《变形计》是一档将真实影像呈现给观众的人生互换体验节目，每期节目邀请一位家境优越但难以管教的城市少年和一位家庭贫寒但听话懂事的农村少年，两位少年互换一周生活。在这一周内，参与互换的青少年需要完全代替对方的角色生活，不仅要代替对方的家庭生活角色，例如称呼对方父母为"爸爸、妈妈"，还要代替对方的社会角色，例如去学校上课，甚至有时城市少年还需要代替农村少年从事繁重的体力劳动。节目通过跟拍、偷拍等多种拍摄方式将参与变形的两位少年一周的生活原汁原味地呈现给观众。从形式上来看，这档以"角色互换"为主题的节目呈现出了典型意义上的真人秀节目的审美效果，即"自愿参与者在规定情境中，为了预先给定的目的，按照特定的规则所进行的竞争行为的记录和加工"①。而《变形计》最初打动观众的正是这种强烈的纪实特质。这种纪实特质来自它在镜头中"始终呈现的'未知''未定'状态……不可预测的过程或意外体现出的纪实的魅力，并为人工剧情所不可比。"②节目力图真实地向观众展现录制过程中出现的各种插曲，例如在《少年何愁》一期节目中，农村少年吴宗宏来到城市学校住宿的第一天就被同学扇了一巴掌，相信观众看

① 尹鸿.解读电视真人秀[J].今传媒，2005(7)：14.
② 雷蔚真.电视纪实论[M].中国传媒大学出版社，2005：170-171.

到这个画面时一定为这位农村少年而揪心。然而这并非是节目组刻意夸大现实。接下来，导演组采访了吴宗宏和扇他耳光的同学，得知两人已经重归于好。

在制作过程中，《变形计》节目组往往会派出数十人进行全过程的跟拍，耗片比达到了 1∶100。这样一来，编导们在对摄制的素材进行编辑时，就能够挑选出最具代表性以及最能体现该少年性格和影响其性格养成的家庭环境的片段。

在节目所呈现出的真实画面中，城市少年来到农村，看到山区孩子艰苦生活时而落泪的场景，让我们为城市少年性格的逐渐变化感到欣慰，而农村少年艰苦的生活往往让观众为之感到揪心。《化不开的网》将镜头聚焦于留守儿童这一特殊群体，陈玉林的父母远在浙江打工，家里三兄弟独立生存。家里大哥本来成绩优异可以考上大学，但是忽然开始厌学、弃学，经过编导们的逐步了解，才得知原来大哥担心自己高昂的学费给家里造成沉重的负担，于是想用自己的“不争气”来给弟弟创造更多上学读书的机会。城市观众或许对“厌学”“弃学”等名词见怪不怪，但当看到有孩子厌学是因为怕考上大学给家里增加负担，而宁愿外出打工供弟弟上学，这无疑给他们带来了强烈的震撼。

纪实所带来的真实感不仅体现在内容上，还体现在叙述视角的选择上。尽管编导在剪辑素材时已经掌握了所有信息，他们还是采用未知视角对素材进行解读。在编写画外音时，编导将他们在录制过程中的体会写了进去。如此一来，摄影机似乎代替了观众的眼睛在进行观看，从而增加了观众的在场感。

以点代面：平行叙事与发散叙事并用

《变形计》的制作人李泓荔谈到这个“计”字时曾说：“‘记’仅仅只有记录的意思，而‘计’给人想象空间大，有计谋计划的意思，还有三十六计的意思。”[①]这一“计”字在节目中体现在创作者对叙事结构的巧妙编排和戏剧性处理上。首先，在后期剪辑的过程中，编导对录制的素材进行剪辑时往往会以“第一天”“第二天”“第三天”等时间顺序为线索，平行展现两个少年在身份互换过程中的真实生活状况。而在选择素材时，则大多以具体事件为契合点将两组人物串联起

① 许静. 从受众参与电视到电视干涉生活：《变形计》改变了什么？[J]. 新闻界，2008(5)：119.

来，从而呈现了一种平行叙事与交叉叙事相结合的剪辑方式。例如《横漂生活》的两位少年，一位是来自三亚热爱表演的“公子哥”，一位是在横店从小做群众演员的少年，节目用“表演”这一元素串联起了两位少年的变形：三亚少年来到横店之后开始体验群众演员朝九晚五的辛苦生活，横店少年到了三亚后需要自己排练一出话剧。再如在《阳光的背后》这期节目中，节目首先讲述凤凰山区当地家庭用杀掉一只鸭子的隆重方式款待李鑫这位来自包头的城市少年，这时通过旁白画面转移到了北京，“吴龙生的这顿饭吃的也是鸭子”，简单的一句画外音结合画面所拍摄的豪华餐厅与酒席，和山区简陋的晚餐形成了鲜明的对比。通过这种相似性蒙太奇的类比效果，不仅强化了城市与乡村之间的差异，而且通过凸显个体差异引发了观众对其背后广阔社会背景的关注和思考。

对素材进行剪辑时，以两位少年在变形期间的表现、变化为主线，但并不仅仅局限在两位少年身上，对于一些值得深入挖掘的人物或故事，节目都用相当大的篇幅进行单独展现。同时，主线中穿插了许多副线，在用平行叙事讲述互换人生的同时插入了“树枝状叙事”的扩散结构。例如改版之后的第一期节目《少年何愁》中，来到山区生活的城市少年易虎臣结识了一位叫作“小黑”的朋友，接下来的一期节目一直都围绕着小黑进行，易虎臣反而成为配角。在节目组跟拍小黑的过程中，逐渐发现其性格孤僻、不善言谈等源自其家庭的残缺，而易虎臣与小黑的互动也让观众逐步发现这个娇生惯养的城市“公子哥”性格中也有成熟、懂事的一面。节目中插入小黑的故事，实际上是希望借由这个不幸的孩子来促使电视机前的城市青少年更加珍惜幸福生活，同时也引起观众对落后山区孩童普遍问题的关注。诸如此类的发散型叙事结构还有很多，例如《化不开的网》中，来到农村地区体验人生的周云峰于当地结识了一对苦难兄弟，这时节目组开始着重讲述这对苦难兄弟的故事：他们的爷爷刚刚离世，兄弟俩每天背煤赚钱养活自己，只剩下一点油和辣椒来做一顿饭……看到这些场景的周云峰开始反思自己：“看看他俩的生活是怎么过的，再看看我的生活是怎么过的，估计就没有什么困难了。”这是周云峰面对镜头说出的话，而参加变形前的他还是一个虚荣、贪玩的孩子。《温暖之痛》中农村女孩若男的爸爸因为犯罪而入狱，爷爷奶奶已经十几年没有见过儿子，来到农村体验的城市少年龚韦华决定用自己的力量来帮助爷爷奶奶去西宁看望儿子，这段插曲并不在编导预期中，纯粹是龚韦华见到农村爷爷奶奶日夜思念儿子之后的想法。当一家人终于在监狱团聚时，摄像机开始聚焦在龚韦华身上，就像解说词说的那样：“参与了别人的故事，似乎自己也悟出了什么。”尽管这段内容围绕一家人团聚展开，但节目真正展现的是促成这次团聚的龚韦华在变形期间的改变与成长。

正像《变形计》的宣传语所传达的：“本节目的本意是希望通过农村少年来改变城市少年。”而对于城市少年的改变不仅仅锁定在参与变形体验的少年身上，更多的是通过展现他们的“变形”来启发电视机前千千万万的城市少年。由此可以看出，节目通过一种颇具随意性的“树枝状发散”叙事结构，即兴地对一些值得拍摄的人物进行了抓拍和额外展现，从而反衬出变形少年的心理变化，给观众带来了诸多心理冲击。

以小见大：映射社会现实的镜子

作为一档立足于青少年互换人生的真人秀节目，如果只是停留在对个体互换生活的展示上，那么节目就无法摆脱“猎奇”与“挖掘隐私”的低层次视觉享受，而《变形计》难能可贵地从两个青少年的“小人生”出发，进而去思考当代中国社会的青少年成长问题，体现出了较高的社会价值。

对于《变形计》来说，编者不时地在一些可能引起观众对参与节目少年产生反感情绪的段落中插入自己的解读，不仅对节目的走向进行积极的引导，同时也促使观众更加理解人物内心的想法。如《美丽加减法》一期节目中，来自城市的女孩李耐阅性格顽劣，难以接触，情绪化非常严重。在李耐阅参加苗族婚礼时，就曾因为编导夸赞新娘漂亮而情绪崩溃，甚至当面讽刺新娘面貌丑陋，后来她又因为同学夸赞参加变形的农村女孩罗珍而心情骤变。如果这段节目不经过加工直接播出，想必会引起电视观众对李耐阅的极大反感，但是与李耐阅相处多日的编导对她有更多的认识，在节目中插入了自己的解读：“当她听说罗珍懂事又漂亮，她生怕罗珍会抢走养父母的爱，恐惧和怒火就爆发了。”经过一段对李耐阅身世的解读，观众也更加理解李耐阅性情暴躁和种种行为的根源所在了。

从社会现实的角度来看，当前城市少年大多呈现出的叛逆、逆反心理以及与父母关系不融洽等问题并非单单源自青少年，更多是由父母没有采取良好的方式与子女进行沟通而造成的。一个孩子的问题，往往呈现出一个家庭的问题。如《阳光的背后》中，编者用隐蔽摄像机记录了吴龙生在床上无法入睡的场景，此时画面外传来城市妈妈在电话中争吵的声音，同时加入了一句低沉、稳重的男声旁白："不知道这种争吵，对于李鑫（参与变形体验的城市少年）产生了什么样的影响。"一句简单的旁白，道出了家庭培育孩子过程中普遍存在的问题。由此可见，《变形计》是"站在介于变形双方之外的'第三者'的角度来观察和评议'变形'的过程的：时而以'明说'的方式告诉观众'游戏规则'，时而用'暗示'的办法预兆变形双方当事人未来变形历程的走向"①。通过编导的暗示和引导，节目向一种预期的观影效果进发，从而不至于偏离积极向上的价值导向。可以说，《变形计》让人们在享受物质生活水平提高的同时，冷静地反思一系列尖锐的社会问题，继而在节目的结局带给人们更多的希望和力量。从这个角度来看，《变形计》是一档倡导社会主流价值观的节目，提倡中国传统伦理观念中的长幼有序、孝敬父母，遇到不公平"宽容为怀"，自力更生、自强不息，"老吾老以及人之老，幼吾幼以及人之幼"。

因此，《变形计》在中国电视荧屏上所担当的这面"镜子"，不仅仅映射出贫富差距所导致的发展差异，同时也映射出当代中国父母如何与孩子共处以及如何选择良好教育方式的问题，尽管湖南卫视为《变形计》的定位是青少年互换人生，但实际上是对两个家庭所有成员的整体互换。《变形计》如同一面"镜子"，镜子面前站着两位来自不同地区、家庭条件有着天壤之别的孩子，而镜子里面折射出的不仅是当前我国发展不平衡所导致的东、中、西部的经济差异，还折射出了我国教育资源不均衡导致的青少年教育问题，同时也折射出我国农村父母外出务工所导致的留守儿童现象……这面镜子折射出的种种社会问题让我们看到了一个更加真实、客观的当代中国景观。

存在问题探讨

《变形计》凭借其人文关怀以及精良的制作成为 2012 年最具人情味的节目，为屡次因为过度娱乐陷入争议的湖南卫视增添了许多光环。但客观地说，《变形计》在高收视下仍然隐藏着许多危机，很可能影响到节目的长远发展。

首先，湖南卫视在重新制作《变形计》时对节目进行了重新定位，将节目定

---

① 官其钎．刍议"真人秀"的本土化之路——以湖南卫视《变形计》为例[J]．东南传播，2008(11)：139.

位于“青少年互换体验人生”，这种重新定位看似更加贴合湖南卫视以青少年和女性为主的受众群体，也更加符合湖南卫视“青春向上中国梦”的口号。但是，纵观2012年《变形计》的节目可以看出，将节目仅仅局限在青少年身上实际上已经导致节目形成一个固定的叙事模式：城市少年娇生惯养不珍惜生活，经过变形开始认真学习、尊敬父母；农村少年早熟、懂事，在城市生活后更加激励自己要努力学习。几乎每期节目都没有脱离这个固定的叙事套路，只不过是找了不同的主人公来讲述同一个故事。目前我国社会矛盾并非仅存在于青少年身上，还有很多值得关注的群体，例如城市白领与农民工的互换、大龄未婚女青年和已婚妈妈的互换等选题都可以给观众带来更多的新鲜感和更广泛的社会影响。

其次，因为变形主人公都是青少年，往往带有青春期的羞涩而不会主动诉说内心情感，所以编导在录制过程中会与主人公进行对话来引导其说出内心的故事，但有些对话略显粗暴。例如在《温暖之痛》中，农村女孩若男在变形期间表现出心情低落，这时编导与其进行了一段对话：

若男：我不开心。

编导：你是不是觉得你永远不可能有他这样的家？

（若男点头）

编导：是不是觉得永远没有这样的爸爸妈妈这样哄自己？

此时编导引导若男说出了符合节目需要的话，但这段对话完全没有考虑若男的心情，甚至会让不开心的若男陷入更加难过的境地。从这段对话也能看出《变形计》的编导在处理细节问题的时候过于主观化，从而犯了诸如“主题先行”的错误，在节目效果和主人公感受之间如何取舍的问题上处理欠佳。此外，《变形计》作为一档真实反映我国青少年成长问题的社会纪实节目，节目中播出的农村地区贫穷落后以及青少年教育严重落后等问题给当地政府带来一定困扰。如何实现与地方宣传部门的良性互动并且兼顾节目效果，也是《变形计》在日后所面临的最大现实问题。

透过《变形计》这面“镜子”，我们不仅看到了真实的社会现状，还从中去反思每个人、每个家庭的教育问题与行为准则。我们相信，《变形计》今后还会带给人们更多的感悟。

（作者：宋超、郭宝玉）

风云变幻，服务大众

——中央电视台《天气·资讯》解析

栏目名称：《天气·资讯》

播出频道： 中央电视台新闻频道

主 持 人： 秦方、慕林杉、紫凝

开播时间： 2003 年 5 月 1 日

播出时间： 一天内十余次滚动播出

节目时长： 5 分钟

栏目定位： 生活服务类

中国科学院系统研究所、国家统计局等机构共同完成的“全国电视观众抽样调查”数据表明:观众最爱看的电视节目是天气预报。自1980年中央电视台《天气预报》开播以来,二十多年间,该节目每天为观众提供天气信息,并一直是中国电视节目收视率最高的栏目之一,深受各层次、各行业观众的喜爱。近几年,气象节目随着中国电视改革的推进也发生了很大的变化。中央电视台新闻频道的气象节目《天气·资讯》自开播以来一直深受观众的喜爱,成为国内气象节目中极具特色的一个典型。深究其原因,不难发现在这样一个小小的气象节目中承载了许多电视创新理念。

“内容为王”时代中的新气象

电视气象节目是以传播气象信息、提供生活资讯为主要内容的服务性节目,所提供的气象信息是大众生活出行的重要参考。其收视率与播出时间在各类电视节目中处于一个极其特殊的地位:播出时长最短(一般不超过五分钟),却保持着较高的收视率。尽管如此,不少观众仍然对气象节目的陈旧表示了不满。央视2003年的改版,在推出新闻频道的同时也打造了一档全新理念的气象节目——《天气·资讯》。该节目在传统的《天气预报》节目形式上进行了改良,开创性地加入了“简要资讯”和“生活服务”的内容,给原本枯燥、单调的天气预报节目带来了新的气象。

近年来,气象节目发展的一个重要趋势就是其内容已不再局限于单纯地提供天气信息,而是扩展为更广泛的生活服务资讯。1998年年底到1999年年初,“电视栏目文化研究”课题组对北京地区921名受众做了一次问卷调查,其中有一项问题是观众收看生活服务类节目的目的。有24.3%的人是为了了解各类信息;有17.6%的人是为了指导生活和消费;各有15%的人是为了增长知识和娱乐欣赏。[1] 气象节目是人们生活中不可缺少的服务类节目，但是，一般气象节目只会简单地将各省会城市和其他重要城市的天气情况一一预报出来，其他的内容就少有体现了。央视的《天气·资讯》节目最初栏目名称定为《天气资讯》，节目内容只是与天气密切相关的讯息。改版后的《天气·资讯》在标题上虽然只是一个标点符号的差别，但其内容却扩展至天气预报、出行参考、气象知识介绍、从生活资讯角度出发对新闻事件的追踪以及健康、旅游、住房、汽车、饮食、家居等各类即时信息与实用知识。在《天气·资讯》中，“天气预报”不再用生涩、呆板的专业术语来播报，而是以一种生活化的口语形式娓娓道来；“健康提示”则体现了节目对普通百姓日常生活最贴心的关切；“出行参考”又让观众及时了解到各地的交通情况和出行信息，为人们提供了实实在在的便利。如在一期《天气·资讯》节目中，主持人并没有直接播报城市天气，而是以秋天的螃蟹为话题，引出了一些买螃蟹和吃螃蟹的生活小常识，开头加入这样的生活信息，将天气说得更加平易近人，也扩展了节目的信息量。“电视一开始是作为一种娱乐工具为人们所接受的，但是随着人们对电视功能的重新认识，以及电视在人们社会生活中作用的不断显现，电视最重要、最本质的功能应该是新闻传播功能。”[2]媒介的服务属性就体现在提供信息上，这些信息可以满足受众在工作、学习以及衣食住行等各方面的要求。气象节目在选取节目内容时，应贴近观众的生活，使观众接收更多更新的生活信息。

《天气·资讯》节目不同于时长较长的生活服务类栏目，它具有播出频率高、受众面广、收视率高等众多优点，“已经渐渐脱离了其纯粹性和独立性，它与新闻节目、娱乐节目相融合，天气信息贯穿在新闻背景和深度报道中，或者成为娱乐节目的作料。”[3]的确，《天气·资讯》如同一个调味剂，给原本严肃的新闻频道带来了轻松、缓和的气息。但是，由于播出时间较短，其节目内容必须简洁、凝练。《天气·资讯》节目一般有三个环节。第一个环节是与气候有关的生活小常识和短新闻，比如台风来临前浙江沿海渔民的情况。第二个环节是预报主要城市的天气情况。第三个环节是出行信息，出行的线路参考及各地新增的飞机航班等内容。然而对不同天气情况下，观看重大体育赛事、演出需要注意些什么，该栏目则不会涉及。别出心裁的节目内容，才能体现出节目特色，如凤凰

---

① 张同道.时尚拼贴——解析中国电视栏目[M].合肥:安徽教育出版社,2002:332.

② 朱青.电视新闻学[M].杭州:杭州大学出版社,1999:13.

③ 宋英杰,杨丹.天气真好:天气预报主持人宋英杰、杨丹的气象情结[M].北京:群言出版社,2004:70.

卫视的《凤凰气象站》一般就是以一则谚语或名人名言为开场白，不仅生动而且有趣味，使观众在了解天气的同时也学习到中国的古典文化。而且，《凤凰气象站》关注的是世界各大洲和重要城市的天气，它的定位及内容与《天气·资讯》节目有很大的不同。以生活资讯为主的信息添加是《天气·资讯》栏目的特色所在。

娱乐包裹下的形式突破

当前电视界娱乐化已经成为一个潮流，对“天气预报”这种较为严肃、枯燥的节目题材，若想用“娱乐”的概念进行包装，就显得更加困难了。《天气·资讯》可以说是央视对气象类节目的一个重大改革，通过节目形式的巧妙编排，将种种娱乐因素渗透进节目本身。

从主持人来说，创建伊始的电视气象节目并没有专门的气象节目主持人。节目的播出方式是以单纯的文字和图像信息为主，播音员在背景中播报气象信息。随着虚拟视像技术的应用，中央电视台《新闻联播》后的《天气预报》于1993年最早使用了现场真人播报的方式，这是电视气象节目史上一次重大变革。但是气象类节目与综艺娱乐类节目是不一样的，有些地方台的天气预报走了完全“娱乐”甚至“低俗”的道路，但应当注意的是，过于低俗的幽默会冲淡天气节目的本质特征。对天气预报这种节目形式，很多人的共识是：“如果你太刻板，你就缺乏吸引力；如果你太幽默，你就缺乏可信度。”[①]某电视台娱乐频道曾播出了一档全新的气象服务节目——《星气象》，美女主持的搔首弄姿使节目在社会上引起了激烈的争论。湖南、上海、广东、四川等地媒体纷纷对该节目是否属于“色情天气预报”的问题展开了讨论。的确，在一档气象节目中，主持人是非常重要的因素，主持人的形象应当干练、大方。同样走的是“美女路线”，《天气·资讯》在主持人的定位上就做出了较好的选择。无论是秦方、慕林杉还是紫凝，都是以“知性美女”的形象出现在观众面前，这样的形象契合生活服务类节目的性质，可谓是定位准确、处理得当。

“二级传播理论”的创建者美国传播学家拉扎斯菲尔德认为，人们在生活

① 宋英杰，杨丹. 天气真好：天气预报主持人宋英杰、杨丹的气象情结[M]. 北京：群言出版社，2004：75.

里更多地会接纳那些自己生活中“意见领袖”的意见。[①] 节目主持人一定程度上充当了“意见领袖”的角色，起到了引导受众的作用，成为对受众有实在影响的人，加强了荧屏大众传播中的人际互动传播效果。除了形象上的平易近人外，《天气·资讯》中的主持人语言上也具有贴近性，以一种“说天气”的形式展现在观众面前。气象节目主持人在播报天气时应当把握“四个基本原则”，即“符合公众心理和观众平均理解能力；符合特定传媒的传播规律；符合气象预测的监测水平；符合现代汉语的通用语义”[②]。由此可见，《天气·资讯》是在符合四个基本原则的前提下进行了形式的突破，其言语风格更容易被大众所接受。

《天气·资讯》节目在形式上还突破了原先天气节目声画单一的弊病。目前很多电视天气预报节目主要强调表述系统的实用性，以语言和文字为主的语言符号系统承担了信息传输的大部分重任。经过多年的努力，中国的电视天气预报节目已经由原来简单的手工制作固定画面，发展到了由数字化电视节目制作系统来制作，由静态电视画面发展到动态显示。天气预报中大量三维动画制作的画面已经屡见不鲜了，但将动画制作和真实的新闻影像资料结合恐怕并不多见。

此外，在《天气·资讯》节目中的第一个环节里，主持人的右边是一个屏幕似的图像框，给人的第一感觉就是“人、画、声”三位一体，形成全方位的感官享受。节目中的声音和图像并不是给人“看图识字”的感觉，而是利用了电视艺术中的声画对位，调动人们视听两个感觉通道的注意力，引起人们对声画信息的叠加和联想。在一期节目中，提到十三号台风“珊珊”在浙江海域登陆，主持人先提到了台风的入境，过后右边的图像框中就出现了台风入境时狂风大作、行人举步维艰、暴雨倾盆等新闻中剪辑下来的影像。在有“声”有“色”中大大增强了节目的形象性，并且给观众非常直观的感受。有时节目也会声画同步，直接冲击受众的感观，比如在提到如何选择新鲜的螃蟹时，就出现了水产养殖基地农民们养殖、收获螃蟹的有关新闻影像和大闸蟹的特写。在气象节目中添加新闻影像，不仅增强了节目的娱乐性和可看性，还可以实现娱乐与知识的融合。既传达了信息，又让人难忘。

---

① 洪宜. 本港台《六点钟新闻》与南方台《第一时间》内容比较分析[J]. 东南传播，2009(8)：8.

② 宋英杰. 哪片云彩会下雨：气象主播宋英杰微言聊天[M]. 北京：文化艺术出版社，2011：23.

存在问题探讨

根据央视新闻频道《天气·资讯》栏目的一项观众调查报告，在“您是否希望在《天气·资讯》中看到比目前范围更广的内容?”一项中，有 84.91%的观众回答“是”。在中央电视台网站《天气·资讯》网页中有一项调查就是“除天气预报外，你最喜欢在《天气·资讯》中看到哪方面的内容?”在 5 个调查选项中，气象、天文、地理知识的票数位居第一。虽然这只是一个对栏目的调查，但是我们可以从中看出，观众并不满足于单一的气象播报，在天气预报中了解到有关天气的更多延伸信息也是大家所期待的。

有中国“气象先生”美誉的央视一套《天气预报》节目的主持人宋英杰说：“美国的‘天气频道’(Weather Channel)的优势在于它具有三大核心竞争力。第一，信息本地化；第二，灾害现场直击；第三，监测与预测信息的快速滚动更新。”[①]《天气·资讯》节目顺应了气象节目的发展趋势，但是如果想继续保持观众对这个节目的新鲜感，就必须不停地加入新的元素。比如在声画结合方面，《天气·资讯》节目就不像凤凰卫视的气象节目那样与娱乐结合得那么巧妙。在《凤凰气象站》中，音乐元素的运用非常重要，当屏幕上出现各城市天气状况时，响起的不是主持人的播报声，而是流行歌曲的背景音乐，这成为它显著而有趣的特色。相形之下，《天气·资讯》的配乐就显得正统有余、特色不足，优雅有余、活泼不足。

如今，《天气·资讯》历经数次调整，始终保留了“天气预报”和“生活提示”的核心单元，并拆分为两大版块，以滚动播出的形式呈现给观众。《天气·资讯》的大胆尝试告诉我们：电视节目的形式并不被内容所束缚，即使是枯燥的天气预报，也能够创新并做出新花样。

(作者：王勐)

① 宋英杰. 哪片云彩会下雨：气象主播宋英杰微言聊天[M]. 北京：文化艺术出版社，2011：25，26.

寓教于乐，天天向上

——湖南卫视《天天向上》解析

栏目名称：《天天向上》

播出频道：湖南卫视

制 片 人：张一蓓

主 持 人：汪涵、欧弟、钱枫、田源、矢野浩二、金恩圣、俞灏明

开播时间：2008 年 8 月 7 日

播出时间：周五 19:35

节目时长：90 分钟左右

栏目定位：娱乐类

获奖情况：第 25 届中国电视金鹰奖“优秀文艺节目奖”

2004年，湖南卫视打出了“快乐中国”的鲜明旗号，在中国的电视荧屏上刮起了一阵“娱乐旋风”。从开启中国电视娱乐时代的《快乐大本营》到中国第一个全民大型选秀节目《超级女声》，再到《越策越开心》和《天天向上》，芒果台凭借优秀的创作团队和鲜明的节目定位，向国人树立了电视湘军的综艺典范。而在湖南卫视众多综艺娱乐节目之中，《天天向上》可谓是一个“怪咖”，它独树一帜地以“公德礼仪脱口秀”的形式推出，用丰富的文化内涵和娱乐化的节目形式重新诠释了“娱乐”的含义。从2008年8月7日播出至今，《天天向上》不断地带给观众快乐、知识和惊喜，成功地实现了寓教于乐的文化诉求。

《天天向上》开办初衷是借北京奥运会的东风，宣传中国传统礼仪文化，而后随着节目样式的改进与变化，加入青春、励志等元素，这些新元素的加入使节目的选题更加多元，进而吸引了更广泛的观众群。如今，《天天向上》蝉联第二届、第三届《综艺》年度最佳节目奖，并荣获了第25届中国电视金鹰奖“优秀文艺节目奖”，成为湖南卫视的王牌节目。综合分析《天天向上》，得出以下几点成功之道。

独一无二的“主持群”设置

近年来，许多电视节目采用“主持群”的主持方式。所谓“主持群”，指的是“由三个或三个以上的主持人按照特定规律组合在一起的一种形式”[①]。这种主持方式不仅能够更充分地调动现场气氛，还能够通过主持人之间的互动产生脱口秀节目特有的惊喜效果，因此，“主持群”的主持方式多被运用于娱乐节目当中。在《天天向上》中，由汪涵带领的“天天兄弟”不仅是该节目的最大看点，而

① 陈昌辉，王梅.综艺节目中主持群的分工与配合：以《剧风行动》主持群为例[J].新闻爱好者，2008(8)：122.

且营造了《天天向上》节目的独特性和不可替代性。

首先，汪涵是一名集控制力、协调力和个人魅力于一身的主持人，其出色的主持才华和丰富的主持经验使得他能够较好地把握节目的节奏和整体风格。通过盘点《天天向上》中的嘉宾，我们可以看出，参加节目的大多是拥有一技之长的普通人，并非传统意义上的明星大腕，这就奠定了该节目轻松、亲民的基调和风格。汪涵具有极强的亲和力，正如《天天向上》节目制片人张一蓓所说："汪涵有一个很重要的优势，让他访谈名人，未必是最好的；但让他访谈普通人、草根家庭，那一定是中国的No.1。"①

从《天天向上》的环节设置不难看出，"天天兄弟"在节目中大多是用"脱口秀"的方式进行主持，也就是说主持人在节目的前期准备阶段不做主持词的详细设计，而是靠节目录制过程中的即兴发挥来完成主持工作。"天天兄弟"能够通过彼此的交流产生极为强烈的互动效果。

几位主持人分别来自不同的地方，汪涵来自湖南，欧弟来自台湾，钱枫来自上海，田源来自河北，金恩圣来自韩国，矢野浩二来自日本，这种地域上的差异性不仅体现了节目本身的文化包容性，还造成了诸多戏剧性效果，从而使得节目更加丰富有趣。汪涵沉稳、欧弟活泼、钱枫率真、金恩圣腼腆、矢野浩二冷峻，几位主持人的语言表达、思维习惯、生活方式和价值观念等差异也构成了节目的一大看点。同时，鲜明的性格差别实现了人物之间的互补，他们往往能够不断地制造一些良性冲突，从而为节目增添很多笑料。例如在一期节目中，当多才多艺的欧弟模仿大猩猩的时候，大多数主持人和观众都会忍俊不禁，而来自韩国的金恩圣此时却没有领会欧弟的幽默，不解风情地在一旁耍酷，此时人物之间的互动呈现出冷幽默，这种即兴的互动显得自然和真实。

"天天兄弟"不仅是一个主持群，他们还共同构成了该节目的独一无二性。汪涵的节目掌控力和亲和力很强，欧弟的模仿才能和应变能力突出，钱枫和田源的阳光外形及应变能力、金恩圣和矢野浩二的憨厚与天真非常有特色。主持人看似独立的个体，但事实上构成了一个相互联系、相互补充的共同体，他们在节目中各有分工、主次分明，共同营造出一派欢快的氛围。

① 廖婳婧，徐帆. 中国电视的想象力[M]. 北京：花城出版社，2011：52.

纵观当代中国电视界，许多节目有相互抄袭、样式雷同的现象，而《天天向上》却鲜有被模仿的成功案例，这正是得益于“天天兄弟”这个主持群的特质。“天天兄弟”这组黄金搭档在主持的同时融入了每个主持人甚至主创人员的性格，将“脱口秀＋主持群”的节目样式发挥到了极致。

“去明星化”的节目选题

《天天向上》的节目选题和被访对象凸显出了鲜明的“平民化”倾向，节目邀请的嘉宾并非明星大腕，大多是各行各业的普通人，例如教师、警察、医生甚至农民工。这种“去明星化”的选题模式赋予节目强烈的亲民性，真正做到了“接地气”。《天天向上》之所以能够受到广大群体的关注，并被美誉为“中国电视综艺节目的标杆”，正是得益于它能够把平凡的人物做得不平凡，这种“知难而上”的创作精神确实值得借鉴。

《天天向上》善于把握“平淡”与“奇特”的切入点，在平淡无奇的日常生活中发掘独特的选题，深入挖掘普通人背后的故事。例如《农民工高峰论坛》这期节目邀请了几位普通的农民工来到节目现场，讲述了他们从乡村来到城市创业的坎坷经历，真实地展现了农民工这个特殊群体的生存现状，让观众们看到了农民工在社会进步的浪潮中，其思想观念的巨大变化，同时还传达出农民工群体对当代电视娱乐文化的内心诉求。由此可见，即使是普通行业中的普通工作者，其背后也有可挖掘的深层内容。

为了吸引观众的注意力，《天天向上》还选取了一些特殊行业的特殊群体作为嘉宾，例如配音演员、杂技演员、空乘、模特、民间传统艺人等，通过展示他们职业背后独特的人生经历，对这些特色行业进行揭秘，极大地满足了广大观众的猎奇心理。例如 2012 年 11 月 16 日的节目是对中国著名解说人的访谈，其中包括《再说长江》的李易、《舌尖上的中国》的李立宏、《国宝档案》的任志宏和《玄奘之路》的徐涛等。这些招牌式的“声音”家喻户晓，但是很少有人见到这些解说者的“庐山真面目”。这期节目就巧妙地选取了这一独特人群，展现了解说人台前幕后的真实状态，让观众大开眼界。

《天天向上》将不同行业中的普通人请到舞台上，让观众去体味普通人生活中的闪光点，可谓“平民明星化”，但《天天向上》并不排斥明星，而是卸下明星的光环，把他们还原成一个普通人请到舞台上，这一点可以说是“偶像平民化”。节目组通过访谈与互动让观众了解明星的成长经历，达到“去明星化”的效果，进而挖掘出明星身上所特有的“励志元素”，给广大普通观众带来了积极向上的引导作用。

从节目受众的角度来看，《天天向上》的收视人群以 80 后、90 后为主，节目组正是准确地把握了这一传播对象的收视心理，巧妙地选取了“在校学生”的一系列选题。例如《工科男秀才艺》这期节目邀请了几位在校的工科男生来现场展示他们的才艺，一改他们在大众心中严谨、刻板的形象；《全美最佳教师》这期节目将中国和美国学校的师生表演搬上舞台，体现了中美不同的校园文化生活；《校园爱情青春物语》这期节目邀请了来自全国各地的高校学生大声说出自己的爱情宣言，见证了很多甜蜜、浪漫和动人的爱情故事。这些年轻的、积极的节目选题不仅能够较好地传播当代中国的主流文化，还能够充分发挥节目所蕴含的正能量，恰如其分地诠释“天天向上”的节目宗旨。

“寓教于乐”的节目定位

近年来，国内的电视台纷纷走市场化道路，电视台之间竞争日趋激烈，娱乐节目的数量增长迅速。而有些节目一味追求收视率，盲目跟风，缺乏自我创新能力，甚至依靠不良的道德观或错误的价值观来取悦观众，已经严重影响了观众的收视环境。2012 年 1 月 1 日，国家广电总局正式发布“限娱令”，旨在扭转国内电视节目过度娱乐化这一趋势。受到这一指令的影响，各大省级卫视纷纷做出调整，对娱乐节目的数量进行缩减，对内容进行修改。湖南卫视保留了优秀的电视节目以应对新举措，《天天向上》就是保留节目之一。这档节目之所以具有如此顽强的生命力，是因为它兼具重要的社会功能和教育功能，这一点体现在《天天向上》“寓教于乐”的节目定位中。

在生活节奏逐步加快的时代，人们的眼球越来越容易被视听奇观与娱乐信息所吸引，传统文化逐渐被人们所遗弃。然而，越是在经济快速发展的时期，人们越应该追寻传统文化中蕴含的深刻的精神内涵与人文价值，这样才能够真正保持我们民族的优秀文化传统并将其发扬光大。秉持振兴民族文化的创作初衷，我国许多电视节目为此做出了诸多努力，但是很多节目难以避免枯燥、呆板的节目样式，显示出强烈的说教性，而这种形式已经无法适应当今这个全民娱乐的时代，因此逐渐淡出了人们的视线。《天天向上》可谓另辟蹊径，它以"公德礼仪脱口秀"为节目定位，独创性地将"文化"的概念巧妙地融入"娱乐"的节目形式中。

该节目有两个方面的传播价值："公德礼仪"代表了文化层面的传播价值，"脱口秀"则体现了娱乐价值。然而，要真正做到"文化"与"娱乐"共存并不容易，《天天向上》在这一点上可以说投入巨大。考察其节目的主题不难发现，它始终以中国古代礼仪、道德、教育、艺术、饮食和少数民族文化等中国传统文化为主线，同时用"脱口秀""做游戏""现场互动"等娱乐方式将这些主题串联起来，从而真正做到了"寓教于乐"。

以 2012 年 11 月 9 日的节目为例，该期以"包子"为题材，对包子产生的时间、发展的历史、南北方的差异以及相应的饮食文化进行了较详细的交代。"包子"是中国传统食品之一，至今依然是中国人餐桌上常见的主食，但是很少有人关注包子背后深厚的文化渊源。通过节目中嘉宾的讲解以及主持人之间的互动和游戏示范，人们在谈笑之余逐渐加深了对"包子"这个普通食品的认识，了解到其背后的历史渊源和文化内涵，从而提升了节目的文化价值与人文价值。在 2012 年 11 月 23 日这期节目中，主题是"中国的四大名醋"，主持人以幽默的语言和机智的谈吐，将中国四大名醋的制作工序和口味特色介绍给观众，同时通过和现场嘉宾和观众的积极互动、夸张的表演和滑稽的模仿，使节目的气氛达到了一个高潮，进而使得人们在游戏过程中逐步揭示了酿醋者辛勤的制醋过程和他们的生活感悟。

值得注意的是，《天天向上》中不时地穿插着一个有趣的环节——"阿毛学礼仪"，这个环节采取了滑稽表演的形式，对一些传统礼仪进行了娱乐化的戏谑和调侃，让人们在会心一笑的同时反思当代中国人的公共道德水平和文化素养，反响良好。从这些案例可以看出，《天天向上》正是通过把握日常生活中那些人们既熟悉又陌生的小题材，然后对这个题材进行深度挖掘，巧妙地把握了"娱乐"和"文化"的界限。

麦克卢汉曾说过："电视这一媒介拒斥形象鲜明的人物，它有利于表现过程而不是产品。"[①]《天天向上》正是以"公德礼仪脱口秀"的形式印证了电视媒介在传播过程中的表现力，从而带给人们"寓教于乐"的独特视听享受。《天天向上》向人们诠释了"娱乐"和"文化"的定义，它给沉迷在娱乐和消费文化中的人们带来了反思：并不仅仅是唱歌跳舞、模仿选秀才叫"娱乐"，"娱乐"不是庸俗，快乐也可以很有品位。

（作者：郭宝玉、汤春来）

① 麦克卢汉. 理解媒介：论人的延伸[M]. 何道宽，译. 北京：商务印书馆，2000：381.

视听信息的故事化表达

——中央电视台《再说长江》解析

栏目名称：《再说长江》

播出频道： 中央电视台综合频道

总制片人： 刘文

总 编 导： 李近朱、刘文

策 划： 郑鸣、胡智锋

播出时间： 2006 年

节目定位： 专题类

总 集 数： 33 集

1983年，一部大型电视纪录片《话说长江》出现在中央电视台的荧屏上。40%的收视率让“万人空巷”“电视史上的里程碑”这样的词汇和评语出现在媒体报道与学术评论中，这是对当时这部热播的电视纪录片深深打动亿万观众心灵的高度评价。

20多年前的《话说长江》的确有着“一枝独秀”的地位和优势，毕竟在改革开放之初电视普及率还不高，电视节目品类也不多。从根本上说，《话说长江》之所以万人瞩目，是因为它真实形象地展现了中国母亲河的风貌，开阔了国人的眼界。观众一方面在咫尺荧屏上领略了6 380公里长江的风土人情，一方面深切感悟到了祖国河川的壮丽恢宏。20多年过去，《话说长江》在国人心中依然有挥之不去的印象。“话说”二字、《长江之歌》的旋律、陈铎磁性的嗓音都时时唤起人们对长江的眷恋。人们在眷恋的同时也在思索，20年后的长江到底怎么样了？

20年，长江变了；20年，电视观念变了；20年，电视观众也变了。

2006年7月，大型电视纪录片《再说长江》在中央电视台一套黄金时段开播。它是对20多年前《话说长江》创造40%收视奇迹的呼应和延续，似乎注定要在中国电视纪录片的历史上留下浓墨重彩的一笔。笔者认为，《再说长江》的成功不仅仅在于运用了高端的电视技术和新鲜的电视素材，或者展示了壮阔的时代背景和巨变的现实面貌，更重要的是巩固了一种电视纪录片的创作理念——纪录片故事化，它以人物为故事载体，通过画面语言与声音的表现，对纪录片的视听信息进行故事化表达。

“人”的出现：以人物为故事载体

与20年前的《话说长江》相比，《再说长江》最大的不同在于“人”的出现。因为《话说长江》只是在“说长江”“看长江”，还只是停留在风光、历史和文化的范畴考察和展现那时的长江；而度过了20世纪90年代纪实主义创作高峰以及之后的低迷困境，20年后的《再说长江》终于将“人”作为载体来叙述故事，在记录长江自然风貌的沧桑变化、长江文明的历史变迁之余，把更多的镜头献给了“长江人”，截取他们生活中的一段流程，摄录、剪取生活原貌中有意义的精彩片段，真实记录下生活在长江沿岸的人们精神面貌的变化以及他们新的梦想与追求。

有“人”便会有“故事”，生活本身的故事性、戏剧性远比电影、电视剧的戏剧性更真实，“人”的出现是《再说长江》故事化表达的关键。由于关注焦点是“人”，《再说长江》几乎每一集都有几个人物出现，并且从“人”的视角去关注事件对“人”的价值和意义，体现出浓厚的平民意识和人文精神。花农、说书人、服装设计师、茶馆老板、地图测绘者、民营企业家、火锅店女老板、细心记账的老大妈、园林主人、昆曲传唱人……一个个普通人的故事构成了这部电视纪录片的细节主体，一部部个体的成长史累积成为一整代群体的发展史。这样用个体故事来展示群体历史的手法，丰富了这部纪录片的人文肌理，化抽象的、无形的、概念的“变化”为具体的、有形的、可观的“变化”。

《再说长江》以人物为载体，巩固了“纪录片故事化”这种远不同于“纪录片原生态化”的创作理念，拍出了伟大山河间人性的光芒。发现“人”的成长变化、关注“人”的行为判断、探索“人”的内心世界真正成为其价值所在。它也为我们提供了一条宝贵的创作意见：历史人文类的电视纪录片不但要埋头探索那些悠久的历史和古老的宝藏，而且要抬头发现当下发生着的，极具时代感、现实感、贴近感的人物、事物与故事。

视觉表达：画面语言的故事化讲述

画面语言在电视纪录片中应该是第一性的。因此，凡是能用画面说明的，创作者就应当尽量用画面语言去表现。而要“讲述”好一个故事，除了人物是故事最主要的角色外，故事的环境、矛盾以及细节三方面也是必不可少的。《再说长江》用画面语言直接地、显性地表现了故事的环境、矛盾和细节，坚守着以视觉艺术为本体的原则。

1. 远景近景镜头叙述环境

环境是“周围的情况和条件”，人或事物都有其特定的存在环境。笔者认为，能否用画面语言表现好环境是纪录片故事化成功与否的开端，因为环境是故事发展的摇篮。《再说长江》每一集开端与结局镜头段落中，远景镜头的使用最为普遍。使用这样信息含量大、视域开阔的远景镜头作为宏观环境的背景交代是十分准确的。比如，第十五集《告别家园》一开篇便是长江三峡第一峡瞿塘峡峡口以及峡口边巫山县大溪乡的景观。这几个简单的远景镜头就交代出了这一集所要讲述的三峡移民搬迁事件的背景及具体环境，而这些镜头为观众提供了必要的信息，表明了“三峡移民搬迁”这一现实生活事件的具体背景，也传达出具体人物冉应福进入片中特定情境的最初视点。远景镜头的后续画面是具体场景的出现，一幅幅春节里村民放鞭炮、煮饺子、贴春联的喜气图景传达着团圆和喜庆，这与后面发生的移民事件组合在一起，整体性地渲染出村民最后一次在家乡过年的感觉与情绪，透射出一种留恋与无奈，表达出村民对久居乡土的不舍与对不可知未来的期望。这样的画面组合，完全从特定环境（三峡库区）中构建起故事（移民搬迁）的框架，达到了营造氛围的目的，给发生着的事件以合理的背景，使人加深对片子含义的理解。

2. 无修饰镜头拼组展示矛盾

矛盾或者冲突构成了故事，它们是故事的“核”。但需要强调的是，纪录片的矛盾揭示不等同于故事片的冲突显露，因为前者毕竟还是建立在“真实”基础之上的。“三峡百万大移民”在片中就是一个矛盾冲突，它是真实的历史事件，《再说长江》无法回避这个问题。

《告别家园》《他乡、故乡》两集讲到大溪乡村民即将离开祖祖辈辈安居乐业的温暖故土，到一个陌生的地方安家落户时，通过会议讨论、搬迁动员、拜别离家等镜头段落组合表达了村民的离根之痛，其中展现出的矛盾一览无遗。编导基本上是以无修饰的镜头拼组叙事，过渡比较自然，既没有采用长镜头，也没有用很多空间做叙事铺垫，没有刻意运用某种视觉符号或呈现象征性的标志，在波澜不惊中捕捉现实生活中的矛盾。但是，片中的冲突是隐性的，在表层的事件冲突（如对拆迁安置补偿费的争论）上进行一般的自然化处理，以相对冷静客观的方式引导观众去体悟人与自我、人与自然和人与社会等深层次的观念冲突、价值冲突，而不是有目的性地强调表层矛盾的激烈性。这一点上，《告别家园》《他乡、故乡》两集着重情感，回避争论，处理谨慎，使得“三峡移民”这一历史事件得以丰满。

3. 特写镜头刻画细节

细节，即事物的细枝末节，是纪录片故事化的“出彩”部分。俗话说，“情节好编，细节难找”，可见，生动的细节画面是构成一部纪录片作品艺术分量的重要因素。《再说长江》在细节上所作出的努力是有目共睹的。《告别家园》一集中，三峡移民动员时一位村民指间燃烧的烟蒂，折射的是其内心世界里的几许惆怅；一位大妈离家前将一份针线包塞进行李袋中，按捺不住的是几分感伤；水手冉应福撒手轮舵移民到安徽去喂猪，写下“反正爱国”的横批，显露的是几多无奈。这里的细节着力刻画出了移民的行为和心态。在《他乡、故乡》中，村民在移民船上回首而望时，背景中的落日如同火烧一般，映射出他们的迁徙之旅悲壮而伟大；当他们到达安置地安徽长丰县时，天边出现绚烂的曙光，似乎预示着在一块新的土地上这些移民也将开辟出自己的美好家园。这个细节有一定的隐喻功能。在《时速上海》一集中，李惠英老妈妈从记录着四分钱的冰棍到三万块钱的装修的账本上，记录的是中国 48 年物价的变迁；海关大楼主人的前后变化是时代更替的明证；“新天地”商业圈中那盏久久不息的明灯成为点睛之笔，它照亮了新上海，照亮了全中国。这样真实动人的细节在《再说长江》的每一集中甚至成为“放大了的小故事”，给人留下极为深刻的印象。

显性张力：画面语言的故事化剪辑

纪录片的剪辑同一般的影视艺术剪辑一样，是一项“再创造”工程。《再说长江》故事化剪辑主要采用的是对比方式。这种“对比剪辑”类似文学中的对比描写，通过镜头或场面之间内容或形式的对比，产生相互比较或冲突的作用，有一种显性的张力，令人回味。在《再说长江》第一集《大江巨变》中这种运用就十分明显。《大江巨变》中，一开始就将 20 年前《话说长江》中拍摄的长江影像与当下的长江进行对比，让观众明显感觉到长江在 20 年间的变化：三峡大坝——世界最大的水利枢纽工程修筑起来了，青藏铁路——世界上最高的高原铁路正在建设，三峡百万移民——世界水利史上最大的移民潮在涌动，南水北调——世界上最大的水利工程在实现，重庆成为中国最年轻的直辖市，上海浦东开发如日中天……《大江巨变》中新旧影像资源形成的视觉形象对比，直观地凸显出长江的变化,极具说服力。这一集大量采用这样的对比剪辑,展示出长江自然风貌的沧桑巨变,同时也说明了长江文明的历史迁转。

长江在变,长江两岸的城市也在变。《话说长江》中拍摄的重庆解放碑孤立地竖在街头,而2005年拍摄的重庆解放碑已经淹没在五光十色的商业区里;20年前的重庆缆车还是索道吊箱缆车,20年后已经被轻轨列车取代。《话说长江》中的上海只有一座超过100米的高楼建筑,20年后已经有300多座摩天大厦;外滩的"情人墙"也已经修筑成现在的外滩观景台。

长江人也在两岸城市的变化过程中成长。李秋菊,当年在葛洲坝2号闸控制室工作的小姑娘,如今已穿上了精神抖擞的海事局制服。当年崇明岛上的挤奶工,现在成了一家大企业的管理人员。张静,当年南京街头一位用自行车载着3岁儿子的市民,如今,她的儿子已经开上了私家车……在《大江巨变》一集中,剪辑师先摆出一个11岁的穿红色运动服的重庆男孩李曦在长江大桥上晨跑的长镜头,之后,接上一组23年后李曦在桥上晨跑的镜头。通过两组镜头的比照,不仅告知观众昔日的少年如今已经成为一名地图测绘者的变化,而且展示出长江人良好的精神风貌。从少年到成年,李曦20年来晨练的足迹似乎就是中华民族向先进人类生存状态大步前进的脚步。这样的影像对比剪辑展现出长江及长江周边脱胎换骨、日新月异的变化,无疑是成功的。

品位提升:解说词辅助讲述

《再说长江》定位电视纪录片,纪实是这部作品的灵魂。当然,这种所谓"纪实"主要是运用画面纪实。用画面语言表明信息、叙述故事,这是第一位的。在《再说长江》中,解说词没有取代画面成为叙事的第一要素,只是在画面无法表达、非说不可的地方才画龙点睛地解释说明一定的背景、经历、数据等。这种解说词是补充说明性质的,叙述相对清楚,口语化的语言简洁明了,没有字面意义理解上的模糊和歧义。比如在第9集《水润锦官城》中,画面是一位中年男子在向茶碗里撒茶叶、搬竹凳,字幕显示"成都市民宋仲文",这时解说入画:"近一个世纪前,宋仲文的前辈溯岷江而上进入成都,在宽巷子定居下来。宽巷子是成都仅存的一条古街,是清代满族人在成都聚居的地方。现在,宋仲文在祖屋旁,开起了一间茶铺。"这一个段落如果没有解说词的运用,观众就无法了解到画面中人物的身份以及相关背景。如此设计，解说词就协同画面共同完成了信息的传达，并且以一种相对厚重的历史感和故事性把人物的传承经历讲述出来。

《话说长江》的解说词“充分注意趣味性、知识性和文学性，努力摒弃空话套话，成为吸引观众收看、从中得到美的享受的一大源泉。”[①]20 年后《再说长江》的解说词总体上依然保留了比较浓厚的文学色彩，常常表达画外之音，同时也更具有时代性。解说员李易的声音雄浑大气，与厚重深邃的长江题材相匹配，成功地辅助了画面叙事，达到了画面与解说的统一。第 28 集《曲水姑苏》中，解说词中这样说：“园林是看得见的昆曲，昆曲是听得见的园林。”两个对称的陈述句将比翼双飞的世界文化遗产苏州园林和昆曲交叉换位，把深院幽庭、烟水光花、吴侬软语、余音绕梁的建筑美与戏曲美组合在一起，突出其极富东方美学神韵的中国传统艺术精神，给人以强烈的审美享受。第 13 集《水火山城》中一句“一个城市的多少梦想，都在孩子成长的岁月里变成了现实”更值得细细品味：在城市中，鳞次栉比的脚手架昭示着人们正在构造新的城市生存空间，而这一过程恰好是拥有自己梦想的孩子们成长的过程。片中类似这样的解说词在提炼内容、开掘思想、升华主题上发挥了重大作用，为整部纪录片的叙事提升了文化品位和历史厚度。

电视是 20 世纪最伟大的发明之一，电视纪录片又是最具品位、最能体现电视艺术的电视节目之一。近 50 年来，中国电视纪录片的创作理念发生着重大演变。20 世纪 60—80 年代，“宣传与指导”理念占据主导，节目倚重脚本，依赖解说，声画脱节；80—90 年代创作理念演进到“客观纪实”，节目声画并茂，大量运用同期声，以一种近乎“原生态纪录”的姿态展现；90 年代后期发展到“主观与表现”，节目以画面运用为主，故事化、戏剧化倾向突出，个性化创作的观念被认可。由此可见，创作理念决定着节目的风格。

缺少故事性的纪录片是难免乏味的，《再说长江》的“好看”完全得益于“纪录片故事化”观念的巩固以及对画面语言主导运用的坚守。“人”的出现为《再说长江》的故事化奠定了基石。坚持画面语言第一性的故事化讲述，明确使用的对比剪辑手法以及颇具品位的、辅助讲述性质的解说词，都给这部纪录片带来了故事化的表现力。但是对《再说长江》来说，故事化仍然是手段，纪实才是

① 石屹. 电视纪录片：艺术、手法与中外观照[M]. 上海：复旦大学出版社，2000：57.

目的。因此,《再说长江》依旧是纯正的电视纪录片,它守住了真实的底线。在真实性的基础上走向故事化,得到的仍然是真实。

“作品画面内容是双层面的,显明的内容是叙述系统给观众提供的最初的信息,而潜隐的内容则是叙述系统中再造性的信息的基础。”[1]《再说长江》作为大型电视纪录片的创作是一项艺术劳动,它告诉我们:一条大河可以包容一个民族的历史与现实,可以囊括一个民族的物质与精神,更可以透视一个民族的崛起与前进。

(作者:唐承群)

① 高峰,肖平.电视纪录片论语[M].北京:中国国际广播出版社,1999:160.

时光隧道中的集体狂欢

——深圳卫视《年代秀》解析

栏目名称：《年代秀》

播出频道：深圳卫视

制 片 人：易骅

主 持 人：赵屹鸥

开播时间：2011 年 5 月 27 日

播出时间：周五 21:20

节目时长：80 分钟

栏目定位：娱乐类

《年代秀》是深圳卫视于 2011 年 5 月 27 日开播的一档大型综艺节目，该节目以“全明星代际互动”为主题，邀请 10 位明星嘉宾为参与者，并将其划分为“60、70、80、90、00”五个年代团队，以竞争问答的形式呈现出了不同年代的中国文化意象。在当今全民娱乐的电视时代，《年代秀》的推出可谓异军突起，该节目兼具文化性和娱乐性，以“怀旧”为缺口巧妙地打破了泛娱乐化的窠臼，用一种“集体狂欢”式的视觉盛宴展现出中国人最具代表性的文化风尚。

“怀旧”：跨越代际的情感共鸣

1997 年，湖南电视台《快乐大本营》的推出，标志着我国电视节目娱乐时代的到来。它率先跨出了从“综艺”到“娱乐”的第一步，以一种纯娱乐姿态开启了中国电视行业的娱乐消费新时代。20 世纪以来，电视娱乐节目呈现出了多元化、复合式的发展趋势，一些纯娱乐性质的游戏节目渐渐淡出人们的视野，取而代之的是综合了多种元素的新型综艺娱乐节目。

在这样一个时代背景下，究竟该如何把握娱乐节目的生存空间与传播价值，成为中国电视界的一个重要课题。“创新”是娱乐节目赖以生存的首要准则。《年代秀》通过“代际互动”这一核心创意，以“怀旧”为切入点吸引了公众的眼球，为喧闹纷杂又僵化雷同的娱乐节目增添了一抹亮色。在节目中，“年代”与“怀旧”的情结贯穿始终，并通过种种视觉符号的设置加以强化，进而制造出一个新奇绚丽的时光隧道。

首先，节目紧扣不同时代中国人的典型特征，并通过嘉宾的恰当选择、题目的巧妙设置来强化这种代际的差别感，其中最为突出的环节设置便是 5 个年代团队的安排与设定。现场的 10 位明星嘉宾按照他们各自所经历的最美好的年轻时代，两人一组地被划分为“60”“70”“80”“90”“00”五个年代，而每组明星嘉宾本身便是一种鲜明的时代符号。例如 60 年代的嘉宾姜昆、潘长江，70 年代的嘉宾黄健翔、傅艺伟，80 年代的瞿颖、保剑锋，90 年代的金铭、喻恩泰，00 年代的娄艺潇、杜海涛等，这些明星嘉宾分别承载了不同年代的人们心中最鲜明、最深刻的时代记忆，因此节目能够瞬间唤起不同代际观众的集体共鸣，让各个时代的人都能够找到心灵的落脚点。每组明星嘉宾背后的现场观众同样与时代相契合，与嘉宾之间产生了诸多良性的互动，营造出了鲜明的时代氛围。

在每个年代的问题设置上，节目抓住了最典型的时代特征，唤起了人们最深刻、难忘的时代记忆。例如，在 2011 年 12 月 9 日这期节目中，60 年代的问题设置凸显了建国初期人们内心的自豪感与荣誉感，以 1956 年中国第一辆自主生产的“解放牌”汽车为题，邀请《老司机》的原唱杨洪基到现场献唱，掀起了现场 60 年代观众的一阵热潮；而在 2012 年 2 月 17 日的节目中，80 年代的专属问题从“摇滚”展开，并邀请“中国摇滚之父”崔健作为神秘嘉宾来到现场，让人们重温了他那粗犷经典的摇滚，现场气氛再次达到高潮。

此外，在游戏环节的设置上，节目通过道具、音乐、舞蹈、灯光造型等舞台细节的设置诠释了不同年代的特征，带给人们一种亲切而浓烈的怀旧之情。在每个年代问答环节过后，排名领先的组别会用一首颇具时代感的音乐来庆祝，例如 60 年代的《团结就是力量》、70 年代的《在希望的田野上》、80 年代的《年轻的朋友来相会》、90 年代的《好汉歌》、00 年代的《忐忑》等，这些歌曲从侧面强化了各个年代的特征，使不同代际的差别感更加鲜明突出。

剖析《年代秀》的内核，我们发现，无论是人物安排还是问题设置，节目都围绕着“怀旧”这一主题予以呈现，进而挖掘出了半个世纪以来不同年代中国人的性格特质。60 年代的“单纯”、70 年代的“踏实”、80 年代的“执着”、90 年代的“激情”以及 00 年代的“个性”等被一一展示出来。从受众心理的角度来分析，这种时代认同感激起了人们内心潜在的集体无意识，而这种无意识的苏醒从某种程度上“决定着我们本能的形式与指向”，并“引领本能进入行动的‘直觉’”①。换言之，节目中所展现的每个道具、每首歌曲、每个明星都是一种时代符号，这些符号以一种深入潜意识的方式叩开人们的心扉，唤起了不同时代的人们内心的怀旧情结。通过这种共通的时代记忆，人与人之间的代沟与隔阂被一种久违的幸福感慢慢消融，进而营造出一种穿越时光的独特感染力。

事实上，“怀旧”仅仅是节目的一种表面手段，埋藏在怀旧背后的“对青春与梦想的致敬”才是节目真正的精神内核，通过对昔日经典的怀念与重温来找回

---

① 荣格. 荣格文集[M]. 冯川，苏克，译. 北京：改革出版社，1997：9.

每个人心中久违的激情，进而引起情怀的激荡与情感的宣泄，这才是《年代秀》所要达到的终极审美诉求。

“经典”：雅俗共赏的文化盛宴

《年代秀》节目自开播以来，受到各个年龄段、各个阶层观众的欢迎，前三期节目，4 岁以上人群的收视率达到了 0.84%，其中 25—45 岁人群的收视率高达 1.01%[①]，可以说《年代秀》真正做到了“雅俗共赏”“老少皆宜”。正如前文所说，“怀旧”的主题构成了《年代秀》节目的核心创意与精神支柱，但是作为一档综艺娱乐节目，单纯依靠主题来吸引观众的做法并不能长久地维持节目的生命力，而蕴含在节目中的文化价值与人文观念，往往才是决定其受众范围与收视率高低的深层原因。《年代秀》节目的文化价值传播主要体现在节目题材的包容性与节目样式的复合性两个方面。

首先，《年代秀》以“经典”为核心话题，围绕各个年代中最主流、最时尚的文化现象来设置问题，而这些问题既具有普遍性意义，又蕴含正面、积极的文化价值。例如：在 2012 年 3 月 9 日的节目中，主持人以“爱情”为话题引入了一段感人的故事，故事的主人公是两位阔别了 50 年之久的八旬老人，而问题的设置是“两位老人在 50 年后重逢时的第一个举动是什么”。随后，节目组把两位老人请到了现场，他们手握着手讲述了当年那段刻骨铭心的异国恋情，并用“坚守”诠释了爱情的真谛。在最后揭晓答案为“拥抱”时，现场的氛围定格在了那段凄美、感人的爱情故事中，在场的每个嘉宾及观众都被他们的真情所打动，并向二老送去了真挚的祝福。

从这期节目中我们可以看出，“爱情”作为一个永恒的话题被重新提出，节目用主流的价值观和文化观念进行积极的引导，从而把不同年代的观众维系在一起，引起人们的集体共鸣。从电视节目的传播价值角度来分析，这种“重温经典话题”的做法巧妙地规避了肤浅、纯粹的娱乐形式，提高了娱乐节目的文化价值，同时在沉重的国家话语、喧闹的大众话语和晦涩的精英话语之间寻求到一个完美的平衡点，真正做到了“雅俗共赏”。

① 程坤，王莹.《年代秀》：开创分享娱乐先河——专访深圳卫视《年代秀》节目总制片人易骅[J].市场观察，2011(7)：100.

从节目形式上说,《年代秀》改变了以往娱乐节目较为单一的节目样式,用“集锦式”的方法对多种类型的娱乐节目进行了杂糅。《年代秀》以游戏竞猜为主要形式、以明星表演为娱乐手段,并且集合了真人秀节目、益智博彩节目、娱乐谈话节目等多种节目形式,呈现给观众一种娱乐新体验。其中,“年代专属题”环节借鉴近年来较为火爆的益智博彩节目中的“竞猜模式”,在扩充人们日常知识的同时引起现场嘉宾之间的良性互动与积极竞争;“我是谁”“猜猜我在哪儿”等游戏环节效仿了娱乐游戏节目中“你比我猜”,这种富有童趣的游戏形式营造出了一种纯粹的、轻松的节目氛围;“老歌新唱”“卡拉永远 OK”等环节综合了真人秀节目的成功因素,以歌曲、表演为载体进而挖掘明星们的生活百态。

节目主持人赵屹鸥具有极强的“兼容性”,他拥有成熟男人的睿智与沉稳,又兼具年轻人的激情与活力,与《年代秀》的节目风格十分契合。在节目中,他既能够信手拈来地与前辈们攀谈陈年往事,又能够随时和年轻人打成一片,一起哼唱流行歌曲;他时而以“过来人”的口吻给予人们谆谆告诫,时而又像孩子一样沉浸在欢声笑语之中。如果说《年代秀》是一部可以穿梭时空的时光机器,那么“鸥哥”就是驾驶这部机器的舵手,他用温婉诚恳、刚柔并济的主持风格,引导着“乘客”们领略了一次奇妙的时空之旅。

“狂欢”:超脱现实的荧屏乌托邦

著名批评家尼尔·波兹曼曾说过:“娱乐是电视上所有话语的超意识形态。不管是什么内容,也不管采取什么视角,电视上的一切都是为了给我们提供娱乐。”[①]的确,作为一档娱乐节目,它能够带给人们的最浅层、最直接的作用就是让人们获得心理的放松和压力的缓解,这也是观众收看娱乐节目的最基本的动因。通过分析《年代秀》的环节设置不难发现,“狂欢”氛围构成了该节目最独特的娱乐效果,而这种“狂欢”主要体现在明星的平民化处理上。

“明星”是大众流行文化中最有感召力的时代标签,《年代秀》每期邀请十位不同年龄的明星进行同台竞技、互动与交流,用“群星参与”的方式开创了中国

① 波兹曼. 娱乐至死·童年的消逝[M]. 章艳,吴燕莛,译. 桂林:广西师范大学出版社,2009:77.

综艺节目邀请嘉宾数量之最。“明星”在节目中被进行了平民化处理与生活化改造，以一种独特的亲和力来引领、塑造节目的“狂欢”氛围。

通过游戏环节的巧妙设置，明星嘉宾往往能够放开地投入到其中，呈现出亲切的、生活化的日常状态。例如在“我是谁”这个环节中，明星被蒙住双眼、穿上臃肿的毛绒玩具外壳，在工作人员的搀扶下出场，这种滑稽的扮相消解了明星们“高高在上”的精英姿态，带给人们一种亲切、幽默的游戏趣味。而后，在与搭档配合的过程中，许多明星“丑态百出”甚至遭遇失败，让观众看到了这些明星也会犯错，进而拉近了明星与观众之间的距离。《老歌新唱》这一环节的设置更是把节目的“狂欢”氛围推向了高潮，在这个环节中，主持人临时邀请在座的嘉宾中的几位用现代的形式演绎一首经典老歌。明星们以曲中人物的扮相出场，用类似于“舞台剧”的形式对歌曲进行演绎。经过重新改编，原本经典的老歌被添加了简单、幽默的剧情，而明星们在这个环节中纷纷卸去了身上的包袱，用无拘无束的表演和纯真的笑容制造种种笑料，让观众看到了更真实、更有趣、更亲切的明星形象。

此外，《年代秀》还通过一些细节的设置来提高节目的趣味性，渲染节目的“狂欢”氛围。当每个年代的固定问题被主持人抛出后，通常会出现3位工作人员以滑稽表演的方式对A、B、C三个选项进行演绎，这些表演不仅以扰乱视听的方式增加了问题的难度，更使原本单薄的问题设置充满童趣，显得生动而立体，增添了节目的娱乐氛围。每个环节过后，排名领先的年代组观众伴随着“胜利之歌”的响起在明星的带领下载歌载舞，呈现出一派“全民狂欢”的荧屏奇观。

总而言之，《年代秀》通过挖掘明星的生活面貌与真性情，营造一种虚拟的、轻松的“狂欢”氛围，这种氛围消解了身份、地位与代际的束缚，感染着在场的每一个人。它不仅让明星嘉宾抛开身段，以一种自然、放松的真实状态展现自己，还让在场的，乃至电视机前的观众摆脱现实的压力，积极主动地投入到节目所营造的“狂欢”中去。《年代秀》为当今的中国人制造了一个荧屏乌托邦，它就像一名心理按摩师，在人们遇到现实问题的时候给予抚慰，让人们沉浸在一种超脱世俗的“狂欢”氛围中，从而体验到最纯真的童趣与感动。

《年代秀》作为中国娱乐节目的一匹“黑马”，不仅呈现出当代中国的文化风貌与时尚前沿，还反映出涤荡在历史洪流中的中国人的深层集体心理。在视觉刺激和奇观泛滥的娱乐时代,《年代秀》用“狂欢”的方式开创了中国电视娱乐节目的新风尚。尼尔·波兹曼曾说过:“人们感到痛苦的不是他们用笑声代替了思考,而是他们不知道自己为什么笑以及为什么不再思考。”[①]让人欣慰的是,《年代秀》在娱乐之中融入文化的价值与生命的感悟,让我们在狂欢的同时去感慨时代的更迭与人性的嬗变,从而获得更为深刻的心灵慰藉,这或许是《年代秀》节目最大魅力之所在。

(作者:郭宝玉)

① 波兹曼. 娱乐至死·童年的消逝[M]. 章艳,吴燕莛,译. 桂林:广西师范大学出版社,2009:178.

在时代的精神印迹中前行

——阳光卫视《杨澜访谈录》解析

栏目名称：《杨澜访谈录》

播出频道：东方卫视、北京卫视

制 片 人：北京阳光天女传媒有限公司

主 持 人：杨澜

开播时间：2001 年

播出时间：周日 23:00

节目时长：35 分钟

栏目定位：访谈类

栏目口号：记录时代的精神印迹

《杨澜访谈录》是中国电视最早推出的高端访谈节目。杨澜引领着“杨访”团队与不同国家、不同地域、不同领域的风云人物对话。从各国政要到文化大家，从行业领袖到文体名人，从焦点新闻当事人到草根达人，这些人物的经历和故事体现了这个时代特有的精神文化。

精英定位：探索世界的宽度

《杨澜访谈录》一直注重高端访谈，探索国际化，这是节目最大的特色。《杨澜访谈录》对话多国政要及国家领导人，他们正在或曾在国际政治领域发挥重要的影响力。除此之外，它的采访对象基本为商界名流、金融巨头、演艺界精英等，这些高端人群成就卓越，如做客节目的有亨利·基辛格、克林顿、布什、杰克·韦尔奇、王光美、李敖、龙永图、余秋雨、姜文、小泽征尔、史蒂夫·福布斯、刘永好、龙应台、杜维明等。

此外，栏目曾在希拉里·克林顿作为国务卿首次访华时进行独家专访，也曾经就“莱温斯基弹劾案”追问美国前总统比尔·克林顿，在潘基文连任联合国秘书长后首次访华时对其进行了访问。观众可以通过节目采访的一位名人去了解一个事件甚至一个国家，领略大人物及整个世界的风采。

以《杨澜访谈录》2002 年采访基辛格[①]为例：

2002 年，正值中美建交 40 周年之际，杨澜采访了美国前国务卿基辛格，就中美关系的“破冰之旅”进行历史的揭秘。

> 杨：大家好，欢迎收看《杨澜访谈录》。这里是人民大会堂的接待厅，在门口呢，有一幅很多人非常熟悉的铁画“迎客松”，1972 年当美国总统尼克松访华的时候，周恩来总理就是在这里欢迎他的。当年与尼克松同行的还有美国国家安全事务助理基辛格博士。30 过去了，物是

① 文字实录来自该期节目访谈内容。

人非。2002年基辛格博士又率团来到中国，纪念尼克松的破冰之旅，重温当年走过的道路。我们也在这个时候，在这里采访了他。

杨：基辛格博士，非常感谢您能从这么紧张的日程安排中抽时间出来接受我们的采访。前几天我采访了拉夫尔德·哈里森先生，他认为中美两国政府在美国乒乓球队应邀访问中国之前可能就已经有了一定程度的了解，甚至还有可能达成了某个协议。首先，就在他们来日本的前一个月，美国国务院解除了禁止美国公民访问中国的命令；其次，当他告知美国驻日本大使馆说他接到访华邀请的时候，那儿的官员一点也不觉得惊讶。您对此有何评价？

基：从1969年开始，我们就想改善和中国的关系，并作出了一系列的举动，如允许美国人访问中国、解除购买中国货的禁令，并将限额提高到100美元，允许美国人购买价值不超过100美元的中国货等。当时的情况就是这样，那之前一年半左右的时间里，我们双方并没有什么更多的进展。中国和美国那时候就像是待在同一个房间里的两个盲人，互相摸索着想找到对方，但我们直到1971年初才开始有了真正意义上的接触。

杨：您曾经为美中关系的发展奠定了良好的基础，而美中关系的核心就是台湾问题，但是最近发生的几件事却令中国大陆感到困扰。先是台湾的“国防部长”正式访美，接着又是布什总统的口误，称台湾为“台湾共和国”。不过有些人并不相信这是什么口误，那么从这些信号中，我们能领悟到哪些隐含的意义呢？我们的关系将朝什么方向发展呢？

基：我认为那的确是口误。我曾经在很多场合说过，美中关系的正常发展必须遵守三个原则。第一，“一个中国”的政策是不容攻击和削弱的，“一个中国”的政策是美中关系的中心问题。第二，台湾问题不应该通过武力来解决。第三，台湾方面必须表现出相当程度的克制。有了这三条原则，如果各方都能遵守这三条原则的话，台湾问题将在一定的历史时期得到解决，因为中国大陆和台湾之间的关系将会越来越密切，在若干年以后的将来，这个问题以军事方式解决的可能性也许会自然消失。

……

在这期节目中，杨澜与美国前国务卿基辛格博士谈及中美联合公报、台湾问题、美国的外交政策、中东问题、巴以局势、诺贝尔和平奖、人道主义救援和全球化等问题，充分体现了节目的高端性。

杨澜与政治、经济、文化等各界精英翘楚坐而论道，突出人文和国际化特色，"力图穿越风云际会的有限时空，将嘉宾的人格力量和社会价值作为栏目的终极呈现"。杨澜锁定的采访对象具有很强的时代感。这些人物大多是名人，但他们之所以成为这个栏目的嘉宾，是因为他们具有的新闻性和时尚性。采访的前提是有交流的必要和对公众传播的价值，将有价值的私人性话题拿到栏目中去，从而构筑一个开放的、公众的话语空间。

情感交流：散播人性的温度

访谈节目是以面对面人际传播的方式，通过电视媒介进行大众传播活动的一种节目形态，其追求的是以人际传播形式完成大众传播活动。在谈话现场，人际交流与沟通的效果直接决定着大众传播的效果。谈话节目主持人理应利用电视传播这一人际交流的优势，使主持人、采访对象、受众完成思想的沟通和情感的交流，让节目更具亲和力，让受众更有参与意识。

"会提问，重交流"是主持人杨澜进行访谈的重要技巧。在专访中国首善陈光标的节目中，陈光标谈到当年的经商经历时，说"从来没有亏本，但有被骗的经历"。一般情况下，主持人会把注意力集中到"如何被骗"这一事件上，因为陈光标被骗这段经历也是很有意思的事情。但是杨澜及时地追问了一个问题："被骗之后你有没有产生对他人、对社会的怨恨？"这个问题很有深度，也很尖锐，因为这种创业初期时的被骗经历可能会给陈光标造成极大的心理阴影。陈光标对这个问题的回答很阳光，他借用父亲的教诲说，"吃亏是福，年轻人被骗就骗了，吸取教训就能成长起来"。正是有这样的心态和精神境界，陈光标才有了致富之后继续回馈社会、为社会奉献赤诚爱心的举动。杨澜的这个问题为观众解决了心底的疑问：中国首善陈光标到底是怎么成长起来的，他的心路历程是什么样的？

《杨澜访谈录》第一期是 2001 年采访前国家主席刘少奇夫人王光美女士。当杨澜走进王光美北京的家中时，不知该如何称呼她，王光美亲切地说："你叫我光美吧，大家都这么叫我。”在“十年浩劫”中，王光美受到了百般羞辱。访谈中，杨澜在想究竟是什么力量让她始终和自己的丈夫站在一起？那是一种什么样的勇气和感情？这之后12年的牢狱生活，每一天只能够看到窗户，根据阳光的角度才知道晨昏昼夜。这是一种什么样的人生苦痛？思绪中，杨澜几乎没有提问，而是选择了沉默，因为这个时候沉默才是最好的回应。

2011年，李亚鹏与王菲携手做客《杨澜访谈录》，这是五年来他们首次共同受访，被问及这几年的感受，向来少言的王菲很快地给出了两个词：踏实、安逸。当说到自己作为歌唱演员与观众的关系时，王菲是这样说的：“取悦别人不能当成目标，当自己做的事情吸引到一些人，这就好了，这就叫作什么？”这时候，王菲在选择合适的词，她扭头征询李亚鹏的意见，李亚鹏没有回答。这时候的杨澜用了一个词接住话头：“缘分。”显然这个词对有信仰的王菲来说，是最贴近不过的了。

在对张海迪的访谈中，节目临近尾声时，杨澜提了这样一个问题：“海伦·凯勒曾经写过《假如给我三天光明》，假如你能够行走呢，你的愿望是什么？”张海迪的回答平实而又真切：“我希望我也能够像很多的女性一样，在学校门口等等我的孩子。他老远地跑过来说，‘妈妈’。我会搂着他肩膀说，‘儿子，今天怎么样？’”

《杨澜访谈录》曾经就重大历史事件制作系列专题节目。在新中国成立60周年之际制作“世界看东方系列节目”，走访了七位国际政要，通过他们的口述从不同角度来点评中国社会发生的巨大变迁；同时，栏目捕捉重大新闻事件的焦点人物，第一时间和新闻当事人近距离独家对话，努力寻找散发光彩的“小人物”。该节目既紧跟新闻事件，也关注被大众媒体忽略的有故事的“默默无闻”的人们。《杨澜访谈录》不仅具有世界的宽度，更散播人性的温度。

个人魅力：彰显文化的力度

在众多谈话节目中，《杨澜访谈录》算是“高龄”了。面对政治、经济、文化舞台上颇具影响力的大人物，杨澜和她的团队并没有在访谈中止于中美关系、中英关系、金融危机等宏大叙事的话题。经过策划，“杨访”团队以时事热点为经，以历史纵深为纬，从亲历者提供的鲜为人知的事实真相中还原出历史流变的全景文本，梳理出思辨的逻辑，在大场面的背后，节目体现的是文化的力量。这一点与杨澜本人的文化背景密切相关。

杨澜1968年生于北京，1990年毕业于北京外国语大学，同年，从千名候选人中脱颖而出，成为中央电视台《正大综艺》女主持人，为中国观众家喻户晓，并于1994年荣获中国首届电视节目主持人“金话筒奖”。1994年至1996年，杨澜赴美国留学，进入哥伦比亚大学国际传媒专业就读并获硕士学位。在此期间，她与哥伦比亚广播公司制片人莫利斯莫米德共同制作导演了纪录片《2000年那一班》，在哥伦比亚电视网黄金档向全美播出，开创了亚洲主持人进入美国主流媒体之先河，并获评论界好评。之后，她与上海东方电视台联合制作的《杨澜视线》节目成功发行于全国52个省市电视台。

1997年4月，作为东亚唯一代表，应邀出席了联合国世界媒体圆桌会议，11月又应邀出席联合国“97世界电视论坛”。1997年7月加盟香港凤凰卫视中文台，并于1998年1月推出访谈节目《杨澜工作室》，担任制片人和主持人，采访了多位著名时事人物。1999年2月被《亚洲周刊》评为泛亚地区20位社会与文化领袖之一。由于在国际传媒领域的重要影响力，2001年1月杨澜被北京2008年奥申委聘为申奥形象大使。2001年7月13日，在莫斯科国际奥委会112次全会上代表中国奥申委做文化方面的申办陈述，并亲眼见证了北京申奥成功。

2000年1月，杨澜个人出资4000多万元入股香港上市公司良记集团，作为第一大股东担任集团主席。2000年3月，良记集团更名为阳光文化网络电视有限公司，杨澜仍任主席，业务方向为建立一个以历史和人物传记为主题的巨大资料库。

杨澜具有较强的文化实力和口头表达能力以及财经、商业、政治的专业背景，因此，《杨澜访谈录》节奏感较强，她的提问也具有跳跃性，提出的问题与时代、社会、人生紧密联系。在杨澜的引导与刺激下，采访者与被采访者之间经常呈现对话张力，交锋频繁，观点碰撞，酣畅淋漓。杨澜采取的是一种辩论的方式推进采访。人情味与故事性的话题相对较少。当然，有时杨澜在采访中过于强势，经常“抢话”，有喧宾夺主之嫌，硬要将嘉宾拉入她预设的采访模式与节奏当中，这是一个需要注意的问题。

从2012年开始，《杨澜访谈录》的宣传口号从“记录一个人和他的时代”变为“记录时代的精神印迹”，这是《杨澜访谈录》自身的进化，也是《杨澜访谈录》11 岁之后的重新出发。2013 年，《杨澜访谈录》栏目改版后，时长从原来的 23 分钟增加到 35 分钟。栏目宣传中说道，“每个独立而平凡的个体都有一种推动社会进步的力量，用自己的思想、言论和行为为这个时代留下难以磨灭的印迹”。我们期待《杨澜访谈录》能找到那些闪耀着时代精神的人们，和观众一起找寻那些为时代留下印迹的人物。

（作者：唐承群）

重庆人演绎自己的生活故事

——重庆卫视《雾都夜话》解析

栏目名称：《雾都夜话》

播出频道： 重庆卫视

制 片 人： 马及人

开播时间： 1994 年

播出时间： 周一至周日 20:05(日常版)

周一至周日 21:27(精装版)

节目时长： 50 分钟

栏目定位： 方言类

宣 传 语： 这不是电视剧,这是真人真事,是地地道道的重庆人演自己的故事

获奖情况： 2004 年度全国电视百佳栏目

在《南方周末》2005 年的新年特刊中，重庆卫视的《雾都夜话》与湖南台的《超级女声》、东方卫视的《东方夜谭》、江苏卫视的《1860 新闻眼》一并被评为 2004 年中国电视年度表现亮点。《雾都夜话》是一档由普通群众演员表演的方言短剧，所有的剧情都来自重庆的真人真事，电视的手段相当简洁，但这恰恰呼应了《雾都夜话》节目开头的一句口号："这不是电视剧，这是真人真事，是地地道道的重庆人演自己的故事。"

正是这样一档节目，自 1994 年开播以来，创十年来重庆电视台文艺类栏目收视之最，甚至超过了电视剧，成为重庆地区家喻户晓的栏目。它也是重庆卫视最吸引全国观众的栏目，是重庆地区收视率和收视份额唯一进入全国栏目总排名前十名的栏目，在全国电视晚间节目排行中也进入前十名。央视一索福瑞的调查数据表明，该栏目与央视 17 个专题节目成为"2004 年人均收视时间排名前 20 名的专题节目"。《雾都夜话》还入选了 2004 年度全国电视百佳栏目。在这次完全由观众遥控器决定的评选中，央视的老牌节目《东方时空》《半边天》纷纷落马。《雾都夜话》在开设之初，并不为业界人士看好，甚至被斥为"一个无聊的人创造了一档无聊的节目吸引了一大群无聊的人"，并且认为该节目内容格调低下、媚俗，其制片人、策划者马及人自然是曲"低"和寡、应者寥寥。随着时间的推移，《雾都夜话》却成为重庆电视台存活得最久且仍然有生命力的栏目，成了重庆电视市场的一棵常青树，是山城本地栏目的翘楚。有如此骄人的成绩，《南方周末》称其为"电视传奇"并不为过。那么，到底是什么造就了《雾都夜话》的辉煌呢？

节目定位：锁定中下层

中国人口众多，在精神文化的需求上，呈现出多元化的趋势。不同年龄、不同性别、不同文化结构的人有不同的收视习惯。随着电视业的发展和受众眼界的开阔，我们可以看到一个普遍规律，即受众和节目正在逐渐走向细分化，受众根据自己的需要选择节目，男性和女性有各自不同的需求，老人和儿童有各自不同的需要，收入高的家庭和收入低的家庭喜欢看的节目也不一样，文化程度高的观众和文化程度低的观众的节目单也会有很多不同。在这种情况下，所有定位明确的栏目都要有自己的目标受众群，也就是说所有的电视栏目要有明确的收视对象，才能找准每个节目的“适位”分众，才能找准节目自身的定位。在受众定位方面，《雾都夜话》做得很好。十年前制片人马及人创办这个栏目的时候，反复思考的问题就是“中国电视的铁杆观众到底是些什么人？”为此，他走街串巷，深入重庆城区和三峡库区的各区县去调查了解当时电视的主要收视群体及其收视习惯，经过半年多的调查，马及人找到了那个萦绕心头多日的问题的答案：中国电视的铁杆观众是社会中下层群体。得出的这个结论对电视媒体来说具有深刻的意义。目前中国的电视媒体中，中央电视台是权威媒体，定位的层次较高，主要以城市中的中产阶级、白领精英人士、文化程度较高并且收入不错的家庭为主要目标受众群，很多省市级电视台往往以央视为风向标，不顾中国 3/4 的人口是农民的基本国情，少有贴近平凡人生活的具有“平民化的群体视点”的节目。

马及人亲身调查发现，在重庆的三千万人中，有两千多万是农民，真正看电视的正是这些老百姓，下岗工人、农民、小商小贩、家庭妇女等才是电视的铁杆观众。在这些铁杆观众中，女性观众居多。一方面由于中下层群体当中男性少于女性；另一方面，女性观众的家庭归属感、情感的稳定性要比男性观众强，收看电视的时间要比男性长。电视可以让女性观众在电视中寻找自我，电视也成为她们情感的宣泄口。日本很多电视媒体的主持人有这样的经验：“如果电视节目赢得了女性观众的话，会自然带动男性观众；相反能赢得男性观众的节目，女性观众不见得感兴趣，所以在节目的编排上，只要考虑女性观众就足够了。”[①]这种说法当然失之偏颇，但也不乏合理性。由于无力承担高消费的生活，又有满足自身价值的欲望，电视便成了百姓欲望的载体。老百姓通过看电视来放松身心，暂时摆脱沉重的生活，寻求安慰和寄托。正如麦克卢汉的著名论断：“媒介即按摩。”有了对电视受众的充分研究，《雾都夜话》的制片人马及人便把自己的主体观众群定位于中下层普通老百姓。在他的办公室里，有两条著名的标语：我们的主体观众是中下层，我们的忠实观

---

① 汪文斌，胡正荣. 世界电视前沿[M]. 北京：华艺出版社，2001：93.

众是女人，横批：争取上层。这样在把握主体观众的同时，又使节目不至于流于低俗化，尽量争取一些文化素质较高的观众，培育新的受众群体。在争取形成固定受众群体的基础上，逐步增加外围观众，这样使得节目有更大的发展空间。

节目内容：讲述老百姓自己的故事

找准了节目的主体观众之后，要考虑的就是观众需要什么样的节目，节目所定位的受众有怎样的收视心理和期待视野，也就是说，什么样的节目内容和节目形式才能被观众接受。受众的文化心理因人而异，这与他们的受教育程度、文化修养、所处的社会地位和境况、社会阅历、社会职业、审美情趣等诸多要素息息相关。这些要素综合起来，就使得观众在收看电视节目前存在一种先在的比较稳定的心理结构或思维定式，这就是我们通常所说的期待视野。因此，受众对电视信息和文化的选择是多方面的，是十分丰富的多层次的审美需求。

《雾都夜话》针对的主要是中下层观众，而且他们的忠实观众又是普通女性。CSM公司2004年省市第四季度的数据表明，《雾都夜话》节目45岁以上的女性的关注度要普遍高于其他年龄段。这一类受众一般易于接受的是通俗性、娱乐性、故事性都明显突出的作品，喜欢的是鲜活的充满浓郁生活气息的、表现下层及身边“看得见，摸得着”的故事及人物。与那些教育程度较高的观众更关注节目中潜在的、深刻的思想文化不同，他们更倾向于直接的、表象的故事与情节，而不注重节目中所呈现的潜性意义与思考。这些都在《雾都夜话》中得以体现，它的节目内容往往选取家庭、婚姻、伦理、道德等方面的故事，都是根据老百姓提供的真实素材编写，讲述的是普通人真实的生活经历，所以非常贴近老百姓的生活，正如它的口号所言“是地地道道的重庆人演自己的故事”。尽管是市井轶事，但也不流于蜚短流长、八卦笑闻。《雾都夜话》的格调是积极向上的。在一期《马霞学英语》中讲述了一位来自河南的打工妹马霞在重庆打工时，不顾周围人的误解与讥讽，坚持学习英语，甚至为此丢了工作，靠捡垃圾度日，但这些并没打消她的积极性，反而更激发了她要更好地学习英语的热情。节目的结尾马霞用流利的英语讲述了自己的愿望。马霞只是一名普普通通的打工妹，质朴、坚韧，观众看后不由地为她加油喝彩。《雾都夜话》还关注社会热点，有下岗之后面临再就业的问题，有家庭中出现第三者婚外情的问题等。这些故事既展示了普通人生活中的艰辛与苦难，也有他们在困苦生活中的坚韧与乐观。《雾都夜话》多以正剧的形式出现，讲述的是当代的寓言故事，充满了人文主义关怀。

《雾都夜话》在生动地讲述故事的同时，还专门在剧中设置了一个“讲述者”的角色，由他来讲述故事的背景及发展脉络，这有些类似于我国传统的说书艺术。享有“世界银幕剧作教学第一大师”之美誉的罗伯特·麦基就曾说过：“人类对故事的口味是不可餍足的，我们讲述和倾听故事的时间可以和睡觉时间相提并论——即使在睡着以后我们还会做梦。为什么？我们人生的如此多的时间会在故事中度过。正如评论家肯尼斯·伯克所言，故事是人生的设备。”[①]《雾都夜话》把生活中的事向观众娓娓道来，亲切又妙趣横生，呈现了市井百态，演绎了人间真情。正如复旦大学新闻学院教授陆晔对它的评价：“有些《故事会》的味道。”《故事会》本身就是通俗读物，老少咸宜。《雾都夜话》节目内容朴实，情感真挚，以其清新鲜明的特色，吸引了一些文化素质较高的观众，成为一个雅俗共赏的节目。

节目形式：方言讲述 群众表演

《雾都夜话》在节目形式上体现了浓郁的巴渝文化特色。斯科佩克认为，一个文化存在的最明显的标志是“独特的或具有特异性的言语形式”[②]。节目采用的是方言讲述的方式，在开始便用浓重的重庆方言讲述节目的口号。《雾都夜话》在节目内容上讲的是重庆老百姓自己的故事，重庆方言的运用加强了节目的真实感。方言是语言的工具，又是艺术的载体。同样一个节目，用方言表述便能产生别样的艺术品格，换成普通话，便索然无味，而且重庆方言幽默滑稽，又具有活力和创造性，既具有音韵美，又具有内涵美。《雾都夜话》配有字幕，外地观众在意思的理解上没有障碍。重庆方言听起来别有一番风味，外地观众并无排斥感，还会觉得非常有趣。《雾都夜话》不仅能吸引本地观众，也会吸引外

① 麦基．故事：材质、结构、风格和银幕剧作的原理[M]．周铁东，译．北京：中国电影出版社，2001：13.

② 姆贝．组织中的传播和权力：话语、意识形态和政治[M]．陈德民，曾庆，薛梅，译．北京：中国社会科学出版社，2000：22.

地观众。

《雾都夜话》的另一个特色就是群众演员参与表演，这倒与节目初期资金不足、无力请职业演员有关，但恰恰也使节目具有自己的风格。没有受过正规训练的群众演员，表现出更多原生态的东西。真实淳朴的表演，没有舞台表演的痕迹，使节目更真实。《雾都夜话》是栏目剧的形式，每期有不同的故事，这样演员的面孔常新，让观众保持新鲜感。1994 年，制片人马及人起用群众演员，这在当时应该是一个大胆而又不可思议的举动。能在电视上露脸是普通人做梦都不敢想的。随着广播电视业的发展，受众眼界的开阔，观众也不再满足于做电视传媒被动的接受者，而具有强烈的主体参与意识。受众既是电视节目接受的主体，又是电视节目形态生成的主体，受众的参与方式也由间接参与向直接参与转变。电视节目为观众制作，并因为观众而存在，电视节目也必须为观众所理解和认可才能显示其意义和价值。《雾都夜话》采用群众演员表演的形式，正满足了观众渴望参与节目的心理。通过观看群众演员原生态的展示，电视机前的观众也能在心理认同中得到替代性满足。

与中央台相比，省市电视台最大的优势就是立足本土，与观众有地域上的接近性。走本土化道路也许是省市电视台的一个很好的出路，《雾都夜话》也许能给省市电视台一个很好的启示。

如果说重庆卫视是一片肥沃的黑土地，那么《雾都夜话》则是这片土地上盛开的一株向日葵，观众则是它的太阳。正是由于节目时时把观众放在第一位，才能创造出那么多为观众所喜闻乐见的小故事，节目也得以长盛不衰。电视节目内容为王，而不是对技术的炫耀。但不论节目的形式还是内容，只有贴近观众，反映生活，传达真情实感，才能浸润观众的心田。

不过，《雾都夜话》也有其自身的缺陷。例如，节目有时过于粗糙，镜头的拍摄与剪接不够精细；选材上有时故意为真实而真实，反而显得有些虚假。然而，瑕不掩瑜，它仍不失为一档优秀的电视节目。

（作者：王亚娜）

在古色古香中“读”出荧屏新天地

——凤凰卫视《有报天天读》解析

栏目名称：《有报天天读》

播出频道：凤凰卫视

制 片 人：钟大年、刘春

主 持 人：杨锦麟

开播时间：2003 年

播出时间：周一至周五 13:00（首播）

周一至周五 17:35（重播）

节目时长：30 分钟

栏目定位：读报类

宣 传 语：搜寻国内外重大报章，荟萃新闻精华，点评时事焦点

获奖情况：2003 中国年度新锐榜年度电视节目奖

1998 年 4 月，凤凰卫视《凤凰早班车》的开播，引发了新闻播读形式的一场变革——由传统的“播”发展到“说”。之后“说”新闻这种形式在中国蓬勃发展起来。2003 年年初，凤凰卫视又推出一档形式新颖的读报类栏目《有报天天读》，再次创新了新闻的播读形式。一袭唐装，一壶茶，一台笔记本电脑，主持人杨锦麟在新闻上圈圈点点，与大家分享个人视角下选择的信息和判断。

这档简约却不失个性的栏目，在采、编、播上匠心独运，营造出电视新闻的全新气象。它开播以来不仅收视率大获全胜，夺得“2003 中国年度新锐榜”的“年度电视节目奖”，而且掀起了一股“电视读报”热潮，引得众电视台争相效仿，如央视的《马斌读报》、江苏城市频道的《孟非读报》等。然而，“形式可以模仿，个性独一无二”，透视《有报天天读》，它的独特魅力在于以下三点。

亮出新颜：电视新“话语场”的营造

随着信息技术的高度发展，任何一家媒体都无法单凭一家之力穷尽天下新闻，传媒资讯越来越呈现出“共享”的传播趋势。作为声画兼备的强势媒体，电视也有其先天的局限，尤其在传播信息的广度和深度上，在读解信息方面，远不如平面媒体。我们现在面临的挑战是什么？是怎样按照消费者喜欢的方式来传播新闻？是怎样抛弃原来的一些偏见和思维定式，试着像最新的消费者那样来思考？电视媒介以众多报纸作为信息选择对象，拓宽了节目自身的视野和信息含量。电视读报就是这样一种依托电视媒体将报纸和电视两种传媒类型加以融合的栏目形式。电视新闻也需要对新闻的解读和价值判断，电视读报栏目的出现，恰恰实现了它在信息含量上的深度与广度。因此，对报纸新闻的采集、消化和融会贯通，就成为电视读报栏目的基础。美国西北大学副教授艾德博士在他的“传媒整合营销”理论中认为：在信息化的今天，信息对受众来说是海洋，传媒的目的是让受众清晰了解自我需求，做到“我要我的媒体，我要我的信息”。

人们无法在一个早晨将四五十份报纸和众多网络消息全部读完，《有报天天读》在一小时之内却提供了这样的可能。它取材的范围十分广泛，每天大约涉及四五十种报纸。作为主播的杨锦麟每天要看 40 多份报刊，还要上网搜寻最新的资料，并且要在上午 8 点半之前把全世界几乎所有与中国相关的中英文报刊以及其他文种的报刊译文看完，并构思出当天的读报内容。经过这样一种广泛的信息采集，可以弥补观众在利用纸质媒介摄入信息方面的不足。凤凰卫视总裁刘长乐表示，创办这个栏目的初衷就是希望每天从海量的报刊中，帮助观众挑选真正有价值的新闻。

作为一个电视节目，《有报天天读》之所以获得成功，更重要的还在于其电视化的思维。由于它在充分体现报纸新闻的同时，也运用了电视栏目的声画手法，使得整个栏目张弛有度。

版块思维，是打破节目单调的一个重要法宝。面对海量的新闻信息，《有报天天读》避免了直线型的节目套路，而是将节目分为“天天头条”“天天焦点”“天天有话”“天天浮世绘”等版块。每一个版块所侧重的新闻内容也有所不同。“天天头条”侧重当天的短小精悍的新闻短消息；“天天焦点”就是当天国内重要热点、焦点新闻；“天天有话”就是对新闻事件发表老杨自己独特的评论，拓展新闻的深度；“天天浮世绘”把《人文地理》《中国摄影》等杂志的一些反映中国大地上风俗民情、人物事件的照片呈现给观众，并配上一首歌，可谓“声色俱佳”。例如，展现姚明在 2003—2004“NBA 全明星赛”上的风采时，为其配上了电影《黑客帝国》插曲《理想国》的音乐，运用蒙太奇手法将姚明球场上的风度带给观众。在展示美国总统大选图集时，为其配上了林子祥的《男儿当自强》，令人忍俊不禁。

在整个电视画面中，左边三分之二的荧屏是电脑显示出的报纸剪报内容，右边三分之一是杨锦麟读报的情形。除此之外，在屏幕下方还添加了滚动新闻条，内容主要是当天头条的补充，不仅增加了节目的信息量，也可以避免观众听新闻产生的误差。节目还运用电视媒体声音、画面的手段，“天天浮世绘”就是最好的体现。在新闻图片中配上背景歌曲，让受众在上一节神情集中地听、看新闻之后，放松一下，有张有弛，忽而一节音乐行云流水，忽而一缕茶香若隐若现，忽而读报之人抑扬顿挫地评论，营造出《有报天天读》悠然而热烈的氛围。

《有报天天读》一方面利用“峰谷技巧”进行节目编排，几大版块一张一弛，不断形成新的兴奋点，使节目有较强的整体感和层次感[①]；另一方面通过声画对立、蒙太奇等影像细节的点缀，使栏目显得儒雅悦目，使受众不会产生收视疲劳。

亦庄亦谐：独具魅力的杨锦麟

《有报天天读》主持人杨锦麟是香港资深时事评论员。他毕业于厦门大学历史系，赴港后一直从事新闻媒体工作，先后担任多家媒体记者、编辑主任、主笔、杂志主编，亦是香港多份报章的专栏作家、《亚洲周刊》特约作者。擅长两岸三地时政评论，所著文字已达数百万字，是香港知名的两岸关系问题专家。[②] 长期的媒体工作经验，走南闯北的人生阅历，丰富深厚的文化素养和专业知识，使杨锦麟短时间内在电视主持中驾轻就熟，而且能洞察受众所想、切中受众关注点。有人评价说，“老杨读报，吓人一跳，国语不准，英文走调，体型太胖，样子太老”，也有观众说，“我除了喜欢《有报天天读》带来的资讯，更喜欢杨先生的‘变调国语’……”就是这样一个被称为香港“最性感的糟老头子”的人，却能驾驭一个节目，并且取得很大的成功，让人不由追究起个中原因。

1. 品评嬉骂中彰显语言魅力

读报类节目主持人就要凭一张利嘴，用个性化的语言针对某些报章新闻做出一些幽默而深刻的点评。杨锦麟的点评睿智幽默，慢条斯理，抑扬顿挫又颇具大家风范。在节目中，杨锦麟铿锵有力、不温不火的语言之中有独特的风格，那就是幽默、老练和犀利。

幽默，不仅是打破人与人之间交流壁垒的一个有力的工具，还是主持人亲和力的体现。美国传播学者唐·库什曼认为：“一个人要想进行人际沟通，不需要首肯对方的每个想法，但必须把对方作为一个独特自我或一个重要的个人加以对待。”[③]杨锦麟那种幽默的语言风格，无疑把主持人和观众之间的距离拉近了不少，尤其在消解崇高、崇尚娱乐的当下，杨锦麟的幽默使得观众在严肃的新

① 郝朴宁. 话语空间：广播电视谈话节目研究[M]. 北京：中国社会科学出版社，2005：22.

② 引自凤凰网网站，http://www.ifeng.com/

③ 郝朴宁. 话语空间：广播电视谈话节目研究[M]. 北京：中国社会科学出版社，2005：22.

闻中找到平民的乐趣。

除了幽默，杨锦麟作为一个读报类节目主持人，凭借个人的学识修养将政治尺度拿捏得较为到位，这点是很多年轻的读报主持人所望尘莫及的。主持人要有关于社会、政治和经济等方面的积累和把握，对于“说什么”与“不说什么”要有一个价值判断，对于“怎么说”，也应表现出作为主持人的高度。

“《有报天天读》节目，有点像我们纸媒体的‘报刊文摘’，但又不是单纯的‘文摘’，其特色在于‘夹叙夹议’的点评，深入浅出，妙语连珠，有人说他是‘吼报’，但他却‘吼’得人们想听、要听、爱听，把每天的报刊‘吼’出了思想的火花。”①有观众评价杨锦麟的新闻点评尖锐、一针见血，颇让人“读”出点鲁迅的味道。作为一个新闻评论节目，主持人的话语必须尽量客观、冷静，但是杨锦麟却评说是非曲直，表明立场，揭露事件本质。《有报天天读》的最后都会用一两个字概括当天新闻的共同特征，简洁有力、一语中的概括也是主持人主持特色的彰显。

2. 雅俗共赏中凸显个性艺术

杨锦麟在接受记者采访时曾经提道：“一般概念中，电视主持人多半选用的是帅哥靓女辣妹，‘凤凰’却让我一个老头子来发挥余热。我也喜欢这种新的挑战，能把自己的感受、看法跟观众分享。有人说，我读报就像说评书。我可以说完全是下意识的，可能是另类的，不同于一般正襟危坐的话语传递方式，讲到不高兴，就拍桌子啊，那又怎么样呢？那就拍吧。率真和坦诚是装不出来的，有点江湖味，其实也不错。没办法，你让我一点表情也没有，我做不到！”杨锦麟在读报中，不仅语言与节目基调相契合，更重要的是，他将主持人的个性放大到了一定的程度。在读报过程中，杨锦麟还不时摇头挥手在电脑上点点画画，间或呷一口茶，最后大笔一挥写点题词。他用丰富的肢体语言有效地强化了有声语言的表现力，增强了节目的感染力，传达出他真性情的自然流露和深厚的文化功底。喻国明教授说：“事实上，杨锦麟读报是以内容取胜……他利用体制差，开辟了一个对内地观众而言相对新鲜的视野窗口，在很大程度上利用了体制优势。”

从信息选择开始，就体现了主持人的个性，而杨锦麟的个性就是他将自己

① 魏南江. 节目主持艺术学[M]. 北京：中国广播电视出版社，2006：91.

作为一个普通人的真性情摆在了观众面前。对于一些令人气愤的现象,他总是表达出自己真实的愤怒与激烈的言辞,没有虚假的掩饰,不仅表现出对观众的信任,也赢得了观众的信任,甚至他自己也说:“我觉得观众喜欢我,除了‘真’以外,还有一个‘朴’,不虚伪,嬉笑怒骂,皆成文章,在电视里表现真性情。”

杨锦麟的主持已经成为《有报天天读》的一个招牌,也是成就其品牌栏目的王牌。著名经济学家史蒂夫·金曾经提到,产品是工厂里制造的东西,品牌则是由消费者带来的东西,品牌不同于具体存在的产品,而是消费者心中被唤起的想法、情感、感觉的总和。《有报天天读》中最关键的枢纽就是观众对杨锦麟读报的肯定。

古色古香:凸显传统韵味的包装

《有报天天读》在包装上显现出了与众不同的个性,那就是将中国传统文化的韵味融入电视新闻这个具有现代化特征的媒介形式之中。

首先是在演播室的设计上,别出新裁。我们从屏幕上看到的是布置得非常精致、有中式风格的演播室:四张屏风,一张矮矮的茶几,茶几上放一个茶壶,旁边有个花架,在花架上的花瓶中插一束梅花。这么一摆,中国传统文化的那些韵味全都出来了。再加上演播室的色调是以灰色、暗红色为主,夹以黄色和白色,一种凝重感立刻显现,与栏目“重点解读全球重要的报纸和杂志的头条新闻及主要社论”的内容相得益彰。

其次是在主持人形象的包装上。在电视节目中,主持人的作用非常重要,而主持人的形象对主持人作用的发挥起着极其重要的作用。《有报天天读》中的杨锦麟穿上中式长衫,架上一副黑框眼镜,一个学者的形象活脱脱地表现了出来。《有报天天读》是一档读报类栏目,这就要求主持人具有相当深厚的学养。在这一方面,杨锦麟是当之无愧的。但是,看电视并不等同于听广播、读报纸,它的一大特征就是可视性。观众在看电视的时候不光是对节目内容本身感兴趣,对主持人的形象也有相当苛刻的要求。杨锦麟的文人形象恰恰符合节目内容的需要。

最后,《有报天天读》还利用中国书法对节目进行包装。一是在片头片尾的字幕之处,一是在杨锦麟每次点题之处。在片头片尾字幕的处理上,《有报天天读》将主持人的名字和工作人员的名字用毛笔书写出来，并且装裱起来，给人一种古香古色的感觉。结尾杨锦麟点题之时，他采用的方式是在一张白纸上大笔一挥，将一期节目焦点问题的主题写了出来，切中要害的点题再加上墨汁淋漓的大字，给人酣畅的感觉，套用杨锦麟先生的一句话：四个叉——爽！

《有报天天读》运用现代化的电视手法对栏目进行包装，形成中西合璧的特色。现代化的笔记本电脑配上古色古香的道具、服装，使节目本身颇具个性。在传承古典的同时糅合现代的思维，《有报天天读》找到了适合自己的品牌包装路径。

《有报天天读》经过多年孕育发展，已经成为凤凰卫视旗下的一个品牌栏目，尽管是读报类节目的佼佼者，还是存在一些问题。电视读报是对报刊信息的二次传播，经过主持人的再次演绎，必然存在主持人个人的理解、取舍甚至发挥，可能会有失客观。尽管杨锦麟的学识修养、知识积累较为丰富，但有时也不免失之偏颇。另外，过于追求栏目的娱乐化，而忽视了新闻本身的社会教育、文化传播、营造和谐向上的社会氛围的功能，也是《有报天天读》在节目选材中偶尔出现的不雅之笔。

（作者：邵成武）

远方的家，真切而亲近

——中央电视台《远方的家·边疆行》解析

栏目名称：《远方的家·边疆行》

播出频道：中央电视台国际频道

主 持 人：王端端、吴丹等

开播时间：2010 年

播出时间：周一至周五 17:15（首播）

周一至周五 23:26（重播）

节目时长：45 分钟

栏目定位：旅游类

栏目宗旨：展示中国人的生活方式

表达新生代的旅行态度

沟通多元化的文化价值

构建华语圈的心灵家园

边疆有哪些独特的自然风光和人文风情？生活在边境线附近的人们，他们的生活环境如何？他们的工作情况是怎样的？他们与邻国的人们又是如何交流的？2011年7月11日起，中央电视台中文国际频道《远方的家》连续播出100集系列特别节目《边疆行》，每集45分钟，采取边制作、边播出的方式，以新闻纪实的手法、旅行的视角行走边疆，给观众带来中国边境线上第一手的最真实的见闻。

“1+1体验”模式：外景记者与旅游达人相结合

对许多人来说，旅游的体验和了解是从电视旅游节目开始的。观众对旅游类电视节目的经典记忆应该是从20年前《正大综艺》的那句“世界真奇妙”开始的，旅游节目提供了一种不用出门也能欣赏异域风情的可能。

时过境迁，在频道资源严重过剩的情形下，现存的旅游节目基本在样态上分为如下三类：

(1) 风景模式：即主持人带观众一起周游天下；

(2) 资讯模式：除了关注景点和线路之外，更关注旅游过程中涉及的吃、住、行、游、购等方面的资讯；

(3) 行走模式：以自我体验为叙事方法，在常规景点之外发现并记录沿途有趣的故事，更多关注人们精神层面的体验。

在电视节目模式、类型高度重复的时代，《远方的家》别具匠心地融合了三种模式之长。节目外拍摄制采取的是“1+1体验模式”，1人为栏目记者，1人为当地旅游达人，用行者的眼睛去发现、用记者的行动去体验，用两位体验者的互动去感悟中国的自然与人文之美。《远方的家》大胆启用了一批人文地理常识丰富、眼界开阔的记者型主持人来驾驭栏目，力争打造出国内旅游节目的品牌记者，利用他们的号召力和影响力促进栏目可持续发展。这种外景记者与旅游达人结合的创新方式，使节目拥有了独创灵魂，在完成旅行的过程中展现人生感悟和情感驱动。

同为旅游节目,《远方的家》主打的“深度旅游”概念区别于“观光”,在欣赏传统的景点之外,将人文、艺术、风俗、美食等其他元素巧妙融入,呈现的是中国人全新的时尚生活和文化思考。栏目创作没有拘泥于景色描述,而是强调人与景的故事,“人在景中、景在心中”,风景因人而精彩,用体验和互动的形式弘扬文化,和大多数“宣教式”“导游式”“游戏式”旅游节目形成明显区别。

周末版《远方的家》增加了演播室点评环节,专家级嘉宾进行文化点评,讲述旅行故事与心灵感悟。用演播室访谈加外景短片的方式,对旅游背后的历史人文话题进行讨论、辩论,邀请舒乙、苏舒扬等上知天文、下知地理的“通才”“杂家”参与节目。文化学者与专家配合外景片段将记者之旅“借题发挥”,升华为文明之旅、公益之旅、情感之旅,突出旅行故事的险、奇、趣、悟、情。

密集的信息量也是《远方的家》的节目特色之一。栏目现已与各级政府旅游主管部门以及各大旅游机构开展全面合作,提供最新、最快、最权威、最实用的旅游资讯,涵盖吃、住、行、游、购、娱六大要素。目前的旅游资讯类节目更多的只是将关注点集中在景点和路线的介绍上,而忽略了人们在旅行过程中可能碰到的吃、住、行、购、费用等方面的信息。本节目的设计是为普通自助行游客提供旅游资讯,目标是打造一个“精明的旅行者”。

节目注重普通人的旅行体验,重视收集来自民间“旅游达人”的情报攻略,这些攻略经过栏目组的验证后,收入青年人喜爱的“旅行宝典”和“旅游指南”。《远方的家》在不知不觉中为受众提供了丰富的特色旅游服务资讯。除吃、住、行、游、购、娱方面的信息外,节目还提供如何搜索特价机票、如何巧用旅游信用卡等旅行技巧。

小人物、真情感:来自身边的感动

百集系列特别节目《边疆行》在内容的选取上注重情景交融、以情动人,用了很多篇幅来表现平凡人物的精神世界,充分展示群众“身边的感动”。

《边疆行》摄制组在云南通往西藏的公路沿线采访时,在一处容易塌方的路段,偶遇一位正在义务修路的藏族老阿妈,编导朱军、外景记者彭祖上前攀谈后了解到:阿妈名叫鲁玛,今年 67 岁的她不管风吹日晒,每天都要走将近两个小时到这里义务修路，这一坚持就是 11 年。在和阿妈聊天的过程中，记者注意到她长满老茧的手骨节已经变形，活动起来非常不方便。当时，记者彭祖不禁脱口问道："您做这一切是为了什么？"老阿妈的回答非常简单："我什么都不为，就是不想到这儿的车出事。"这样的故事在《边疆行》节目中还有不少，平凡的人做着非凡的事，让人从中看到坚持和真情。

记者采访拍摄了大量边疆人民通过双手创造自己幸福生活的故事，边疆的巨变就在其中发生。这些故事可以让观众感受到边疆民众的喜怒哀乐、酸甜苦辣。《边疆行》在坚持新闻纪实风格的基础上，把记者体验作为传达节目主旨的基本手段。在表现边疆民众的生活状态时，记者和他们同吃、同住、同劳动；在表现边防战士保家卫国时，记者和他们一起在边境线上巡逻、巡视界碑；在表现边疆地区的文化艺术时，记者跟着当地百姓学习民族歌舞、手工技艺；在节目中，记者不是一个旁观者，而是一个实实在在的边疆生活的体验者。正是因为贴近群众，记者才有可能捕捉到最生动的场景、挖掘最感人的故事，来提升报道的吸引力和感染力。

朱军、彭祖这个采访组，来到在云南梅里雪山脚下一个叫作雨崩村的地方，小山村里有一位来自河北的义务支教的女老师，名叫刘一村。2006 年，因为一次偶然的机会，她在网上看到雨崩小学缺少老师，便毅然决然地来到了这个非常偏僻的小山村义务支教，一待就是五年。作为学校里唯一的老师，五年的时间里，她没有拿一分钱工资。在雨崩村，刘一村不仅仅是个老师，更像个全职的保姆，除了教书，帮孩子做饭、洗衣服、打扫卫生，包括哄他们睡觉，所有孩子的饮食起居，全都落在她一个人身上。她用纯朴和大爱编织着雨崩村孩子们七彩的梦想，点燃了雨崩村明天的希望，孩子们都亲切地叫她"公主""妈妈"……

真实的故事最能打动人心，每个主持人都不做作，他们对边疆人民生活的参与、解说，让我们看到一个真实具体的边疆。整个节目的拍摄与制作，没有刻意的修饰与包装，将原汁原味的边疆风情呈现在我们面前。虽然观众身在万里之外，却能感受到如此真实的边疆风貌与民族风情，实在是一件非常幸福的事情。《边疆行》的主创人员通过深入的实地采访，对边疆的风土人情、百姓生活有了真情实感，这样才能做到有感而发，做出文风朴实、饱含感情、更容易被观众接受、引起观众共鸣的好节目。

外景主持人：旅游类栏目的精气神

由于旅游节目一般采取外景主持人串场的形式，其外景主持人担当的不仅是导游角色，还是连接电视人与电视受众的一座桥梁、一条纽带。主持人在现场，既是旅游者，又是节目的引导者与创造者，既要引导观众，为旅游者解疑释惑，提供旅游者需要的信息，又要不失风趣地讲述故事，善于触景生情、临场发挥，创造丰富的节目内容。“节目主持艺术的‘引导性’和‘创造性’是互为联系、不可分割的，引导的基础是‘创造’，而‘创造’又促进了‘引导’的顺畅流通。正是这种‘引导性’和‘创造性’的有机结合，彰显了节目主持特殊的艺术美。”①

《远方的家》拥有一批优秀的外景主持，比如吴丹，她“以边走边看边说的形式，引导话题，牵连情思，抒发情怀，为纪录片增色，功不可没……亲切自然、像邻家小妹，亲切的笑容、甜美的声音、靓丽的外形、敏捷的思维、出色的口才、趣味的叙述，她的情感与主人公一起跌宕起伏、一起交融迸发”②。吴丹擅长新闻点的发掘与表现、现场的驾驭与解说、报道情绪的把握等，一方面能够完成节目的创作思路，另一方面注意电视受众感兴趣的场景，通过讲故事等方式进行活灵活现的讲解或采访。

除了重点宣传党和政府的旅游方针、政策，还要宣传好旅游业的新信息、新动态、新气象、新风貌，更要改变过去的陈旧方法，力争使旅游报道多侧面、多层次、多角度、全方位地反映旅游业给社会所带来的崭新变化。《边疆行》摄制组的足迹遍及中国陆路边境九省区，从广西的十万大山到云南的澜沧江边，从西藏的雪域高原到新疆的天山南北，从内蒙古呼伦贝尔草原到黑龙江的漠河北极村……节目真正走进了边疆的山山水水。摄制组沿途不仅拍摄边疆的城市，更多的时间放在了走乡村、访农户，记录普通边疆人生活的点点滴滴，反映今天边疆面貌的发展变化。

好节目一定是优秀的外景主持人跑出来的。在《边疆行》播出的节目中，我们可以看到，外景摄制组走到了很多媒体不曾到过的偏远地区。例如，在云南的镇康县，编导杜冠儒和外景记者王静等人组成的摄制组走访一个叫哈里村的

① 魏南江. 节目主持艺术学[M]. 北京：中国广播电视出版社，2006：86.

② 江淮. 关注吴丹的主持风格[J]. 中国电视(纪录)，2012(11)：42.

德昂族村落，进村的时候赶上下雨，道路非常泥泞。当村委会主任见到摄制组时，一把握住记者王静的手说："建国 62 周年了，可把你们给盼来了，党中央没有忘记我们！"一句话把摄制组成员都给说愣了，问清楚原因之后才知道，原来在这之前从未有过一家国家级媒体来过这里，从村委会主任那朴素而稍显笨拙的话里，记者能够感受到他们是多么渴望被知道、被了解，多么渴望与外面的世界交流、沟通。

德昂族人口很少，总人口只有 1.5 万人左右，风俗民情很少为外人所知，正是因为摄制组深入少数民族村寨，在节目中表现了德昂族的服饰、歌舞、饮食等特色内容，同时反映了少数民族同胞生活方方面面的变化，收到了良好的传播效果。观众"战神"给栏目组发来电子邮件说："有了你们艰辛的拍摄，才能让我们看到不一样的边疆，不一样的人文景色。你们带领我们经历了有滋有味的旅途，我知道了边疆行的意义，不在于那些闻名已久的地方，不在于惊天动地的人物，也不在于有多少繁华的城市，而在于豪爽热情的少数民族，在于朴实无华的村寨和那些幸福的村民们。"

《边疆行》的编导赵志勇和外景记者刘莎等人组成的摄制组，深入新疆红其拉甫口岸前哨班采访，被边防战士们保家卫国、守卫国门的事迹所震撼。红其拉甫口岸位于帕米尔高原，海拔 5 100 米，是中国海拔最高的口岸，从附近的塔什库尔干县前往口岸，短短 100 公里的距离，海拔就升高了将近 2 000 米，这条公路因此被称为"天阶之路"。摄制组千辛万苦地到达红其拉甫口岸前哨班时，看到这里差不多每个战士的手指甲都是凹陷下去，这是长期生活在高原所造成的。

红其拉甫气候非常恶劣，秋冬季节经常是大雪纷飞，而哨所的给养需要从几百公里外的喀什运送过来，如果碰上泥石流或者冬季大雪封山，供给随时可能会中断。来到口岸后，摄制组的记者也出现了发烧、呕吐等高原反应，战士们说刚到这里时，也常常吃不下饭、整晚整晚睡不着觉。虽然现在哨所的住宿条件比以前好了很多，每间宿舍都有电视和卫星接收器，但是这里一下雪，电视就没有了信号。哨所的周围都是雪山，战士们半开玩笑地说，业余时间的最大爱好就是爬山。当外景记者刘莎在采访中握住战士的手时，忍不住泪流满面，因为她看到一位 30 多岁常驻口岸的连长，脸上、手上的皱纹就像 50 多岁一样。这一群最可爱的人就是这样，把青春、岁月甚至生命献给了祖国边防。

“《边疆行》摄制组从广西防城港的北仑河入海口出发，以顺时针方向沿着中国陆路边境行进，穿越广西、云南、西藏、新疆、甘肃、内蒙古、黑龙江、吉林、辽宁等九个省区，最后到达辽宁丹东的鸭绿江入海口，总行程达 22 800 公里。这次长距离采访沿途经过的县市有 100 多个，采访对象涵盖 30 多个少数民族。4 500分钟的巨大节目容量就是为了比较全面地反映中国陆路边疆的自然风光、人文风情、经济发展和时代特征。”[①]这样大型的长距离电视采访行动，目前在全国电视界来说是绝无仅有的。《边疆行》以新闻纪实的手法，突出央视中文国际频道的国际视角，关注自然、关注民生、关注变化，节目通过外景记者真实生动的旅行体验，为观众展现出一个发展变化中的真实的中国边疆形象。

（作者：唐承群）

① 张立勇. 从《远方的家——边疆行》论“走、转、改”的必要性与现实意义[J]. 新闻传播，2012(1)：17.

在未知中探索，在已知中发现

——中央电视台《探索·发现》解析

栏目名称：《探索·发现》

播出频道：中央电视台科教频道

制 片 人：王新建

解 说 员：任志宏、陆建艺、李易等

开播时间：2001年7月1日

播出时间：20:45

节目时长：40分钟

栏目定位：科教类

栏目宗旨：在未知领域努力探索，在已知领域重新发现

1985年，美国“探索频道”（Discovery Channel）开播，人们在惊呼纪录片给人带来叹为观止的画面的同时，也开始思考纪录片所蕴含的社会价值与人文价值。时隔15年，《探索·发现》栏目随着中央电视台10套——科教频道的开通而面世，成为中国电视史上第一个大型人文历史与自然地理类的纪录片栏目。该栏目以纪录片的手法讲述中国的历史、地理以及文化故事，探寻自然界的神奇奥秘，挖掘历史事件背后鲜为人知的细节和人物命运，展示中华文明的博大恢宏，可谓“中国的地理探索，中国的历史发现，中国的文化大观”。经过十余年的荧屏检验，《探索·发现》依然保持着旺盛的生命力，受到广大中国观众的欢迎和追捧。作为一档纪录片形式的科教类节目，《探索·发现》究竟是如何做到长盛不衰的呢？其奥妙主要有以下几点。

情节化的叙事模式

20世纪八九十年代，中国的纪录片栏目整体上呈现出强烈的文学色彩，诸如《话说长江》《丝绸之路》等栏目尤其注重旁白的优美和诗意，因此被人们称为“文学电视”或“作家电视”。这种精英式的创作理念在带给人们视听享受的同时忽视了传播的普及性和广泛性，使得纪录片和广大的普通观众始终保持着一段距离，甚至有人戏称纪录片为“一群精英创作出来给另外一群精英看的作品”。然而，2001年7月1日开播的《探索·发现》栏目从一开始就明确提出了“拍观众喜欢的纪录片”的响亮口号。究竟什么样的纪录片才是“观众喜爱的纪录片”呢？《探索·发现》的总制片人王新建曾提出：“纪录片栏目创作的首要原则就是要有一个好故事。”[①]由此可见，该栏目的核心竞争力集中体现在“如何讲故事”，换言之就是“情节化”“故事化”的叙事模式。

在当今的纪录片创作模式中，“情节化”的讲述方式极为盛行。所谓“情节化”是指“在坚持纪录片非虚构的前提下，移植和借鉴剧情片的结构方式，有意

① 王新建.《探索·发现》的制作特点[J].中国电视（纪录），2009：12.

识地塑造人物，设置情节，设计高潮与悬念，并在后期剪辑中打断原先的采访节奏，使事件的发展进程显示出鲜明的戏剧效果”①。依据此原则不难发现，近年来国内的一些经典纪录片栏目如《再说长江》《故宫 100》《舌尖上的中国》等都较好地秉承了“情节化”的创作原则，它们大多通过“塑造人物”“设置情节”“制造悬念”等方式，使得原本枯燥、呆板的纪录片样式充满了强烈的戏剧性和故事性，因而增加了纪录片栏目的吸引力。在此我们以《探索·发现》于 2011 年 1 月 1 日播出的《探秘佛光寺》这期节目为例，来具体分析一下“情节化”的叙事方式在节目中是如何运作的。

1. 用悬念推进情节

在《探秘佛光寺》节目开始之前，伴随着快速切换的画面和诡异的音乐，解说员任志宏用浑厚、低沉的声音将一连串的疑问抛给观众：“一座木头建筑在唐代建成后保存到现在，这样的寺庙你见过吗？”“70 多年前梁思成、林徽因夫妇在战乱年代发现了什么？”“他们为我们留下了一批怎样的文化财富？”这些问题在瞬间吸引了人们的注意力，使观众快速进入节目的叙事情境之中。而后随着节目正式开始，一系列的悬念随之被抛出，大量的信息和事件得以挖掘，悬念与悬念之间相互勾连、契合，构成了整个节目的叙事脉络（如表 1）。

表 1 《探秘佛光寺》的叙事脉络

悬念设置	故事讲述		佐证说明		知识普及		悬念解决
悬念 1：梁思成、林徽因在寻找什么？	故事 1	梁林二人去美国留学	证据 1	旧照片；情景再现	知识点 1	梁、林二人的生平及早年经历	悬念 1 解决：梁、林二人在寻找唐代古建筑
	故事 2	梁启超给梁、林寄去《营造法式》一书	证据 2	专家采访：罗哲文；照片；实地考察	知识点 2	《营造法式》与“中国营造社”	
	故事 3	梁林二人回国后，共赴山西考察古建筑	证据 3	专家采访：罗哲文；旧照片；日记；情景再现	知识点 3	中国唐代建筑的缺失，日本现存的中国唐代建筑	
	故事 4	梁思成偶然发现了敦煌壁画中的“大佛光之寺”	证据 4	旧照片；图书；日记	知识点 4	敦煌莫高窟的历史价值；五台山的佛教地位	

① 张健，于松明. 故事化：是对文化知识的去蔽还是遮蔽？[J]. 中国电视，2007(4)：45.

续表

悬念设置	故事讲述		佐证说明		知识普及		悬念解决
悬念 2：敦煌壁画中的“大佛光之寺”是否存在？	故事1	梁林二人第三次赴山西寻找佛光寺	证据1	日记；旧照片；情景再现	知识点1	台怀镇“台内”与“台外”的区别	悬念 2 解决：“大佛光之寺”确实存在
	故事2	两人辗转找到了佛光寺，但与敦煌壁画有所差异	证据2	专家采访：罗哲文、柴泽俊；实景拍摄；日记；情景再现；动画	知识点2	佛光寺的历史	
悬念 3：佛光寺究竟是不是唐代建筑？	故事1	在东大殿的群像中有一尊女人像，传说其为“武则天”	证据1	实景拍摄；情景再现；日记；专家采访：赵慧	知识点1	唐代泥塑的艺术特点	悬念 3 解决：佛光寺确实为唐代建筑
	故事2	梁思成上房，发现了唐代建筑技法	证据2	实景拍摄；日记；专家采访：顾森、郑庆春	知识点1	“大叉手”“侏儒柱”“斗拱”等建筑名词解释	
	故事3	林徽因偶然发现了大梁上的文字	证据3	实景拍摄；照片；情景再现	知识点3	大梁上的年号及文字释义	
悬念 4：东大殿中的女人塑像是不是武则天？	故事1	林徽因比照了石经幢上的文字，发现了一个人名——“宁公遇”	证据1	实景拍摄；照片；情景再现；专家采访：郑庆春	知识点1	“石经幢”证明佛光寺的建成时间为公元 857 年	悬念 4 解决：塑像中的人物不是武则天，而是捐钱修建佛光寺的功德主“宁公遇”
	故事2	“宁公遇”的身份考证	证据2	实景拍摄；专家采访：顾森、郑庆春、柴泽俊	知识点2	宦官娶妻；愿诚禅师；唐代塑像创作的特点	
悬念 5：大殿内的各种文物是否是唐代遗留？	故事1	1929 年翻新、重绘	证据1	情景再现；专家采访：柴泽俊	知识点1	唐代泥塑的艺术特点	悬念 5 解决：殿内的建筑、塑像、壁画均为唐代作品
	故事2	发现了大量壁画	证据2	专家采访：郑庆春、赵慧、柴泽俊；实景拍摄；旧照片	知识点2	唐代壁画的艺术特点；敦煌壁画的历史价值	

续表

悬念设置	故事讲述		佐证说明		知识普及		悬念解决
悬念 6：东大殿的正门是唐代保存还是后来修缮？	故事1	梁思成判断大殿的正门不符合唐代建筑风格，应该是后人修缮	证据1	日记；实景拍摄；专家采访：罗哲文	知识点1	唐代的建筑风格	悬念 6 解决：东大殿的正门确实为唐代遗留下来的文物
	故事2	罗哲文偶然发现门上的字迹	证据2	专家采访：罗哲文、柴泽俊；实景拍摄；情景再现；旧照片	知识点2	墨书题词及其历史价值	
悬念 7：佛光寺是否为现存中国最古老的木结构建筑？	故事1	梁思成、林徽因离开佛光寺，断定其为最古老建筑	证据1	情景再现；旧照片；专家采访：罗哲文、柴泽俊	知识点1	梁、林二人的建筑史学地位	悬念 7 解决：佛光寺不是中国最古老的木结构建筑，最早的是南禅寺
	故事2	1953 年，山西考古人员考察了南禅寺	证据2	实景拍摄；旧照片	知识点2	南禅寺的修建年代为 782 年，比佛光寺要早 75 年	

如表 1 所示，节目在一开始为我们设置了第一个悬念："梁思成和林徽因在寻找什么？"围绕着这个悬念，编导并没有急于去解决它，而是用发散式的叙事方式为我们接连讲述了四个历史故事，分别是"梁、林二人在美国的留学经历""梁启超给梁、林寄去《营造法式》一书""梁、林二人学成回国后共赴山西考察古建筑""梁思成偶然发现了敦煌壁画中的'大佛光之寺'"。在讲述这些故事的同时，节目以"佐证说明"的方式对每个事件进行了考究和证实，从而增强了节目内容的真实感与纪实性。例如在讲述第二个故事"梁启超给梁、林二人寄去《营造法式》一书"的过程中，编导并没有单纯地去追求故事的戏剧性，而是通过人物扮演、照片展示以及专家采访等方式对这一事件的真实性进行了全方位的考证，体现出了纪录片栏目"求实"的创作原则。此外，通过专家的解读和文献资料的引用，观众还从中了解到了《营造法式》一书的历史价值和"中国营造社"的前世今生，这些穿插在故事中的"知识点"潜移默化地传达出了该节目的"科普"价值。最后，通过这四个故事的讲述和历史的考证，先前提出的"悬念 1"顺理成章地得到了解答："梁、林二人在寻找唐代古建筑。"此后，这一解答又将话题引领向了第二个悬念"敦煌壁画中的'大佛光之寺'是否存在？"于是进入新一轮悬念的解决流程之中。如此以悬念推进情节的方式反复出现并层层推进，形成了

贯穿整个节目的7个悬念段落(如表1)。

从以上分析可以看出,《探秘佛光寺》节目的整体叙事是由一个个独立的“悬念段落”构成的,而在每个悬念的叙事过程中,分别又通过“悬念设置”“故事讲述”“佐证说明”“知识普及”“悬念解决”这五个步骤来予以完成。这样一个故事化的叙事结构不仅能够增强节目的趣味性与戏剧性,还把种种科普知识恰当地安插在具体情境之中,巧妙地规避了科普类节目的说教感与枯燥性,给人以沉稳扎实、快慢得当的审美享受。从叙事技巧的角度来分析,这些悬念无疑是引领观众注意力的动力之源,就像悬疑电影大师希区柯克所说,“悬念是保持观众注意力的最有效的方法”①。正是基于这些悬念的设置,节目的情节段落之间才能够环环相扣、悬而未决,时刻吸引着观众的注意力,使得整个节目充满了故事性和戏剧张力。

2. 戏剧化的讲述方式

除了用悬念来推进情节以外,《探秘佛光寺》还通过极富戏剧性的讲述方式对情节加以渲染和说明,增添了情节的趣味性和故事性。首先,解说员任志宏的引导作用不容忽视,他极具磁性又富有感染力的声音无疑是营造节目故事性的首要因素。在情节推进的过程中,任志宏始终以一种不温不火、心平气和的情感基调进行解说,就像一名历尽岁月沧桑的老者,将故事的内容娓娓道来。例如在讲述梁、林二人在佛光寺中考察时,解说词是这样撰写的:

> 平日工作时,梁思成管林徽因叫“标尺”,那是因为林徽因总是作为参照物出现在建筑照片上。而测绘的时候梁思成大多是爬在屋梁上,所以林徽因管梁思成叫“梁上君子”。这一晚,“标尺”和“梁上君子”彼此依偎温暖着,计划明天的工作。那一年,梁思成三十六岁,林徽因三十三岁。

这样颇具“人情味儿”的解说方式显得既生动又真实,不仅向观众陈述了客观事实,还加强了节目内容的丰富性。通过对人物细节的具体描述,人们深切感受到了梁、林二人轻松愉悦的工作状态,不禁感慨他们对中国建筑事业的热忱和奉献精神。

---

① 特吕弗.希区柯克与特吕弗对话录[M].上海:上海人民出版社,2007:52.

其次，节目多处用到了“情景再现”的表现手法，对历史故事进行了重新演绎和戏剧化处理，一方面弥补了影像的不足，另一方面强化了影片的故事性，加大了对观众的吸引力。例如在讲述“梁、林发现佛光寺”这一故事时，由两位演员分别扮演的梁思成、林徽因来到了佛光寺，寺内有一老一少两位僧人上前迎接，并双手合十向客人行礼，梁、林二人也双手合十向僧人回礼，此时的画面加以去色处理，旧照片的视觉效果和细致入微的生动表演带领着观众穿越到了当年的时空。此时，背景音乐采用的是富有神秘感的佛教音乐，观众的情绪完全被带入当时的情境，跟随主人公的发现而喜悦、兴奋。

正当观众的情绪刚刚被调动起来之时，画面立刻切换到了现实时空，对山西理工大学设计艺术专家赵慧博士进行了采访。从他的口述中我们得知，眼前的佛光寺之所以跟敦煌壁画中所描绘的图景有很大的差异，是因为唐代绘画的浪漫主义风格对其进行了夸张和美化。这一采访的加入起到了两个作用：一是对之前“情景再现”的情节进行证实和说明，明确地告诉观众：这就是佛光寺。二是向观众普及一定的科学文化知识，告诉人们唐代绘画的浪漫主义风格。

此后，画面以字幕的形式呈现出梁思成当年的日记内容，同时采用一个质朴的男声进行朗读：

> 那高大的殿门顿时就给我们打开了。里面宽宥七跨，在昏暗中显得更加辉煌无比。在一个很大的平台上，有一尊菩萨的坐像，他的侍者们环他而立，犹如一座山林。

这些日记的内容首先为“发现佛光寺”这一事实提供了真凭实据，增加了情节的可信度，其次通过一个有别于解说员的男声的朗读，对梁思成当时的心境与语气进行了扮演，呈现出一种极富故事性的戏剧效果。

通过观摩多期节目我们发现，这种多样化的佐证方式在节目中随处可见，在丰富画面的同时增强了节目的科普性。它们引领观众随时跳出故事情节，对画面的内容加以解读和阐释。由此可见，《探索·发现》通过悬念的推进和戏剧性的讲述方式，成功地吸引了观众的注意力，同时通过旧照片、实物展示、动画效果、专家采访等方式对故事中的细节加以佐证，将“科教”的元素巧妙地融入“故事”之中，传达出较高的艺术价值与人文价值。

类型化的题材选择

《探索·发现》经过多年来的发展，对纪录片栏目的类型化积累了成功经验，形成了几种相对成熟而固定的类型。对于日播栏目，类型化的题材是较高收视率的保证，是市场化、标准化生产的要求，也是对固定观众群的迎合。正如节目制片人王新建所说："在今天，类型化被好莱坞赋予了新的意义，为了能够进行工业化生产，为了得到并复制成功的经验，降低学习成本和投资风险，类型化成为必须遵循的'题材制度'。对《探索·发现》来说，类型化归纳是提升收视率的第一步。"①从栏目选题上看，《探索·发现》的节目类型主要分为以下三大类（见表 2）。

表 2　2012 年《探索·发现》专题系列栏目分类表

历史考古类	科学探险类	军事战争类
《奇石迷踪》《百年易俗社》《祁州药戏》《百年南社》《问道楼观》《卓尼土司》《风追司马》《铁血收藏》《边塞长歌》《黑石号密码》《西安 2020》《爨碑惊奇录》《六盘天歌》《契丹王朝》《定窑考工记》《玉根国脉》《兵圣孙武》《宝都石韵》《追踪海外三彩大罗汉》《古塔地下的秘密》《中华龙》《苍狼——决战野狐岭》《百年青海》《李自成宝藏之谜》《辛亥革命中的常州人》《葡萄酒的诱惑》《英雄志》《崇启大桥》《洪荒大庆》《天河情话》《津门旧影》《沉香缘》《艺术的摇篮》	《秘境追踪 7·宝藏拼图》《海啸劫波下的孩子》《穿越昆仑》《卡特里娜冲击波》《远古的"白鸽"》《拯救中华白海豚》《手艺 II》	《百年航母》《〈波茨坦公告〉始末》《中国维和行动》《烽火育才记》《马岛战火》

1. 历史考古类

历史考古类是《探索·发现》中的一个重要类型，从表 2 中可以看出，该类型的选题所占的比重最大，有突出的传播价值与广泛的受众范围。历史考古类纪录片涵盖社会、宗教、历史、文化等多方面的题材类型，例如《问道楼观》《苍狼——决战野狐岭》《契丹王朝》等系列片均是以历史为创作素材，从而进行深入、系统的溯源与挖掘，进而满足观众对祖先、历史的询问与好奇，迎合了他们

① 王新建.《探索·发现》的制作特点[J].中国电视（纪录），2009(12)：19.

“溯本求源”的观影动机；诸如《黑石号密码》《古塔地下的秘密》《中华龙》以及我们前文所提到的《探秘佛光寺》则偏向于“考古发现”这一题材类型，这种类型主要抓住了受众对宝藏、珍品的猎奇心理，让人们看到日常生活中难以见到的人文奇观。

这一类型题材可发掘的程度非常高，较好地体现了该栏目的深刻内涵和文化底蕴。例如《苍狼——决战野狐岭》通过精美的动画和惊艳的视觉效果为人们讲述了一代天骄成吉思汗的传奇故事，可谓一道视觉、文化双丰收的荧屏盛宴；《问道楼观》系列通过八集的讲述，详细介绍了老子的生平和道家思想的起源、发展和影响，播出后在全国范围内掀起一阵学习道家文化的浪潮。由此可见，历史考古类纪录片充分发扬了中国文化的题材优势，向人们传达了中华文化的深刻内涵和博大精深。

2. 科学探险类

在众多的纪录片题材中，“科学探险类”是一个较为传统的题材类型，而《探索·发现》也通过这一题材传达出了“科普”“教育”的文化诉求，用纪录片的形式开创了中国科教类节目的新风尚。该类型的选题大多涉及历史之谜、生命科学、自然科学、宇宙探险等，向观众普及了相关专业领域的丰富知识。其中最具代表性的就是《秘境追踪》系列，该系列聚焦于科学边缘的神秘现象，为观众讲述了当代科学未能解决的诸多神秘现象，从2005年至今播出了200余集，可见其广泛的影响力。例如《秘境追踪之UFO猎手》对许多飞碟目击者进行了采访，论证宇宙中是否存在外星人，使观众产生了浓烈的观看兴趣。该类型的成功也反映出当代人对科技、玄幻等新奇题材的热衷与关注，通过科学纪录片的表现形式，人们获得了类似于好莱坞式“科幻大片”的视听享受。

3. 军事战争类

据央视官方网站统计，《探索·发现》节目的观众70%以上为男性，而军事战争题材无疑是吸引男性受众的一大看点。通过对战争的回顾与分析，人们从中不仅看到了胜利与失败、生存与死亡，也看到了凝聚在残酷战争中的道德与人性。同时，军事战争类题材带给我们更多关于战争与和平的思考。例如《中国维和部队》真实记录了中国维和部队战士的光辉历程，不仅体现了我国军人的职业素养和技术本领，还传达出“维护世界和平”的深层次诉求；《〈波茨坦公告〉始末》则通过梳理第二次世界大战中《马关条约》《开罗宣言》《波茨坦公告》《日本投降书》等重要国际文书的签订过程，见证了中国人民从被侵略到战胜日本帝国主义，收复台湾、澎湖列岛等神圣领土的全部历程。让人们在战争中感慨历史的变迁与当代和平生活的弥足珍贵。

综上所述，题材选择的类型化是《探索·发现》节目创作的重要手段，正如社会学家阿伯克龙比所说，“类型是制作人与观众达成的某种共识”[①]。《探索·发现》正是通过借鉴故事片的类型化法则，与观众达成了某种内在的共识与契合，进而培养出一大批特定类型的观众群体，这些固定的观众群无疑是构成该节目长久不衰的原动力。

系列化的创作法则

首先，从节目的运作方式来看，《探索·发现》采用“系列化”的创作法则，从节目的投入、制作、包装以及生产模式等多个方面打造出了一档高水准的纪录片栏目。从播出至今，系列节目占节目总数量的90%以上，其中不乏一些大型系列节目如《考古中国》(45集)、《秘境追踪》(192集)、《极地跨越》(148集)、《走进非洲》(102集)等。这种系列化的创作模式首先能够将一个题材进行适当的拉伸与分解。例如《秘境追踪》系列，从2005年至今一共播出了7个系列，播出集数总计192集，这样大型系列的生产模式为节目“日播出”的频率提供了丰富的片源，从而有效地解决了片源需求，大大降低了节目的投资成本，起到了“低投入、高回报”的产业价值。

其次，虽然《探索·发现》以“纪录片娱乐化”为创作初衷，充分发掘了一些奇观化的边缘题材，迎合了主流受众的猎奇心理，但节目在进行娱乐化处理的时候，并没有完全走向泛娱乐化、低俗化的桎梏，而是始终本着“求实”“科普”的创作核心。从节目的生产模式上看，它注重系列化的创作法则，这些系列节目不仅每集独立、自成一体，又在整体上形成了内在的逻辑关联，通过“连续剧式”的宏大叙事来强化纪录片自身特有的纪实力量，给观众带来纪录片、故事片并存的双重审美享受。这样的创作法则有效地将知识、人文和娱乐有机地统一起

① 阿伯克龙比.电视与社会.江苏:南京大学出版社,2002:52.

来，最大限度地培养观众的收视习惯，走出了一条娱乐和科教并举的双赢之路。

此外，《探索·发现》节目还借鉴Discovery等国外经典纪录片频道的成功经验，在系列化的生产模式中进行大胆创新，加入了多种现代化的表现手法。如情景再现、三维动画、人物访谈、实物展示等，进而营造出一个奇观化的收视氛围，极大地满足了观众的猎奇心理。在此值得一提的是2012年4月20日播出的专题系列片《苍狼——决战野狐岭》，该片不同于以往传统的电视表现手法，而是全部以三维动画的方式制作，塑造出极为宏大的历史战争场面。这种全动画制作的新型样式在中国纪录片史上可谓一次伟大的尝试，它标志着我国的纪录片创作水平登上了一个新的台阶，达到了“视听”“娱乐”“科教”三位一体的收视享受。

如今，《探索·发现》已经在央视科教频道走过了二十余年的历程，作为一档科教类纪录片栏目，它不仅背负着记录真实、展现事实的美学诉求，还承载着传播知识、展现文化的历史重任。凭借情节化的叙事模式、类型化的题材选择和系列化、精品化的创作法则，《探索·发现》为我们呈现了诸多优秀的纪录片作品，这些作品如同一名历史智慧的传播者和全民阅读的推动者，丰富了人们的精神世界和文化生活，给观众带来了视听、文化、科教、娱乐等全方位的荧屏享受。期待着《探索·发现》能够创作出更多优秀的作品。

（作者：郭宝玉）

图书在版编目(CIP)数据

优秀电视节目解析 / 魏南江编著. -- 3 版. -- 北京:中国传媒大学出版社,
2021.4 (2024.11重印)
影视艺术专业精品课系列教材
ISBN 978-7-5657-2634-7

Ⅰ. ①优… Ⅱ. ①魏… Ⅲ. ①电视节目—评论—中国—高等学校—教材
Ⅳ. ①G229.23

中国版本图书馆 CIP 数据核字(2019)第 269423 号

优秀电视节目解析(第三版)
YOUXIU DIANSHI JIEMU JIEXI(DI-SAN BAN)

编　　著　魏南江
策划编辑　赵　欣
责任编辑　赵　欣
特约编辑　周　蕊　高卓毓
责任印制　李志鹏
封面设计　拓美设计

出版发行　中国传媒大学出版社
社　　址　北京市朝阳区定福庄东街 1 号　　邮　　编　100024
电　　话　86-10-65450528　65450532　　传　　真　65779405
网　　址　http://cucp.cuc.edu.cn
经　　销　全国新华书店

印　　刷　三河市东方印刷有限公司
开　　本　710mm×1000mm　1/16
印　　张　14.75
字　　数　298 千字
版　　次　2021 年 4 月第 3 版
印　　次　2024 年11月第 4 次印刷

书　　号　ISBN 978-7-5657-2634-7/G · 2634　　定　　价　48.00 元

本社法律顾问:北京嘉润律师事务所　郭建平